九段HR
JIUDUAN HR

中国企业人力资源管理一本通

邢 涛◎著

当代世界出版社
THE CONTEMPORARY WORLD PRESS

图书在版编目(CIP)数据

九段HR：中国企业人力资源管理一本通 / 邢涛著. -- 北京：当代世界出版社, 2018.1
ISBN 978-7-5090-1324-3

Ⅰ. ①九… Ⅱ. ①邢… Ⅲ. ①企业管理—人力资源管理—研究—中国 Ⅳ. ① F279.23

中国版本图书馆 CIP 数据核字（2018）第 007453 号

书　　名：	九段HR：中国企业人力资源管理一本通
出版发行：	当代世界出版社
地　　址：	北京市复兴路4号（100860）
网　　址：	http://www.worldpress.org.cn
编务电话：	（010）83907332
发行电话：	（010）83908409
	（010）83908455
	（010）83908377
	（010）83908423（邮购）
	（010）83908410（传真）
经　　销：	全国新华书店
印　　刷：	三河市兴国印务有限公司
开　　本：	710毫米×1000毫米　1/16
印　　张：	16.5
字　　数：	240千字
版　　次：	2018年3月第1版
印　　次：	2018年3月第1次
书　　号：	ISBN 978-7-5090-1324-3
定　　价：	48.00元

如发现印装质量问题，请与承印厂联系调换。

版权所有，翻印必究，未经许可，不得转载！

北极熊是怎么死的？

　　北极熊浑身是宝，尤其皮毛最为珍贵。爱斯基摩人为了猎杀北极熊想了很多方法，比如用箭射、用枪打、用药毒等等。这些方法都不好，因为都会破坏北极熊的皮毛或内脏，怎么办？爱斯基摩人想出了一个好办法……

　　他们用桶装满海豹的血，放在外边冻，快冻实的时候在冰坨中间插一根带刀片的铁棍，然后把桶拿掉，把这个中间插着带刀片的铁棍的冰坨放在北极熊经常出没的地方。这时候，一只北极熊闻到了它最熟悉、最喜欢的味道——海豹血的味道，北极熊嗜血如命，于是疯狂地用舌头舔冰坨，越舔越兴奋，越舔越过瘾……不一会儿，刀片露了出来，舌头被割破，自己的血和海豹的血混在一起，口子越来越大，血流得越来越多，可是麻木的舌头和吃血的快感让北极熊根本无法停下来……最后，结果可想而知，北极熊因流血过多而死，皮毛完好无损。

　　北极熊的死像不像中国的成长型企业，过去的30年赚了钱，活得挺好，就以为是自己有本事，其实只是有个机会、有个关系、有个好的中国经济形势，水涨船高。殊不知，吃血的同时隐藏着巨大的危机，你吃的是自己的"血"，你没有战略、没有机制、没有文化、没有人力资源系统，只靠一种原始的、落后的方法在赚钱，没有内功、没有核心竞争力，活不知道因为什么活，死也不知道因为什么死。中国企业平均寿命不到三年，原因很简单，就是没有一个持续生存的理由。我们要清醒了，不要再被过去的机会式的成功所迷惑，以为自己真的很有本事，以为这种情形可以持久。所有的行业都在洗牌，所有的企业都要修炼内功，所有的成功靠的都是团队！

我每天都问自己一个问题："我的企业凭什么活着？"凭机会？凭关系？还是凭团队？我经常做以下四个假设：

1. 如果我的公司现在进入一个充分竞争的市场，我的公司会不会死？

2. 如果我的新老顾客刚从我的一个中等水平的员工那里，享受或购买了我的一个产品或服务，他会为此微笑着离开吗？如果没有或不常见，我的公司会不会死？

3. 如果公司最重要的人突然走掉1~3人，我的企业会不会死？

4. 如果有一天客户知道我的公司破产了，他们是会惊讶，还是会感到不可思议？

我认为，中国成长性企业面临着十大冲突和矛盾：

1. 企业规模与规范之间的冲突；

2. 公司人力资源与业务高速发展之间的冲突；

3. 核心团队管理能力与企业更高业绩目标之间的冲突；

4. 资金资源和业绩对能人依赖性过强与团队工业化复制之间的冲突；

5. 短期业绩和利润与长期的客户满意度之间的冲突；

6. 伟大的战略意图与团队执行力差之间的冲突；

7. 机制流程的更新落后与企业成长速度的冲突；

8. 主流意识形态缺失的企业文化与多产品、多区域同时发展、多团队需相互配合之间的冲突；

9. 盈利模式的扩张与资金压力之间的冲突；

10. 新老团队（或新并购企业）价值观和文化之间的冲突。

企业生死存亡有三个关键的按钮：第一个是产品，产品定位和产品战略决定公司战略方向；第二个是客户，客户细分以及客户核心消费价值观的提炼和满足是企业的比较竞争优势；第三个是团队，团队的思想、文化、机制和气质才是企业基业长青的根本。中国现在的企业比任何时期都更需要人才，更需要团队！没

有好产品、没有很多客户不要紧,只要有好的团队,一切都会有的。

我带着几十位老板去丰田名古屋的工厂学习,丰田公司给我最深的触动就是:丰田认为"企业最大的浪费不是钱的浪费,也不是原材料的浪费,而是把员工智慧的浪费当成习惯。"企业最后靠的还是一支能打胜仗的团队和别人无法取代的灵魂。遗憾的是,很多老板从来就不懂人力资源,不知道人力资源对于实现战略和业绩的重要性,也就从来没有重视过人力资源。我的一位客户,老板姓王,没有人力资源部,也没有人力资源经理,招人靠行政助理。我跟他说要有人力资源经理,他第二天就提拔没有任何专业背景和实践经验的行政主管兼任人力资源经理,弄得我哭笑不得。我问王总:"你会让行政主管做研发经理吗?会让行政主管做生产厂长吗?会让行政主管做营销经理吗?"他说:"那怎么可能,那些都是非常重要而且非常专业的岗位,怎么能随便派一个没有专业背景、没有经验的人去呢?"他的潜台词很明显:"人力资源不用专业,人力资源不用经验,人力资源谁都可以做。"有多少企业根本没有人力资源部,有多少企业认为人力资源就是招招人、打打杂。我近十年来的调研结果显示,企业几乎所有的问题都跟人力资源有关,所有的企业都缺少专业的、有经验的人力资源经理。

我做企业咨询十五年,所有的企业都有执行力的问题,而且永远有,为什么?很多企业连公司制度都执行不了,连最起码的考勤制度、穿工装的制度、处罚制度都执行不了,这是为什么?有很多企业根本处罚不了元老,你如果敢处罚他,他就给你好看,动不动就以辞职相要挟。老板都无可奈何,不敢处罚,执法的员工就更不敢了,最后制度、奖罚机制都形同虚设。有多少企业从来不敢淘汰不合格的员工或业绩不达标的员工,美其名曰:"不淘汰人还不够呢?淘汰了更没人干活了。"你不敢!你不敢执行、不敢处罚、不敢淘汰,都是因为你没有强大的人力资源系统,你招不来人,留不下人,培养不出来人,所以,你就每天哄着员工为你干活,哄着元老不要离开,把员工哄出一身的毛病,不思进取、不懂感恩、不听指令、自私自利。

我们已经意识到没有强大的人力资源有多么可怕了,那么,人力资源是谁的事?人力资源首先是老板的事,企业第一人力资源经理应该是老板。你不抓,没人能抓；你不重视，没人重视。所以，这本书是给老板和总裁看的。如果你开饭馆，你不一定是个大厨，但你一定是个美食家。你不一定绝对精通人力资源，但是你必须懂，因为你要指导制定企业人力资源战略、督导人力资源的工作。这本书更是给 HR 看的，无论你现在身处何职，只要你想做 HR，想做好 HR，你就要认真学习这个专业，因为 HR 跟金融、电子、计算机一样，是一门专业，要想培养九段员工，先做好九段 HR，九段从 HR 开始。这本书也是给各业务部门经理和主管看的，因为选、用、育、留首先是业务部门的事，非 HR 的 HR 管理才是关键。

人力资源，企业真正的核心竞争力！

邢涛

2018 年 1 月

PART 1　把人力资源管理当成"企业战略"

1.1　人力资源管理必须要有"高度" 2
1.2　人力资源管理八大功能模块 5
1.3　企业战略与人力资源无关吗？ 10
1.4　人力资源管理是谁的事？ 12

PART 2　通过组织设计提升企业能力

2.1　组织结构的四种类型 18
2.2　公司的组织结构怎么搭建？ 29

PART 3　招聘从文化认同开始

3.1　招聘是一场营销 36
3.2　招聘的五大误区 37
3.3　专业招聘的"四化建设" 40
3.4　人才测评的"信度"和"效度" 49
3.5　招聘的"四大步骤" 52

PART 4　录用是建立契约精神

4.1　录用是一份契约精神的建立 60
4.2　录用的事前：二合同、一书、一册 61
4.3　录用的事中：二合同、一书、一信、三章 62

4.4 录用的事后：一书、两单、三图、一笔账 67

PART 5　培训是把员工成长放在首位

5.1 培训的"七大误区" 78
5.2 构建培训体系比培训本身更重要 82
5.3 培训的三种基本方式 90
5.4 聚高培训"四步法" 93

PART 6　建立基于市场、业绩、能力的薪酬体系

6.1 薪酬是根据战略制定的 96
6.2 薪酬体系设计也分内外 98
6.3 如何确定岗位价值 99
6.4 外部薪酬调查怎么做 106
6.5 如何确定薪酬战略 107
6.6 薪酬体系用薪点表落实 110
6.7 绩效是因，薪酬是果 113
6.8 薪酬的其他表现方式 116

PART 7　全面战略绩效管理系统

7.1 企业绩效考核败因追寻 120
7.2 如何建立"全面战略绩效管理系统" 124
7.3 如何找到企业关键业绩指标（KPI） 129
7.4 如何设计科学的绩效考核表 142
7.5 如何确保绩效获得 148
7.6 绩效面谈大有学问 152
7.7 绩效管理的其他疑难杂症 154

PART 8　建立以行为标准为基础的九段任职资格体系

    8.1　何为九段？ 162

    8.2　职位序列划分规则 166

    8.3　确定九段任职资格的四个条件 168

    8.4　专业九段实操手册 170

附录一　九段任职标准管理制度 **189**

附录二　某餐饮企业的部门经理序列九段任职资格标准 **201**

附录三　某餐饮企业的营销类职位九段任职资格标准 **227**

PART 1
把人力资源管理当成"企业战略"

说到人力资源，可能很多企业的老板都会有心痛的感觉，为什么？因为老板们深知，企业的产品、销售、客户都可以通过种种方法去改善，而"人"是最难改变的。即使是最聪明的老板，遇到不给力的下属也没有办法。于是招人吧，往往是招来的还不如现有的，好不容易有了不错的人，很快就"跳槽"了！

这些现实问题像刀子一样扎在很多企业老板的心上。从本章开始，我们就从一个不一样的角度来讲讲人力资源这件事。

从定义上来看，人力资源管理是企业管理学中一个重要的组成部分，它是根据企业发展战略的要求，有计划地对人力资源进行合理配置，通过对企业员工的招聘、培训、使用、考核、激励、调整等，调动员工积极性，发挥员工潜能，为企业创造价值，给企业带来效益，从而确保企业战略目标的实现。

人力资源管理的涵盖面很广，主要包括企业人力资源战略的制定、员工的招募与选拔、培训与开发、绩效管理、薪酬管理、员工关系管理等。它不仅是企业正常运转必不可少的管理依托，更是企业想要实现自身战略目标的重要辅助。本书我们就从"战略"的高度来详解人力资源管理的方方面面。

1.1 人力资源管理必须要有"高度"

人力资源管理的目的说白了就是两方面：其一是帮助企业实现战略目标；其二是帮助员工实现个人发展。很显然，人力资源管理是与企业战略挂钩的。尽管人力资源管理如此重要，但很多企业却并不重视，他们觉得"人力资源管理不就是招聘吗？招人难道很难吗？每天我们都能收到好多简历"。事实上，这种思想所犯的错误既典型又有共性，它把人力资源管理简单地等同于招聘，这种理解太"low"了。很多企业的失败最后都被证明是在人力资源管理方面出了问题，比如下面这家企业。

名为飞龙集团的企业成立之初是一个只有几十名员工的小企业，随着企业的发展，仅仅1年便盈利400万元，第二年更是盈利6000万元，企业仅用3年时间就实现了利润超2亿元的壮举。短短几年，飞龙集团可谓飞黄腾达，牛气冲天。但这个如日中天的企业，在成立后的第5年突然进入休克状态，然后便不见踪迹了。这是为什么？究其原因，飞龙的失败是人力资源管理失误造成的恶果。

飞龙集团除了在成立的第二年严格招聘营销人才外，从来没有对人才结构进行过战略性设计。随机招收人员、凭人情招收人员，甚至出现任人唯亲的不正常招收人员现象，而且持续3年之久。作为一个已经发展成为行业前几名的公司，飞龙集团竟没有完整的人力资源体系，没有完整的选择和培养人才的系统，这直接造成了飞龙集团的员工素质偏低，人才结构不合理，员工积极性低等结果。从成立的第二年开始，飞龙集团在无人才结构设计的前提下，盲目地大量招收行业内的专业人才，并且安插在企业的各个部门，造成企业高层、中层知识结构单一，企业人才结构不合理，严重地阻碍了企业的发展。

有一句谚语是这样说的："少了一个蹄钉，损了一匹战马；损了一匹战马，伤了一名信使；伤了一名信使，输了一场战争；输了一场战争，亡了一个帝国。"这个谚语告诉我们，错误的开始也许很小，但是总会在各种驱动因子的作用下演变为一场灾难。

从上述案例我们可以看到，导致飞龙集团失败的主要原因，是其没有长远的人力资源管理战略规划，没有将组织的经营和发展战略作为制定人力资源管理规划的依据。同时，飞龙集团还缺乏招聘规划，也没有完整的选择和培养人才的体系与制度；招聘程序不规范，缺乏客观的筛选与录用标准，因而出现了随机招收人员、凭人情招收人员、甚至任人唯亲的现象。

飞龙集团产生上述问题的根本原因，在于飞龙集团没有把人力资源管理当成公司发展战略中不可或缺的组成部分，也就是说没有把人力资源管理上升到战略层面，这种对人力资源管理的蔑视让企业自食恶果。

本书的第一个重要观点就是：必须把人力资源管理上升到战略层面，这不仅是一家企业战略目标实现的前提，更是企业获得持久竞争优势的必然选择。

其实战略人力资源管理并不是一个新概念，早在1981年，Devanna、Formbrum和Tichy在《人力资源管理：一个战略观》一文中就曾提出战略人力资源管理的概念。它被定义为：是为了实现企业的长期目标，企业在总体战略框架下，以战略为导向，对人力资源进行有效开发、合理配置、充分利用、科学管理，从而达成企业战略目标的管理方式。

笔者经过多年对人力资源领域的研究，设计出一个"战略人力资源管理关系模型"（见图1-1），它能够更好地帮助我们理解战略人力资源管理的概念。

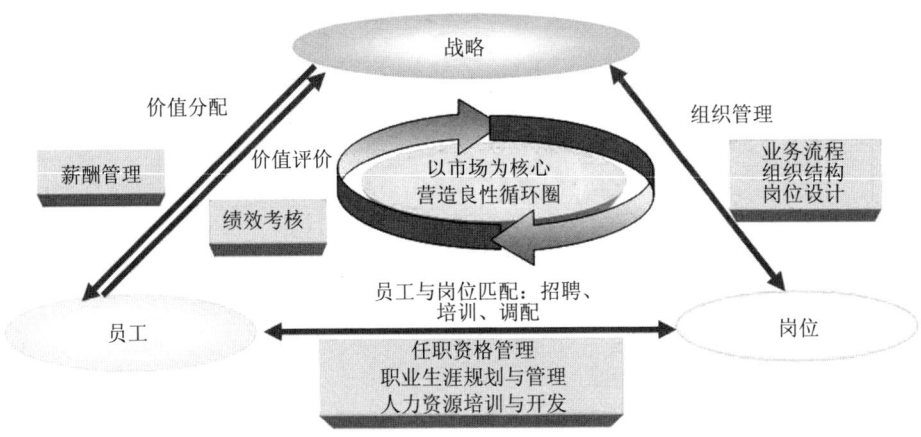

图1-1　战略人力资源管理关系模型

笔者设计的这个战略人力资源管理体系是将战略、机制与企业文化融入到传统的人力资源管理中，帮助企业建立基础的管理平台，以实现企业的战略目标。

很显然，战略人力资源管理体系是最高级别的人力资源管理模式，在目前能够做到的企业并不多。大多数企业的人力资源管理者要么不具备这样的能力，要么还未形成这样的意识。它的实施是在对内、外部环境理性分析的基础上，明确企业人力资源管理体系的不足和所面临的挑战，清晰地勾勒出未来人力资源规划以及与企业发展相匹配的人力资源管理机制，并制定出能把目标转化为行动的可行措施，并对措施执行情况进行评价和监控的体系。

之所以我们说人力资源管理的战略重要，是因为在实际市场竞争中，人力资源已经成为关乎企业健康运作和市场竞争成败的战略性资源，在如今这个时代，真正有竞争力的是掌握"粉丝"和人力资本的企业。

因此，在全球化的市场竞争中，企业如何通过人力资源管理体系增强其人力资本运营实力，不断提高运营"粉丝"的水平，成为获取市场竞争战略优势的关键。

1.2 人力资源管理八大功能模块

每一家企业都在追求业绩,那么一家企业的业绩与谁相关性最强?答案就是员工(见图 1-2)。

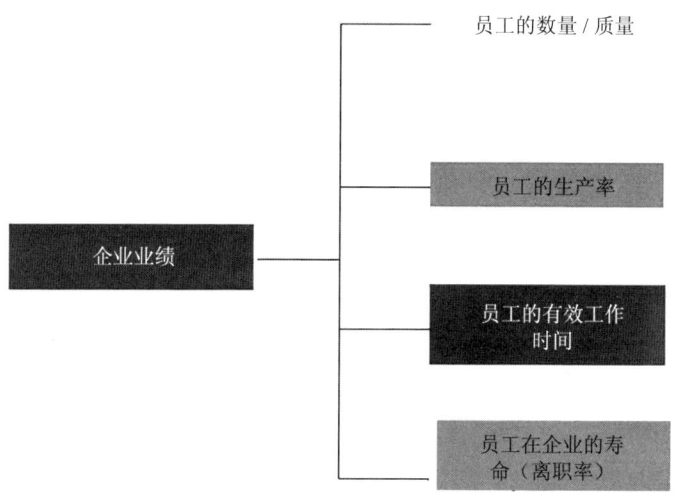

图 1-2 企业业绩公式

从图 1-2 中我们可以看到,与企业业绩相关的各个因素都是以员工为基础的。正因如此,才凸显出人力资源管理的重要性。那么,以战略为前提的人力资源管理到底包含哪些内容?本节我们就一一来看。

人力资源管理按照功能可以分为八个模块,分别是业务流程模块、组织结构模块、岗位设计模块、任职资格管理模块、职业生涯规划与管理模块、人力资源培训与开发模块、绩效管理模块以及薪酬管理模块。

↓ 业务流程模块

业务流程模块包括工作任务、工作顺序、执行者、工作结果、操作要点和使用工具。

有人认为业务流程的设计不在人力资源管理的范畴里，而应当属于业务部门，很多企业也都是这样做的，其实并不是这样。在这里，我之所以把业务流程列为人力资源管理的第一个模块，就是强调在业务流程设计过程中人力资源管理的重要性。下面就让我们看看那些人力资源管理非常成功的企业对这个问题的看法吧！

诺和诺德（中国）制药公司把人力资源发展设定为三个阶段，分别是提供服务阶段、推广这些服务和框架与业务部门合作阶段以及策略性工作（不仅服务于业务，而且通过了解业务去预测可能出现的需求和挑战）阶段。公司鼓励人力资源部门的员工走出去，了解业务部门的实际工作和问题。

PPG涂料公司人力资源总监曾说："'人力资源'必须接近公司业务，对公司业务的了解要像了解人力资源专业一样多。"

UT斯达康公司的人力资源总监每次碰到业务部门的人给他打电话，总是从业务谈起，用业务的发展需求去思考人力资源部门应该做什么。

从上述几个企业人力资源管理者对企业业务的态度不难看出，既然人力资源管理要以企业的发展战略为前提，那么作为企业发展过程中非常重要的业务部门，就必须要有人力资源管理部门的参与。

首先，业务流程设计中的岗位制定与人员配置本就属于人力资源管理的范畴；其次，对业务流程的熟悉可以让人力资源部门更有效地配合业务部门的实际工作；更重要的是，员工的薪酬体系、绩效考核体系与升迁体系都必须以业务流程中各个岗位的要求标准为主要参照。因此，在业务流程模块里，人力资源管理部门不仅要参与，而且要深度参与，这才是执行企业发展战略的最佳做法。

↓ 组织结构模块

组织结构模块是为了实现企业目标而对资源进行的系统性安排。组织结构的本质是员工的分工协作，是实现企业组织目标的一种手段；同时，组织结构又可称为权责结构，是员工在职、责、权方面的结构体系，又可以分为职能结构、层次结构、部门结构和职权结构。

职能结构是实现组织目标所需的各项业务工作的比例和关系；层次结构是管理层次的构成，即纵向结构；部门结构是管理部门的构成，即横向结构；职权结构则是各层次、各部门在权力和责任方面的分工及相互关系。

↘ 岗位设计模块

岗位设计模块的内容是在明确公司的长期战略、盈利模式和年度业务目标的前提下，明确主要工作流程，并依据工作流程设计组织架构，界定各部门关键职责分工，依据关键职责设置关键岗位，依据关键岗位设置辅助和支持岗位，最后依据工作环境、流程的变化对岗位设置进行再调整。

↘ 任职资格管理模块

任职资格是指企业对担任某一职位的人所必须具备的知识与技能、行为、潜在素质与业绩要求的总和。任职资格管理模块包括知识与技能、行为、潜在素质和业绩要求四个部分。

其中，知识与技能部分包含知识结构与技能结构；行为部分包含行为模块与行为标准的分层描述；潜在素质模块包含态度、自我形象、动机、内在驱动力以及价值观；业绩要求则是企业对某岗位的业绩要求。

↘ 职业生涯规划与管理模块

职业生涯规划主要是从企业的角度设计职业通道，结合素质模型设计测评体系，建立职业生涯管理体系，解决企业的员工发展路径，并为培训提供依据（见图1-3）。

图1-3　职业生涯规划与管理模块

↳ 人力资源培训与开发模块

人力资源培训与开发模块是帮助企业建立以改进绩效为目的的培训体系，使企业员工获得或改进与工作有关的知识、技能、动机、态度和行为。它包括建立培训管理制度、培训课程体系、培训教材体系、师资队伍、教学设备、制订培训计划、评估培训效果等内容（见图1-4）。

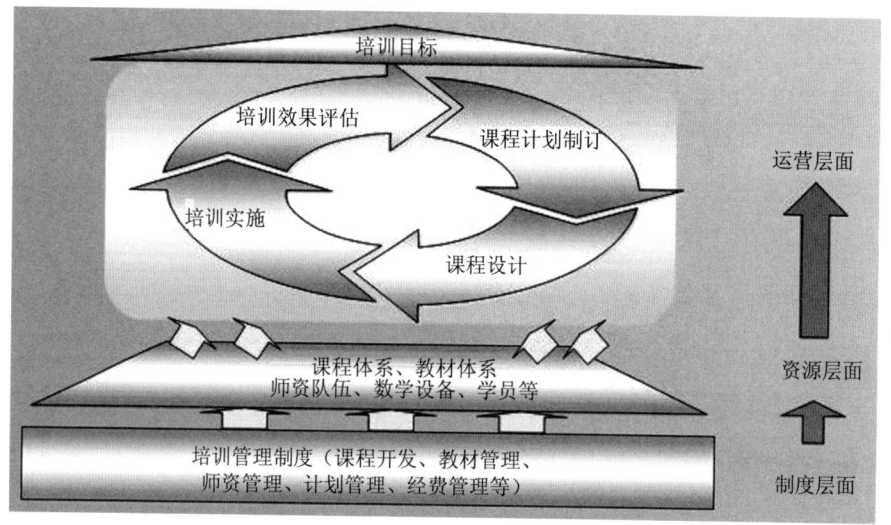

图1-4　人力资源培训与开发模块

↳ 绩效管理模块

绩效管理是人力资源管理中的重要部分，它是一个过程，即首先明确企业要做什么（目标和计划）；然后找到衡量工作的标准进行监测（构建指标体系并进行监测）；发现做得好的（绩效考核），进行奖励（激励机制），使其继续保持，以期做得更好，能够完成更高的目标。更为重要的是，发现不好的地方（绩效改进），通过分析找到问题所在，进行改正，使工作做得更好。这个过程就是绩效管理过程。企业为了完成这个管理过程所构建起来的管理体系，就是绩效管理体系。

绩效考核是绩效管理中的一个标志性环节，在这里我单独拿出来多说几句，它是对员工的工作完成情况进行定性与定量相结合的评价。绩效考核的内容包括工作结果和工作态度两个方面。前者反映"做了什么",后者反映"如何做"。在后面的章节我们将对绩效管理进行重点描述。

↘ 薪酬管理模块

薪酬管理模块主要是按照下图进行薪酬设计与管理,它能够帮助企业薪酬体系化,并发挥薪酬的激励作用(见图1-5)。

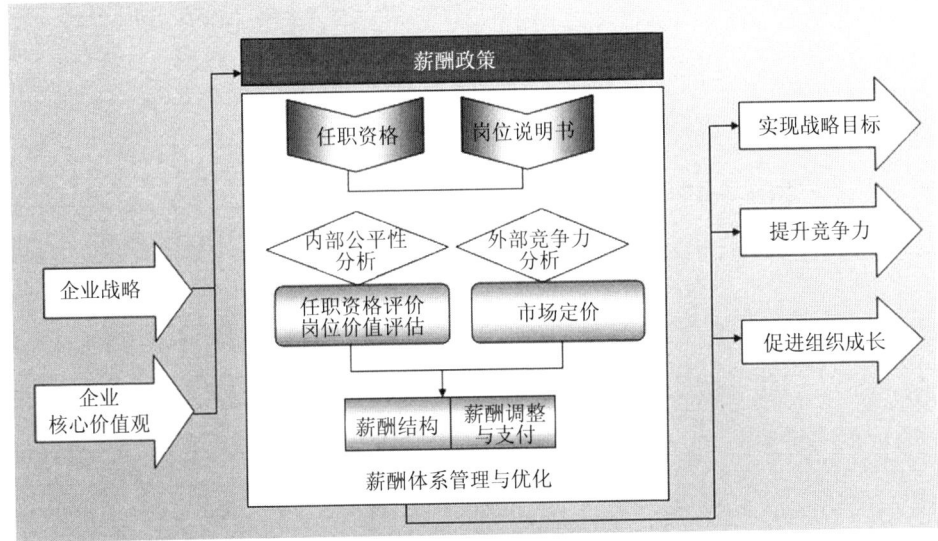

图 1-5　薪酬管理模块

薪酬管理在现代市场经济中已成为人力资源管理的重要环节,对企业竞争力有着巨大影响。薪酬管理与企业发展是相辅相成的,目的是在保障员工基本生活的同时,充分激励、发挥员工的能力,实现企业战略发展所需要的核心竞争力。现代企业的竞争,归根结底是人才的竞争,如何吸引人才、留住人才是企业的当务之急,薪酬作为企业必须付出的人力成本,同时也是吸引和留住优秀人才的重要手段。薪酬不仅仅是金钱激励,实质上已成为企业激励机制中一种复杂的激励方式,隐含着成就激励、地位激励等,科学合理的薪酬管理能够从多角度激发员工的工作欲望,成为员工全身心投入工作的主要动力之一。构建薪酬管理体系还能够起到控制企业劳动力成本,稳定企业与员工之间关系的作用。

综上所述,八大功能模块基本涵盖了人力资源管理的全部内容,它们之间相互衔接、相互作用、相互影响，形成人力资源管理的有效体系。其中，组织结构是人力资源管理的核心，它主要帮助组织预测未来的人员需求数量和基本素质；岗位设计、任职资格管理与员工职业生涯管理是人力资源管理的输入项，相当于组织的血液，为组织提供营养，解决组织人员配置、人岗匹配的问题；培训与开发，其主题是"育人"；绩效管理是八大模块的核心，是其他各模块的主要输入，旨在提高员工整体素质，解决企业用人问题；薪酬体系则旨在激励员工，解决企业留人的问题。这八大模块使企业形成人力资源管理的有效循环。

1.3 企业战略与人力资源无关吗？

本章我们一直在强调战略人力资源管理的重要性，我对战略人力资源管理的定义是：企业总裁将企业文化与机制用于人力资源管理，迫使员工进化与成长的管理过程和行为。比如在招聘、录取、培养、考核等环节都要去输入企业的文化，使员工进入企业文化的氛围中，从而自觉自愿地为企业战略目标的实现服务。

因此，企业战略不仅与人力资源关系紧密，甚至还要依赖人力资源来实现。明确企业的战略，才能根据战略目标来规划企业所需要的架构、人才；明确目标，才能做好规划、实施路径与储备，最终引导员工认同企业的发展战略，按战略所需提供相应的支持。

另一方面，人力资源战略又为企业战略提供了相应的支持，企业战略也需要根据内外部资源状况及环境来制定和调整，而人力资源则为企业战略的制定提供相应的分析，明确企业的强项、弱项、机会、威胁与人力资源的关系。比如人力资源的状况、人力资源的素质、人力资源的工作绩效与改进、人力资源培训与开

1 把人力资源管理当成"企业战略"

发的效果、外部劳动力供给的状况、竞争对手所采用的激励或薪酬计划的情况以及劳动法等法律方面的信息等。

在这种情况下,战略人力资源管理体系就成为将战略、机制及企业文化融入到传统人力资源管理中的一种更高级别的人力资源管理方式。由于战略实现需要很多不同的岗位来支撑,因此战略人力资源管理就成为根据战略制定业务流程,根据业务流程制定组织结构,根据组织结构完成岗位设计的一整套体系。管理及人力资源培训与开发,能将现有的员工培养成符合岗位要求的人才。而员工的行为是否符合战略,需要对其进行合理的过程检查和绩效考核,因为人们不会做你希望的,只会做你检查和考核的,因此考核的结果需要和员工的薪酬紧紧挂钩,员工的积极性和潜能只有通过公平报酬才能充分发挥。

由此可见,战略人力资源管理和企业远景战略之间的匹配度,决定了企业战略最终能否实现。根据企业战略需要,战略人力资源管理需要解决的问题包括以下几个:

1. 人的数量质量是否能够及时满足战略需求?
2. 是否能够基于战略要求,培育和开发员工的核心专长和技能?
3. 采取什么样的薪酬战略?薪酬是否能吸引和留住关键人才?
4. 战略目标是否被有效分解?关键成功要素是否有考核?
5. 关键岗位的职业规划是什么?是否有合理的接班人计划以及健全的职业发展通道?
6. 是否将战略能力有效分解到员工的能力提升中?
……

想要解决这些问题,最重要的一点就是人力资源实践要和公司的总体战略保持一致。具体的做法是每隔一段时间(可以是半年或一年),进行一次人力资源管理和企业远景战略匹配度的检查,并邀请企业的CEO和COO一起参与讨论远景战略和人力资源管理之间的匹配性。

综上所述，战略人力资源管理可以说是一种比较新的人力资源管理模式，是统一性和适应性相结合的人力资源管理，它要求企业的人力资源管理和企业的总体战略完全统一，人力资源政策在企业中的各个层面要完全一致，企业内各个部门的负责人和员工要把人力资源政策的调整、接受和应用作为日常工作中的一部分来看待。

1.4 人力资源管理是谁的事？

尽管人力资源管理的重要性不言而喻，但很多企业却并未如此看。大多数企业把人力资源管理的工作交由人力资源部门来完成，美其名曰："人力资源管理当然是人力资源部门的事情，人力资源经理要负起全部责任。"乍听起来似乎无可厚非，但实际上这是一种误导，这种想法远远不能达到战略人力资源管理对企业的要求。

人力资源管理不是人力资源一个部门的事情，而是总裁及所有部门经理的事情，即非 HR 的 HR 管理。作为一个合格的企业老板，必须要求企业所有的中层管理者都参与到战略人力资源管理中来。让我们来看下面这个案例（见图 1-6）。

图 1-6　天纳克公司 Logo

1 把人力资源管理当成"企业战略"

天纳克总部位于美国伊利诺伊州 Lake Forest，全球年营业额 62 亿美元，员工约 21000 余名。天纳克在汽车悬挂系统和排气系统方面是全球领先的设计者、制造商和销售商之一，为全球各地的整车制造厂商以及汽车售后配件市场提供优质的产品和服务。它在世界六大洲 24 个国家分布着 80 多家制造工厂及工程研发中心，以一流的世界级标准满足客户在全球采购、质量体系以及工程技术开发等方面的要求。

国外的公司通常最重视的是财务部门，然后是销售部门，但在天纳克公司，总裁对人力资源管理部门的工作提出的具体要求是："人力资源管理不是人力资源部一个部门的事情，而是从公司最高层领导到基层领导，是每个部门都要抓的事情。"天纳克把"HR"和"财务"上升为总裁的左膀右臂。在很多企业里，HR 是企业经营的战略伙伴，但 HR 给人"管得多做得少"的形象，而在天纳克，HR 的战略地位是通过具体的工作来体现的，"支持"和"控制"是 HR 最重要的两个角色。天纳克中国区的 HR 被要求必须有在一线业务部门"作战"的经验，必须对公司业务有非常好的理解，使人力资源管理对业务的支持能落到实处，而非追求形式上的好看。

从上面的案例我们能够看到，天纳克公司对人力资源管理的态度与做法，与大多数企业目前对待人力资源管理的态度截然不同。天纳克公司表现出企业对待人力资源管理的正确态度，也有力地回答了"人力资源管理是谁的事"这个问题。

首先，企业老板要对人力资源管理总负责。只有老板才拥有人事的任免权，企业的用人观，归根结底是企业老板的用人观。因此，高明的企业老板一定要成为优秀的人力资源管理专家，这样才能淋漓尽致的发挥人的才能，为其所用。三国时期的刘备能让诸葛亮这个稀世之才为己所用；元代的成吉思汗带领部落将领征战四方，但在他的一生中从没出现过背叛他的臣子……由此可见领袖人物的高明用人之术。从这个角度来看，企业老板要对企业的人力资源管理负责，而且必须努力提高自己驾驭人才的能力，这样才能把企业带向更高的层面。

其次，人力资源部在整个人力资源管理工作中，负责职能指导和统筹HR工作。人力资源部门需要从专业的角度为老板出谋划策，并起着上传下达的作用；同时，人力资源部门还需要为业务部门提供专业的指导，统筹整个人力资源工作。这就要求人力资源部门至少在专业能力方面值得信赖，否则就很难把人力资源工作做好。

最后，各业务部门经理是人力资源管理的实施主体。从大的方面来说，一名合格的职业经理人首先应当成为人力资源管理专家。部门经理要带领一个团队完成任务，只有在充分发挥下属能力的前提下才能达成目标。从企业的人力资源运作方式来看，首先，部门经理需要对一些人力资源管理工作直接负责，比如绩效考核、培养下属或建立部门团队精神等；其次，部门经理要与人力资源部门共同承担一些人力资源管理工作，比如招聘、培训留人等；最后，公司人力资源制度需要通过各部门经理的贯彻才能顺利执行。

由此，我们说人力资源管理并不仅仅属于某个部门或某个经理，它是一个整体，是需要从上到下配合的一项工作，是需要共同认识、共同重视的一项工作。

在这里，我们可以把人力资源部门看作是一个企业的大总管。首先必须明确的是，人力资源是一个创造效益的部门。关于这一点很多企业没有认识到，从而将人力资源划为成本部门。人力资源通过对人的管理，可以为企业创造巨大的价值。比如招聘，一次成功的招聘就可以为企业创造数不清的价值，而招聘中的成本可以忽略不计。此外，人力资源通过合理设置部门结构和人员配备，可以有效达到人均劳效最大化，也相应地为企业创造了价值；再比如企业合理的考核系统可以激励员工的积极性，也同样是在为企业创造价值；员工作为企业的资本组成部分，人力资源的培训可以使员工提高素质，相应的带来了企业资本的有效增值；人力资源通过各种渠道了解同行业的薪酬水平，根据企业情况合理定位，建立合乎企业需求的薪酬体系，也是成本管理的一个方面……

可以说，人力资源是一家企业必不可少且极为重要的战略组成部分。要知道，美国的企业有45%的高管从事过人力资源管理工作，而后才被提拔到领导岗位。这样做的目的，就是使人力资源管理更好地深入到企业的各个部门中去，同时，

1 把人力资源管理当成"企业战略"

那些具有人力资源管理能力与经验的高管们能够协助人力资源部门完成人力资源管理的各项工作。

战略人力资源管理不是用人力资源一个部门,控制或监管业务部门,反而是人力资源部门协助业务部门,有效地管理各部门内的人力资源,为企业提高竞争力。企业的人力资源管理并不是仅由人力资源部负责,而应该是每一个管理人员的工作职责,不分前线业务部门或后勤支持部门。人力资源部在这方面担当的是顾问及促进者的角色,提供合适的信息、培训及制定合适的政策及程序,使每一个管理人员都能做好人力资源管理。

既然战略人力资源管理是企业各部门都应当配合参与的工作,那么如何才能更好地实现战略人力资源管理呢?这需要企业从定位、思维到实施全方位地进行准备。

首先,企业的所有管理者都要认识到战略人力资源管理在企业中所处的地位。由于企业战略的实现需要组织能力的支撑,而其中"人"是最核心的力量,因此就需要明确"人"所处的地位。

其次,所有管理者对人力资源管理的认识,也就是对组织职能实现的认识。如何将"人"的力量发挥出来,使企业的组织、文化、流程和制度体系高效运转,是企业所有管理者需要结合自身部门特点去考虑的问题。

最后,掌握相应的人力资源管理技术。要实现战略的人力资源管理,光凭定位和认识是远远不够的,还必须系统掌握管理的技能。而这些技能与前文我们提到的人力资源管理的八大模块相对应,比如绩效管理、薪酬管理、培训管理等。它们是构建起战略人力资源管理的因子,是具体到实施层面所必须掌握的管理技能。企业的高层及中层需要对人和人的管理有基于战略的认识,并了解、建立、掌握、运用相应的管理技能方可实现真正的战略人力资源管理。

从另一个角度来看,对于人力资源部门来说,想要促使业务部门与人力资源部门形成良好的伙伴关系,必须主动了解业务部门的运作情况、它们在扩展业务时所面临的困难、需要的人才及有关的经验需求和能力需求等。

怎样深入了解业务部门的运作及人力资源需求呢?人力资源部门可以从与业

务部门的管理层共同制定与执行人力资源管理的计划开始。

首先,人力资源部门要定期与各部门商讨人力资源计划,如预计未来12个月部门需要增聘的人员情况及培训需求。这样,人力资源部门可以及时了解各部门未来的业务发展及其在人力资源方面的需求,并有足够时间筹备相关工作。

其次,人力资源部门可以在招聘空缺时,与业务部门共同协商合适人选的条件,设计适当的甄选方式及有效的面谈问题,并共同进行对求职者的面谈,以提高业务部门在选取合适人选方面的能力。这样,一方面,人力资源部门可以获得业务部门的尊重;另一方面,在甄选过程中,人力资源部门又可以从面谈中了解最新的市场情况及有关该业务的专业知识。

再次,在绩效评估时,人力资源部门可以参考业务部门提交的评估报告,发掘部门内的优秀员工及问题员工,及时向业务部门主管了解情况,定期与业务部门主管跟进有关员工的发展进程,提供适当的激励或处分建议,从而提高部门的整体表现。这样,人力资源部门便能保持对业务部门的深入了解,及时做出有效的改善建议。

最后,人力资源部门还必须在自己的专业知识及能力方面不断提升,为企业的不同部门及时带来最新的人力资源管理知识、方法,成为企业在人力资源管理方面的专家及顾问,随时提供咨询及建议。这样,人力资源部门既能够持续在专业方面保持先导,又能够提高对企业各部门业务的了解程度,人力资源部门的价值自然也就显现出来了。

PART 2
通过组织设计提升企业能力

随着企业不断发展，人员越来越多，部门越来越多，工作也越来越复杂。作为企业的领导者，怎样才能实现有效的管理和控制，让部门之间高度协作、员工自动自发地进行工作？这都需要通过人力资源管理中的组织设计来实现。本章我们就从组织设计的角度，来分享人力资源管理的这部分工作职能。

2.1　组织结构的四种类型

组织管控的问题，实际上可以通过组织结构的设计和优化来解决，这就涉及组织结构的概念。组织结构是组织的全体成员为实现组织目标，在管理工作中进行分工协作，在职务范围、责任、权利方面所形成的结构体系。它是表明组织各部分排列顺序、空间位置、聚散状态、联系方式以及各要素之间相互关系的一种模式，是企业整个管理系统的"框架"。组织结构作为组织在职、责、权方面的动态结构体系，其本质是为实现组织战略目标而采取的一种分工协作体系，因此组织结构并不是一成不变的，而是会随着组织的重大战略调整而调整。

组织结构一般分为四种类型，包括直线制结构、职能制结构、直线职能制结构和矩阵制结构。

↘ 直线制结构（见图2-1）

直线制结构是最简单、最基础的组织结构形式，也是最古老的组织结构形式。所谓的"直线"，是指在这种组织结构下，职权直接从高层开始向下流动、传递、分解，经过若干个管理层次达到组织最低层。它的特点是企业各级单位从上到下实行垂直领导，呈金字塔结构。组织中每一位主管人员对其直接下属拥有直接职权，而下属部门则只接受一个上级的指令，组织中的每一个人只对他的直接上级负责或报告工作。主管人员在其管辖范围内，拥有绝对职权或完全职权，即主管人员对所管辖部门的所有业务活动行使决策权、指挥权和监督权。

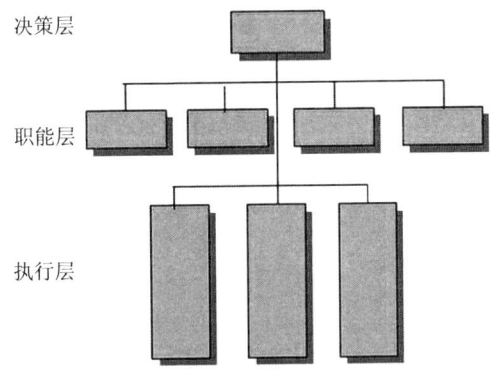

图 2-1 直线制组织结构图

让我们举个简单的例子。

A企业是生产型企业,其各个车间分别从事不同的生产作业职能,在车间内生产作业职能进一步分解到工段以及班组。总经理通常将采购、销售、财务、人事等经营活动的决策权、指挥权和监督权集中在自己手中,并行使对生产经营活动的监督权。因此,在直线型组织结构下,经营管理职能只存在垂直分工而不存在水平分工,即采购、销售、财务、人事、安全等部门没有管理权。这就形成了一种集权式的组织结构形式。车间主任、工段长、班组长均负责生产作业的管理,但其职权范围是不同的。他们的职权范围在纵向维度上经过逐层分解而趋向缩小。车间主任、工段长、班组长对所管辖部门的生产作业活动拥有完全职权。

直线型企业组织结构,是企业由最高管理者至最低执行者之间的行政指挥系统架构,它类似于一条直线,一个下级只对一个上级负责,一个下级也只由一个上级进行管理。直线型组织结构与管理结构意味着:企业所采取的管理沟通渠道模式是纯粹的单一或多个链型管理沟通模式。在这个管理沟通结构中,层级制度严格,一个员工只能分别与一个上、下级进行上行、下行的沟通。

我们可以看出，直线型企业组织结构决定了企业的管理结构也是直线型的。由于管理就是沟通，因此也决定了管理沟通模式的基本形态是链型管理沟通渠道模式。

直线型组织管理结构与链型管理沟通渠道模式的优点在于：它是一个下级只受一个上级管理，上下级关系简明清晰，层级制度严格明确，保密性好，决策与执行工作有较高效率；管理沟通的信息来源与基本流向固定，管理沟通的渠道也简单固定，管理沟通的速度和准确性在客观上有保证。

直线型组织管理结构与链型管理沟通渠道模式的缺点在于：管理无专业分工，各级管理者必须是全能管理者，其管理负担比较重，在企业规模较大时，管理难度非常高；另一方面，在这个模式里，管理沟通的信息来源与基本流向被管理者控制，并且管理沟通的速度和质量严重依赖于直线中的各个点，信息容易被截取或增删，造成管理沟通不顺畅或失误。

因此，我们可以看出，直线型组织结构与链型管理沟通渠道模式更适用于人数不多的小型企业，采用这种组织结构可以有效简化管理与沟通的过程，有助于产生较高的组织工作效率与效益。但在企业组织规模较大的情况下，所有管理职能都集中由一个人承担，是不切实际且非常困难的。在20世纪80年代，通用汽车、IBM这样的巨型企业都曾采用过这种组织结构形式，结果最高领导层与工人之间竟有多达12级的管理层，事实证明管理层数太多会使整个组织管理效率低下。

↘ 职能制结构（见图2-2）

职能型组织结构也被称为U型组织结构或多线性组织结构。职能制结构起源于本世纪初法约尔在其经营的煤矿公司所建立的组织结构形式，故又称"法约尔模型"。它是按职能来组织部门分工，即从企业高层到基层，把承担相同职能的管理业务及人员组合在一起，设置相应的管理部门和管理职务。

职能型组织结构以工作方法和技能作为部门划分的依据。现代企业的很多业务都需要具有专业知识和能力的人来完成，因此将这样的人员归类组合到一个团队的内部，可以使其更有效地开发和使用技能，提高工作效率。

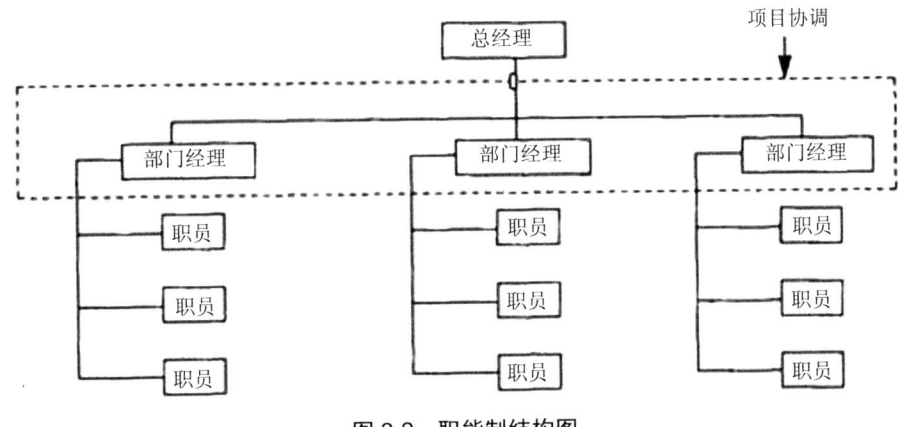

图 2-2 职能制结构图

职能制组织结构的主要特点是：各级管理机构和人员实行高度的专业化分工，各自履行一定的管理职能，每一个职能部门所开展的业务活动将为整个组织服务。职能制组织结构的整个管理系统，分为两大类机构和人员：一类是直线指挥机构和人员，对其直属下级有发号施令的权力；另一类是参谋机构和人员，其职责是为同级直线指挥人员出谋划策，对下级单位不能发号施令，而是起业务上的指导、监督和服务的作用。职能制组织结构的另一个特点是企业管理权力高度集中。由于各个职能部门和人员都只负责某一个方面的职能工作，唯有最高领导层才能纵观企业全局，所以企业生产经营的决策权必然集中于最高领导层，主要是经理。

下面再让我们看看职能制组织结构的优缺点。

职能型组织结构的优点是：以职能部门作为承担项目任务的主体，可以充分发挥职能部门的资源优势，有利于保障企业生产经营所需要的资源供给和经营成果的质量；同一职能部门内部的专业人员便于相互交流、相互支援，对创造性地解决技术问题很有帮助；当有部门成员调离部门或者离开公司时，所属职能部门可以增派人员，保持业务的连续性；部门成员可以将完成业务工作和完成本部门的职能工作融为一体，减少因业务的临时性而带来的不确定性。

职能型组织结构的缺点是：客户利益和职能部门的利益常常发生冲突，职能部门会为本部门的利益而忽视客户的需求；当业务需要多个职能部门共同完成，或一个职能部门内部有多个业务并行时，资源的分配就会出现问题；当业务需要由多个部门共同完成时，对权力的分割会影响各职能部门之间的沟通交流、团结协作；由于业务组成的成员在行政上仍隶属于各职能部门的领导，因此业务经理对业务成员没有完全的权利，业务经理需要不断地同职能部门经理进行有效地沟通，以消除项目成员的顾虑，这无疑增加了管理成本。

职能制结构主要适用于企业产品品种比较单一、生产技术发展变化不快、外部环境比较稳定的中小型企业。这样的企业，经营管理相对简单，部门较少，横向协调的难度小，对适应性的要求较低，因此职能制结构的缺点不突出，而优点却能得到较为充分的发挥。

当企业规模、内部条件的复杂程度和外部环境的不确定性，超出职能制结构所允许的限度时，就不应再采用这种结构形式了。但在组织的某些局部，仍可部分运用这种按职能划分部门的方法。比如在分权程度很高的大企业中，组织的高层往往设有财务、人事等职能部门，这既有利于保持重大经营决策所需要的必要的集权，也便于让这些部门为整个组织服务。同时还必须注意的是，想要设计职能制的组织结构，企业必须具有较高的综合平衡能力，各职能部门按企业综合平衡的结果，为同一个目标进行专业管理。否则，最好不要采用这种组织结构。

↘ 直线职能制结构（见图2-3）

直线职能型组织结构是现代企业最常见的一种结构形式，它更加适合大中型企业。这种组织结构的特点是：以直线为基础，在各级行政主管之下设置相应的职能部门，比如销售、供应、财务等部门，从事专业管理，作为该级行政主管的参谋，实行主管统一指挥与职能部门参谋指导相结合的结构模式。在直线职能型结构下，下级机构既受上级部门的管理，又受同级职能管理部门的业务指导和监督。各级行政管理者逐级负责，高度集权。因而，这是一种按经营管理职能划分部门，并由最高管理者直接指挥各职能部门的结构体系。

直线职能型组织结构最大的特点是，除了直线人员外，还需要职能参谋人员提供服务，他们与直线人员共同工作。直线人员直接参与组织目标的实现；而职能参谋人员则是间接参与，为组织目标的实现提供服务。比如对于生产型企业而言，它的主要目标有两个：生产和销售。作为组织目标实现的直接参与者，生产人员与市场人员构成了直线人员，而产品设计、人事、财务、后勤等人员则是职能参谋人员。区分组织中谁是直线人员和职能参谋人员的一个方法，就是根据组织的目标，看谁直接为其作出贡献，谁间接为其作出贡献。比如在一个企业组织中，人事、法务、财务及公共关系部门往往被认为是职能参谋部门。

要特别注意，在直线职能型组织结构中职能参谋部门拟订的计划、方案以及有关指令，由直线主管批准下达，职能部门参谋只起业务指导作用，无权直接下达命令。因此，职能参谋人员的服务本质上是建议性的，他们不能对直线人员行使职权。比如人事部经理只能向生产部门建议聘用新员工，没有职权强迫生产经理接受他的建议。在组织最高层，职能参谋人员还需要参与决策的制定。除了这些特殊的职能参谋人员外，在企业组织中还有一些服务性质的职能参谋人员，包括办公室人员、速记员、维修人员等。让我们来看下面这个案例。

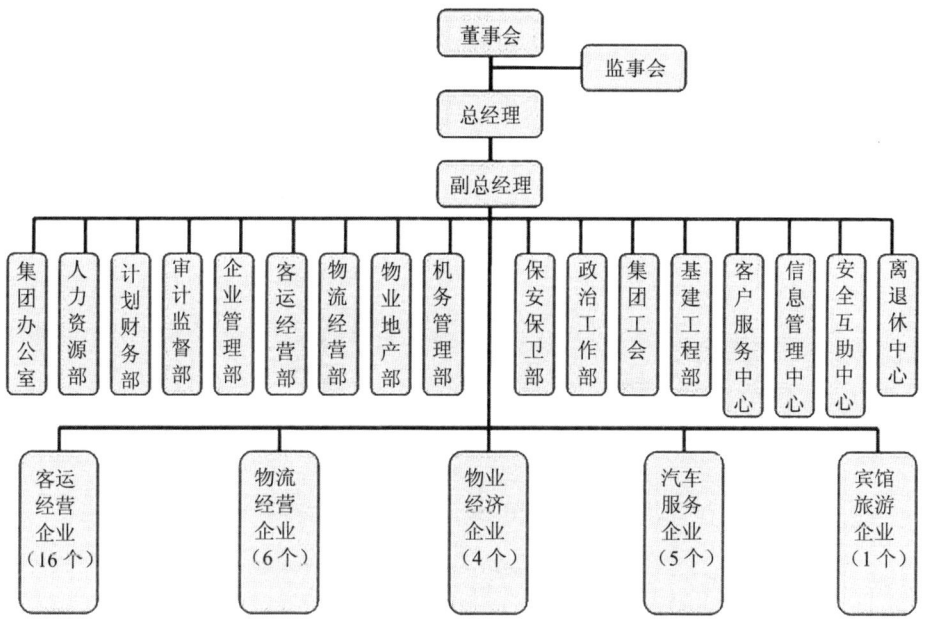

图 2-3 某地交运集团直线职能制组织结构图

某地交运集团组织结构模式是以直线职能制为主的经营管理组织结构（见图

2-3）。集团公司党政领导班子由 8 人组成：董事长 1 人、总经理 1 人、副书记 1 人、副总经理 5 人，监事会由政府委派。集团总部设办公室、人力资源部、计划财务部、审计监督部、企业管理部、客运经营部、物流经营部、物业地产部、安全保卫部、机务管理部、政治工作部、工会、基建工程部、客户服务中心、信息管理中心、安全互助中心、离退休管理中心共计 17 个部门。集团按经营辖属划分，拥有全资及控股企业 32 个、参股企业 5 个，分布于当地各县市区。

直线职能型组织结构吸收了直线制与职能制组织结构的优点，同样在各管理层之间设置职能部门，但职能部门作为同层次领导的参谋，不直接指挥下级，只在业务范围内做管理工作，职能部门的指令由领导批准后下达，各管理层次之间按直线制的原理构成上下级关系。该结构保持了统一指挥的特点，又满足了职能的专业化分工，集中领导、职责清楚，有利于提高管理效率。

尽管优点显著，但直线职能型组织结构也有它的缺点，比如由于组织结构属于典型的"集权式"结构，权力集中于最高管理层，导致下级缺乏必要的自主权；部门之间横向联系差，信息传递路线长，反馈较慢，难以适应环境的迅速变化；职能部门与指挥部门容易造成矛盾等。

↘ 矩阵制结构（见图 2-4）

矩阵式组织结构听上去有些学术化，实际上它是一种较高层次的组织结构模式。简单来说就是，在一个大的企业组织内，为了实现某个特别的工作任务，另外成立项目小组，这个项目小组与原组织配合，在形态上有并行交叉，这种情况就是矩阵式组织形式。实际上，这种组织结构是以项目为对象来设置的，项目的管理人员从职能部门抽调，项目完成，管理人员又回归职能部门。

矩阵式组织结构的最大特点就是拥有双重命令体系，即职能式矩阵和项目式矩阵，前者以职能主管为主要决策人，后者则是以产品或项目负责人为主要决策人。这种组织结构打破了单一指令系统的传统企业管理方式，使员工同时拥有了两个上级。

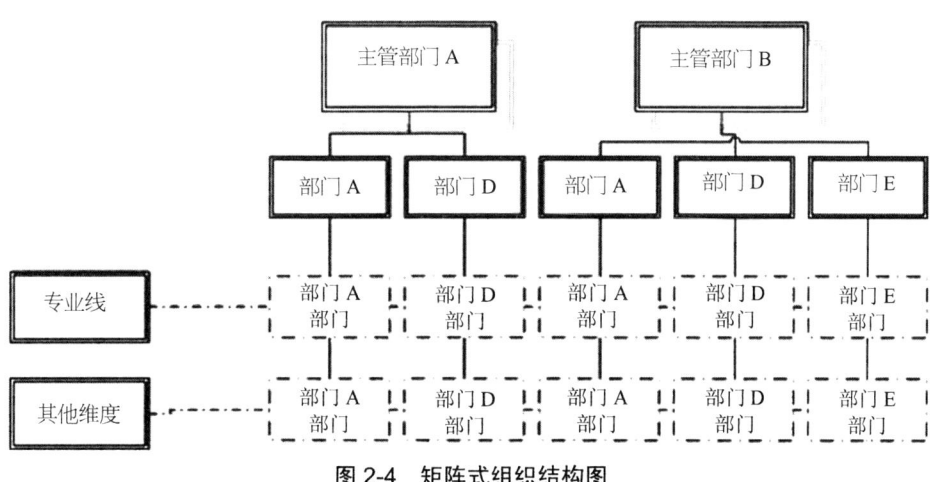

图 2-4　矩阵式组织结构图

大名鼎鼎的 IBM 公司就是采用矩阵式组织结构的代表企业。在上个世纪 90 年代，IBM 的组织机构就呈现出自由组合特征的矩阵式结构。比如加州伯克利大学电子工程专业出身的叶成辉，在美国加入 IBM 旧金山公司时是一名程序员，但因为他不喜欢编程等技术类的工作，而更喜欢销售这种与人沟通为主的职位，于是便主动请缨进入销售部门，经过几年的努力，叶成辉获得提升，成为了一线经理。随后，他回到 IBM 香港公司做产品经理。由于个人"斗志旺盛"，业绩不错，差不多每两年他都能够蹦一个台阶，直至成为 IBM 大中华区服务器系统事业部的产品总经理。

从普通员工到一线经理，再到产品总经理，从一般的产品营销，到逐步专注于服务器产品，十多年来，叶成辉一直在 IBM 的"巨型多维矩阵"中不断移动，不断提升。叶成辉认为，IBM 的矩阵型组织构建出了一个很特别的环境，在这个矩阵环境中，他能够学到很多东西。

很多企业单一地按照区域、业务职能、客户群落、产品或产品系列等来划分部门，这是非常普遍的现象，从前的 IBM 也是如此。但进入 90 年代后，IBM 逐渐把组织结构调整为矩阵型。在这个过程中，IBM 公司把多种划分部门的方式有机地结合在了一起。比如 IBM 既按地域分区，如亚太区、中国区、华南区等；又按产品体系划分事业部，如 PC、服务器、软件等事业部；既按照银行、电信、中小企业等行业划分；也有销售、渠道、支持等不同的职能划分。所有这些纵横交错的部门划分有机地结合为一体。对于这个矩阵中的某一位员工比如叶成辉而言，他既是 IBM 大中华区的一员，又是 IBM 公司产品体系中的一员，当然还可以按照另外的标准把他划分到其他部门里。

IBM 公司这种矩阵式组织结构为企业带来了很多好处，非常明显的一点就是，矩阵组织能够弥补企业进行单一划分部门带来的不足，使企业的优势充分发挥出来。显然，如果 IBM 不进行地域上的细分，比如说只有大中华而没有华南、华东、香港、台湾等区域，就无法针对各地区市场的特点把工作深入下去。而如果只进行地域上的划分，对某一种产品而言，就没有一个人能非常了解这个产品在各地表现出来的特点。再比如，按照行业划分，就会专门有人来研究各个行业客户对 IBM 产品的需求，从而更加有效地把握住各种产品的重点市场。如果没有这样的矩阵结构，想要在某个特定市场推广产品，就会变得非常困难。比如在中国市场推广某个产品，由于矩阵式组织结构的存在，IBM 拥有华南、华东等各大区的员工队伍，有金融、电信、中小企业等行业队伍，有市场推广、技术支持等各职能部门的队伍以及专门的产品队伍，这样一来，不同职能部门的员工相互协调、配合，很容易就能够拿下目标市场。

作为产品经理，会比较清楚某产品在当地的策略是什么。比如在中国，某产品的客户主要在银行业、保险业，而在美国则主要在零售业和流通业；在亚太区，某产品还需要朝低端走，不能只走高端；中国市场上需要产品的价位、配置以及每个月需要的数量等，只有产品经理比较清楚。从产品这条线来看，产品经理需要跟美国工厂订货，保证货源供应。从产品销售的角度看，产品部门需要各相关地区的职能部门协助，做好促销的活动；然后需要各大区、各行业销售的力量把产品销售出去。比如，如果需要在媒体上做一些采访，就要 IBM 当地负责媒体公关的部门协助；再比如，如果产品经理认为产品除了主打大客户外，还要大力推向中小企业市场，那么就需要跟中国区负责中小企业的行业总经理达成共识。当然，产品的销售还需要分销渠道介入，这时，就需要负责渠道管理的职能部门进行协调。

从某种意义上讲，在 IBM，产品部门与其他职能部门也互为"客户"关系。

当然，任何事情都有它的"两面性"。矩阵式组织在提升企业产品品质或增强项目推广能力、市场渗透能力的同时，也存在一些弊端。显然，在矩阵式组织当中，每个人都有不止一个老板，上上下下需要更多的沟通协调，所以，在 IBM 公司，经理的开会时间、沟通时间要比许多小企业长，也可能使决策过程放慢。另外，每一位员工都由不同的老板来评估他的业绩，不再是哪一个人说了算，评估的结果也会更加全面，这使得每个 IBM 的员工都会更加用心地工作，而不是花心思去讨好老板。

同时运用不同的标准划分企业部门，就会形成矩阵式组织。显然，在这样的组织结构内部，考核员工业绩的办法也会相对复杂。在特定客户看来，IBM 公司只有"唯一客户出口"，即所有种类的产品都是由一个销售员销售的。产品部门、行业部门花大力气进行产品、客户推广，但是，对于每一笔交易而言，往往又是由其所在区域的 IBM 销售员最后完成。那么，在这种情况下，最后的业绩如何计算？产品部门的贡献如何计算？区域、行业部门的付出又如何计算呢？

IBM 经过多年的探索，早已经解决了这个问题。在 IBM 公司有三层销售，分别为产品、行业和区域。因此，IBM 也采取三层评估。比如经过各方共同努力，华南区卖给某大客户 10 套产品，那么这个销售额给华南区、产品部门以及行业部门都记上一笔。当然，无论从哪一个层面来看，其总和都是一致的。比如从大中华区的立场来看，下面各分区业绩的总和就是大中华区的销售总额，或者大中华区全部产品(服务)销售总额，三个数字是一样的，都可以说明他的业绩。

在外界看来，IBM 这架巨大的战车是稳步前进的，变化似乎非常少，这其实是一种误解。对于基层的员工和比较高层的经理而言，可能变化相对比较小，比如一名普通员工进入 IBM，做产品的销售，差不多四五年时间都不会变化，然后可能有机会升任一线经理；再比如大区的总经理，也可能好多年不变，因为他熟悉大区域的业务，已经建立起良好的客户关系，因此也不太容易产生变动。但仅仅因为这样就认为 IBM 变动少是不正确的。

在IBM的矩阵内部，变化是随时都会发生的。比如在中间层的经理人员差不多一两年就要变换工作，或者更换老板，或者更换下属，这样就促使整个组织不断创新，不断向前发展。IBM的矩阵式组织结构是有机的，既能够保证稳定地发展，又能够保证组织内部的变化和创新。所以，在IBM公司流传着这样一句话："换了谁也无所谓。"

从IBM的案例中，我们感受到了矩阵式组织结构的形态与优势。很显然，矩阵式组织可以帮助企业减少员工招聘的成本，特别是对一些刚刚建立的部门而言，可以采用抽调人员的方式来组成新的项目小组，这在极大程度上节省了对外招聘的成本。在矩阵式组织结构里，各个部门中的关键人员可以同时为企业中各个项目所使用，比如每个部门的经理。因此，矩阵式组织结构可以在项目管理过程中，帮助企业在时间、成本和绩效上获得有效的平衡。

另一方面，矩阵式组织结构同时具备了事业部式与职能式组织结构的优点，并兼有职能式和产品式（项目式）职能划分的优势；它能够加强部门之间的横向联系，使专业设备和人员得到充分利用，实现人力资源的弹性共享。此外，矩阵式组织结构还具有较大的机动性，可以促进各种专业人员互相帮助、互相激发，它更适用于大型企业的组织系统。

矩阵式组织结构也有自身的缺点，比如由于项目组成人员来自各个职能部门，当任务完成以后仍要回到原部门，因而容易产生临时观念，有时责任心不够强，对工作有一定影响。员工由于受到双重领导，一旦出现问题，就难以分清责任，会出现互相推诿责任的情况。同时，因为参加项目的人员来自不同部门，隶属关系仍在原部门，只是为"会战"而来，因此项目负责人对他们管理困难，没有足够的激励手段与惩治手段，也就是说矩阵式组织结构里的项目负责人的责任大于权力。

矩阵制组织是为了改进直线职能制组织横向联系差，缺乏弹性的弱点而形成的一种组织形式。这种组织结构形式是固定的，人员却是变动的，需要谁，谁就来，任务完成后就可以离开。项目小组和负责人也是临时组织和委任的，任务完成后就解散，有关人员回到原部门工作。因此，这种组织结构非常适用于横向协作和攻关项目。

想要运用矩阵式组织结构，首先需要对矩阵结构有正确的认识，对矩阵结构的特点、实施条件有全面的了解。更重要的是，企业领导者还要对自身的管理现状有客观的认识，对企业目前在制度、流程和员工素质等各方面做到心中有数，根据现状判断是否具备实施矩阵的条件。如果不具备就不能盲目使用，要制定可行的分步实施计划。最后，企业老板可以采取逐步推进的策略，首先在较小范围内试行矩阵，增加先期的可控性，随着矩阵管理模式的不断成熟，逐渐增加矩阵范围，加大项目授权力度，最终形成适合企业现状、运行顺畅的矩阵结构。

2.2 公司的组织结构怎么搭建？

上一节我们了解了企业组织内部的几种结构形态，那么对于一家企业而言，应当如何建立符合企业自身发展需求的组织结构呢？对于企业已有的组织结构，应当如何进行优化，使其更好地发挥管理者的作用呢？本节我们就来一一讲述。

合理的组织架构，能够帮助企业减少运作过程中流程的不确定性，明确工作内容，促进员工提升工作效率。组织架构的建立必须从以下几方面进行考虑。

首先，组织结构设计必须在企业经营战略指导下，根据企业战略确定的目标，按照企业经营管理的需要、经营环境的需要和从事行业的特点，分析目标实现必需的任务系统、工作内容，确定职能部门和重要管理岗位的配置。组织架构成果需要通过组织结构图和相应的岗位职责、部门职能来体现。

其次，组织结构设计应以"提高工作效率，保证管理目标实施"为前提。在这一前提下，架构中的每个组成部分都要与企业的远景目标设定相匹配，避免出现可有可无的部门或岗位。

第三，企业的组织结构设计，必须与企业发展所处的阶段相适应，与企业阶段性掌握的资源相匹配。同时，企业老板应当明白，组织结构是符合战略的阶段性目标实现过程中的产物，绝不会一成不变，它会随着组织战略实现的目标变化被经常性调整。组织结构设计的内容包含组织架构设计和保证组织正常运行管理的各项管理制度的设计。

第四，组织结构设计必须按照严格的设计程序进行，而不能凭经验、拍脑袋决定。不论是新创立企业的组织设计，还是对原有组织构架进行调整，或者因为组织目标或原构架出现较大问题而重新设计，都应该遵循以下的设计步骤：

确定设计原则：企业老板必须根据企业的目标和特点，确定组织设计的方针、原则和主要参数。

进行职能分析：确定管理职能，层层分解到各项管理业务和工作中，进行管理业务的总体设计。

设计结构框架：设计各个管理层次、部门、岗位及其责任、权力。

管理制度设计：对控制、信息交流、综合、协调等管理行为进行制度化设计。

管理规范设计：包括管理程序、工作标准和管理方法以及作为管理人员的行为规范等内容。

人员配备与培训：根据组织架构设计和架构对组织人员的要求，配备各级各类成员，并实施组织培训。

激励制度设计：包括设计部门和人员的绩效考核制度与方法，设计精神激励和工资奖励制度，设计人员的职业规划和培训制度等。

反馈与修正：搜集组织运行过程中的问题，定期或者不定期地对上述设计进行修正调整。

最后，企业组织结构设计还应当遵循以下原则：

目标统一原则： 为使组织内部人员行为达到组织行为协调一致，企业组织中的每个部分都必须为组织的整体目标的实现有所贡献。

效率原则： 组织的形态应当以成本最小实现企业目标为原则，尽可能地做到最小的投入获得最大的产出。

管理跨度原则： 在企业中担任管理工作，能够有效监督和指导的人数或者部门是有限的，不宜多也不宜少。

分工协作原则： 按照业务性质合理分工、密切配合、相互制约，本着精干、高效、适用的原则，分解各管理业务部门的职责范围，使各项工作协调一致。

授权原则： 权力的分配和授予应以最利于解决问题为原则，使每个岗位的人，都有与实现的工作目标所匹配的权力。

权责相称原则： 每个职务和岗位所承担的工作任务和担负的责任，应与其所拥有的权力相匹配。

执行与控制分离原则： 从事某项工作的人，不能同时负责控制和评价这项工作的效果，实际上就是执行与监督分离。

综上所述，就是一家企业进行组织结构设计的基本思路。那么，企业组织结构已经建立，应该怎样优化改进呢？在介绍方法之前我们先来看一个案例。

有一家企业在组织结构、运营模式等方面存在不少问题。比如组织绩效低，组织结构对公司战略目标的实现需求、业务发展有一定的影响，企业决策速度慢，决策不能高效落实；存在明显的冲突，部门间因组织程序的相应标准不明朗，各部门目标未能有效服从于企业整体战略；组织对外界感受力差，组织结构不能创造性地对外界环境变化作出适度反应；部门内主动性不足，部门间横向协调不够，员工的工作热情很容易泯灭在部门的消耗之中；组织资源配置不合理，企业内部资源不足，造成一定的设备及人员的阶段性闲置及工作量不饱和，而相对时间内局部设备及人员则使用紧张。

针对企业的这些问题，老板决定在组织结构上进行完善。较为合理完善的组织结构可以帮助企业适应环境的变化，实现企业的战略目标，增加企业的对外竞争力，同时有助于企业内部的技术开发，人员素质的提升和企业经营效率的提高。

于是，这家企业采用了以下的方法来调整组织结构。

首先是建立尽量简单化、简约化的组织结构，在组织层级的设计中尽量不超过四级。

其次，明确各部门及岗位的工作职责，将各项职责落实到岗位，责任到人。

再次，围绕以流程服务为导向的职能管理体系，通过分层分类的绩效考核制度将各项目职能落实到具体的工作中。

最后，提高各级管理干部能力水平，安排合格的管理干部到位，不合格者一律调换。

通过上述组织结构调整，这家企业的问题得到了显著的改善。

在对已有的组织结构进行优化与改进时我们可以这样做：

第一，充分了解企业的发展战略规划，明确企业的业务发展范围，明晰企业的主营业务，以此作为组织结构设计的指导思想。

第二，借助内部调查问卷了解企业内部组织管理中存在的各种问题。

第三，依据企业发展历程中遇到的问题，找到形成这些问题的核心原因。

第四，设计出短、中、长期组织结构方案，明确各个时期组织关键能力建设，按照前文我们提及的组织结构设计原则与组织结构设计方法，有针对性地进行组织结构的设计调整。

第五，为推行组织结构转型与变革做全面沟通、研讨与心理辅导，通过培训等多种方式，减少组织方案实施的阻力。

第六，依据企业发展战略、管理需要与问题归纳，明确企业需要管理的内容，将这些管理内容划分到组织的不同部门与岗位。对不同管理线进行权责划分，通过不同权责的划分，明确组织各层级与各岗位的权责。

第七，结合组织结构、管理内容、权责划分，制定各部门、各岗位的职责，将组织管理落实到每个岗位，避免权责不清、职责不明。

第八，制定企业组织管理所需要的管理制度，将重要管理内容纳入制度管理体系，作为长期遵循的准则。

第九，制定企业组织管理需要的流程，明确执行各岗位的权责，使流程运作简捷高效。

第十，依据预算与企业经营计划对核心岗位进行绩效考核，将企业发展战略落实到部门与各个岗位，并通过重点工作与关键指标进行监控与管理。

通过上述方法，我们可以在组织能力允许的范围内，对组织结构进行调整，使其更加适应组织管理与员工控制的需求，同时使原有组织结构的问题得到显著改善。

PART 3
招聘从文化认同开始

招聘是人力资源管理的重要内容之一,招聘过程包括:发布招聘广告、二次面试、雇佣轮选等。负责招聘工作的人被称为招聘专员,他们是人力资源方面的专家或人事部的职员。聘请的最终选择权为用人单位所有,他们与合适的应征者签署雇佣合约。这是最基本的常识,然而招聘仅仅就是雇佣吗?很多企业都有"铁打的营盘流水的兵"的说法,在这些企业里员工来了又走了,人员的流动频次让人惊讶,为什么会出现这样的情况?

究其原因,是员工与企业之间除了雇佣关系外再无其他关系,单纯的一纸合约无法令员工与企业长久地结合在一起。因此说到招聘的含义,我并不认为仅仅就是雇佣,我认为招聘的真正含义是为企业寻找认同企业文化并且具有适合岗位能力要求的人。"你招不到你想要的人,你只能吸引到跟你相似的人!"这句话就是招聘的真谛。招聘不仅是寻找业务能力强的人,更重要的是寻找与企业价值观一致的人,如果把企业的招聘专员比喻成"老司机"的话,那么他的任务不单单是请人上车,而是请正确的人上车。

3.1 招聘是一场营销

招聘的本质是什么？在我看来，招聘其实就是一场营销活动。招聘是满足特定客户（应聘者）的特定需求（利益诉求点），而不是满足所有客户的所有需求。从这个意义上讲，招聘就是一场营销。

一家企业能否吸引应聘者，不外乎以下几个方面：

- 公司品牌与发展前景；
- 薪酬与福利待遇；
- 个人成长机会与成长空间；
- 个人能力发挥程度与价值发挥程度；
- 公司软环境（氛围、文化等）；
- 公司硬环境；
- 领导者的个人魅力。

想要招到理想的人选，招聘者必须要了解处于不同年龄阶段的应聘者的核心价值诉求点，它们往往是不同的。比如以35岁为分界（或以工作10年经历为界），35岁以下（或参加工作初期）的应聘者通常最看重个人成长机会与成长空间，其次是薪酬与福利待遇，再次是公司软环境（氛围、文化等）；35岁以上（或参加工作10年左右）的应聘者，通常最看重个人能力发挥程度与价值发挥程度，其次是薪酬与福利待遇，再次是公司品牌与发展前景。了解了这些，才能准确地把握应聘者的脉搏，提升招聘工作的成功率。

一般来说，35岁以下、工作经验较少的年轻群体是企业招聘需求的主体，因此招聘的重点应在满足其个人成长与成长空间的同时，尽量满足其对薪酬与福利待遇、公司软环境等方面的需求。

其中成长机会主要包括：

- 更多的培训机会（专业能力培训＋管理能力培训、内部培训＋外部培训）；
- 老员工带新员工机制的完善（如将新员工的表现与成长纳入对老员工的工作考核中）；
- 更多的试错机会与挑战机会。

成长空间则主要指合理的晋升机制，包括：

- 知识水平（通用知识、专业知识等）；
- 技能水平（工作技能、研发创新技能、销售技能、服务技能等）；
- 业绩（将技能体现在工作的数量和质量层面）；
- 敬业度。

企业的人才战略应将成长机会与成长机制、薪酬与福利待遇等层面相结合，制定符合企业实际的岗位级别体系，并严格按照规定考核员工。

招聘是组织根据自身发展的需要，依照市场规则和本组织人力资源规划的要求，通过各种可行的手段及媒介，向目标公众发布招聘信息，并按照一定的标准来招募、聘用组织所需人力资源的全过程。作为人力资源管理中的重要环节，人员招聘涉及规划、途径、组织和实施等许多方面。它是组织获取人力资源的第一个环节，也是人员选拔的基础。

3.2 招聘的五大误区

我们都知道，招到合适的人对任何公司来说都至关重要，对员工相对较少的小公司尤其如此。招错了人不仅浪费时间和金钱，还会影响其他员工和公司的发展。

尽管招聘如此重要，但很多企业的招聘失败率却居高不下，不是招到的人不合适，就是合适的人待不长。招聘作为企业选、用、育、留人才的开端，是非常重要的起始点，那些反复经历招聘失败的企业，究其原因大多是在招聘上陷入了下面几个误区。

↘ 误区一：要招就招最好的

企业对人才重要程度的认识，为其招聘到合适的人才奠定了认知上的基础，其目的是更有效地招聘到合适的人员，而不是最好的人员。

很多优秀的企业为了招聘到与企业匹配、符合企业价值文化的员工，都采用了独特的招聘方式。比如Facebook在企业招聘面试选拔环节始终围绕"黑客精神"的理念，从人的角度分析员工是否具备"黑客精神"素质，以此来选拔适合企业的人才；而华立则通过建立自身规范化的管理和招聘流程，使其总公司和子公司建立一致的选拔标准，这为企业招到多元化、复合型的人才提供了强有力的保障。

很多企业一味要求招到最好的，却忽视了是否适合的问题。做战略执行的人才招聘，要招就招最需要的、最合适的，这才是战略人力资源招聘的目标。

企业应该明确其所需人员应具备怎样的特点，并对此进行分类。在对人员进行分类上不仅仅只是从技术、管理、业务类型等传统角度进行划分，还需要从工作角色、工作对象等维度进行划分。

对工作角色的分类，可以从决策角色与执行角色维度进行划分，这种划分决定了对人员能力的要求。通常来说，决策类岗位对人员的能力要求，要大于执行类岗位对人员的能力要求。具体来说，如果该岗位更看重决策角色则对人员能力要求比较高，相反如果该岗位更偏重执行性角色则对人员经验要求比较高。

工作对象的划分可以从对人还是对事入手。如果工作对象主要是人，则沟通协调能力是关键；而如果工作对象是事，那创新性、对风险的预估能力等则显得比较重要。

除此之外，企业还需要对招聘人员进行分析。首先，企业应该先了解员工喜欢怎样的企业氛围，例如有的员工喜欢创新性的工作，那稳定的工作岗位可能就不适合，此时的高工资对其的吸引力可能并不大；其次，对在岗人员进行特性分析，从性格维度出发，通过内向外向的方式对人和事等进行分析，通常来说财务类的岗位需要偏内向的人员，而外向开朗的员工可能就不是很适合该类岗位。

误区二：先招进来再说

很多企业对待招聘的态度是先招进来再说，用一段时间不合适再换。这种思维是招聘的显著误区，意味着企业的招聘要求毫无底线，招到的人员也没有底线。为了避免这样的错误发生，企业必须建立适合岗位需求的一系列底线，包括任职资格底线、业务能力底线、文化水平底线等。

误区三：选择我喜欢的

在招聘选拔中常出现这样的现象，企业招到的人往往是面试官喜欢的人，而并非企业想要的人。这种情况不仅在普通的主管身上存在，可怕的是在不少企业领导者身上同样存在。比如，如果企业领导者是销售出身，那么他在招聘选拔的时候一定是从销售的角度去面试，招来全是符合他"胃口"的人。这对于不同的岗位而言是没有好处的，面试官凭借自身好恶决定录用标准是非常幼稚的招聘行为。

那么，应当如何避免陷入这一误区呢？企业必须要建立人力资源招聘流程、招聘标准，使用科学的招聘工具才行。

误区四：缺人就去招

很多企业在人力资源招聘和岗位安排问题上，都是现招现用，即在面试通过后，马上安排上岗工作，这样的现招现用看上去解决了岗位缺人的问题，但却给企业带来了麻烦。

由于缺人，企业在招聘环节往往会"将就"，以期快速补充岗位缺口。这就使企业对应聘者的标准自行降低，甚至来不及做全面的考察和了解，这样的招聘结果只能是撞大运了。

为了避免这种情况发生，我的建议是先考虑企业内部是否可以进行岗位轮换，通过内部调岗来解决缺人的问题，而尽量避免通过外部招聘来填补职位空缺。

↘ 误区五：重专业，轻文化

企业在选择人才方面都会在专业化上下工夫，要求应聘者如何的专业，反而忽视了应聘者本身的素质，使得选择的标准过于单一。比如在所学专业的要求方面，对技术类岗位专业性要求强并没有错，但是也应该考虑应聘者本身的素质如何。如果一个应聘者专业技术能力非常强，但是却无法与同事处理好关系，那么这样的人将很难发挥团队的合力，不容易在团队中生存。

因此，在招聘时除关注学历、能力和专业素质外，也不要忽视了考察应聘者的思想和价值观，这往往能够体现出应聘者的人性素质。

3.3　专业招聘的"四化建设"

上一节我们谈到了招聘的五大误区，之所以会产生这样的误区，是因为企业的招聘工作做得不够专业，那么如何实现招聘的专业化呢？我把其总结为专业招聘的"四化建设"。

专业招聘的"四化建设"包括以下四方面内容：

↘ 面试官专业化

招聘的专业化首先反映在面试官的专业化上。很多企业都在考察应聘者的专业性，却忽视了自己派出的面试官其实并不专业。面试官缺乏专业性从以下几个方面体现出来：

面试官气场过强。 对于求职者来说，面试就像一场比赛，心里本来就有压力和负担，很多人会因为过于紧张而不能很好地展现自己真正的实力。虽然抗压性也是面试中考察的一种能力，但面试官在面试中的角色作用是诱导求职者充分发挥自己的才能，真实表现自己，而不是给对方施加压力，让应聘者无所适从。

面试提问毫无技巧。比如，面试销售时提问"你很擅长销售么？""你觉得你自己适合这份工作么？"通常得到的回答都是"我觉得我还蛮擅长的""我觉得我挺适合"。试问，在面试过程中，有哪个应聘者会笨到承认自己无法胜任这份工作呢？如何提问在面试中非常重要，关系到你能否真正了解到你所要了解的信息。这也是衡量面试官水平高低的重要标准。

面试时迟到。每一场面试都会提前约定好时间，但有很多面试官对此并不在意，他们认为让求职者等一会儿没什么。要知道面试官的一举一动都是企业文化和气质的体现。在要求求职者准时到达的同时，面试官自己也要守时。这不仅是对应聘者的尊重，也是企业有诚信、尊重人才的体现。

盘问隐私。一般情况下，对求职者的隐私问题，如婚姻状况、恋爱状态等不应该刨根问底。但很多企业认为求职者的个人婚姻状况、生育状况会影响其未来的工作，公司有权了解并考量这些因素对公司利益的影响。尽管如此，面试时一旦问到这类问题，要看是否与工作内容密切相关，如果是非问不可，也必须注意方式方法。

着装不得体。面对应聘者，面试官的形象代表了公司的形象。因此面试官的衣着要职业化，不能太过随意、休闲。这些细节会向求职者传递公司专业化、职业化的信息。

先入为主。很多面试官仅凭对求职者的主观印象打分，而不管求职者的能力如何。这是很普遍的情况，他们对求职者有先入为主的偏见，在面试时不加掩饰地流露出来。

要知道，面试官的非专业化会直接影响招聘的效果，因此，作为面试官必须具备以下素质：

良好的个人品格和修养。面试考官所在的位置不仅反映出其个人的修养水平，更重要的是，他们代表着企业，从他们身上可以反映出企业的风范。因此面试官必须给人以正直、公正和良好修养的感觉，使每位应聘者在与他们的接触中感受到彼此的价值。

具备相关的专业知识。尽管面试官可能并不是招聘岗位所属部门的人员，但也需要尽量了解相关的专业知识，这有助于面试官更好地与应聘者沟通交流。

具有丰富的经验和良好的自我认知能力。面试评价总体来说是一个非量化评价过程，它的完成和质量在很大程度上依赖于面试官所具有的、丰富的工作经验，借助于工作经验的判断往往能够准确地把握应试者的特征。同时，良好的自我认知能力也有助于面试官对应聘者作出正确的评价。

熟练运用各种面试技巧。面试是一种技巧性很强的工作，要求面试官熟练掌握各种面试技巧，能够准确、简洁地对应聘者作出判断和评价。

我们都知道，在很多企业，最高领导者——总裁也会出现在面试环节中，总裁参与的面试实际上与业务技能并无太大关联，更重要的是"看人"，是找到文化认同的结合点，下面就让我们来看总裁面试的一个话术案例。

你好，欢迎你来到我公司应聘，我是公司总裁XXX，我知道，在前面的初试与业务考核中，你都顺利通过，这说明你是相当优秀的人才，今天是最后一关，考核的主题是公司文化认同。

这个主题很重要，它要回答的是，我们的文化你认同吗？或者能够适应吗？如果你不能认同或不适应，即使公司录用了你，我们也不会合作得长远，你同意我的说法吗？

（答：同意）

好，那我来介绍一下我们公司的文化，你来理解和判断，是不是你认同和适应的文化，我们的核心价值观有四条：

商业人格

公司是什么？公司只是一个平台，在这个平台上，公司做了两件事，一是给你提供终身就业的能力，会训练你；二是与你商定一个公平交易的规则，就是你提交什么结果,将会得到什么回报,然后共同遵守。

当公司把这一切都做完之后,你说,你要取得你满意的回报,要依靠谁呢?

(答:依靠自己,依靠领导,依靠团队,依靠客户……)

正确的答案是依靠自己,就是自己对自己负责,在工作中,也许会出现许多情况,比如领导不支持你,客户刁难你,同事不帮助你,但是请问,这是不是你不做出结果的理由呢?

(答:不是)

好,这就是我们公司的第一个核心价值观——商业人格,独立地做好自己的结果,与公司做公平交换,做结果只与自己有关,与他人无关,对自己100%负责。你认同吗?

(答:认同)

好,根据我们刚才的谈话,请你简单地讲一下你理解的商业人格。

(答:……)

结果导向

请你回答,一家公司最终靠什么生存呢?是政府的支持?客户的恩赐?朋友的帮助?老板的英明?经理的能力?还是员工每天做出自己的结果?

(答:是结果)

可是,每天我们上班,是不是结果呢?每天我们都在忙工作,是不是借口呢?

(答:不是)

那么你应聘的岗位是销售部经理(假设),业务考核的时候,你们可能已经谈到了对职责的确认。现在我想请你谈谈,从结果的角度出发,你这个岗位应当提供什么重要的结果?

(答:订单)

正确,但是只有订单是不够的,还有全额按时回款,对不对?

还有一些重要的结果,你能不能说出来呢?

(答:说不出来)

客户满意率100%,是不是?

新客户数量增加多少，是不是？

你是经理，带团队成长是不是？比如你的团队人数的增加、团队成员人均业绩的提升、能够带小团队的优秀组长更多？

你是经理，做好团队是不是要做团队文化？是不是要建立制度和规则？是不是要训练他们的能力，是不是要建立一支不依赖你的优秀团队才是你最大的价值？当团队价值最大化时，你的价值才是最大化，对不对？

还有为其他部门提供价值，比如给技术、生产、市场部门提供客户意见，提出产品改进建议，组织或参加由各部门组成的销售小分队，为他们提供信息和服务，让他们心情愉快地为你们卖东西，对不对？

（答：对）

好，你再重复一下，我们刚才谈到的你的岗位的结果。

客户价值

谁有权力评价我们每天工作价值的高低呢？谁会为我们的结果买单呢？也就是说，我们每天做的一切结果是给谁的呢？请回答。

（答：老板、自己、客户……）

是客户，正确。

我们在谈到商业人格，谈到交换的时候，我们只谈了一半的话题，只回答了公司是一个交换平台，你与公司做公平交换，但其实还有另一半话题，就是公司凭什么与你交换，或者最终与你做交换的是公司吗？还是客户？

（答：客户）

所以，只有客户能够评价我们工作的好坏，而不是老板或其他人，只有客户才能给我们发薪水，而不是老板或股东，你同意吗？

（答：同意）

谁是客户？我们的顾客是客户。还有谁是客户？请回答！

（答：……）

我们内部是不是客户？你的上级、你的下级、你的同级，是不是你的客户？

（答：是）

如果是，你就像为外部客户一样地为他们提供你的价值，让他们感到满意和超值，好吗？

（答：好）

我们要从客户的角度去想问题、做事情，为客户提供满意的结果，甚至超值的结果，让客户为我们的工作而感动。这就是我们的第三个价值观——客户价值，而且这个价值观在我们公司是最重要的，是我们公司的底线，是我们的生命，许多人离开公司不是能力问题，而是没有客户价值观，得罪了客户，包括没有结果，没有业绩，也是得罪了客户，为什么？

（答：……）

因为我们自己没有结果，没有业绩，客户就享受不到我们公司这么好的服务，客户不消费，就是我们对不起客户，对吗？

（答：对）

好了，既然是客户给了我们一切，是我们的衣食父母，谁得罪了我们的父母，我们怎么办？

（答：走人。）

对，请你根据我们刚才的交谈，讲一讲你对客户价值的理解。

（答：……）

开放分享

如果在一家公司里，大家都很沉闷，很封闭，有问题不摆到桌面上，热衷于私下沟通，甚至传小话，你认为会出现什么问题呢？

（答：互相猜疑……）

轻一点儿的，会出现猜疑、误解，对不对？

（答：对）

重一点儿的，会出现权谋，甚至帮派，对不对？

（答：对）

我们公司有信息化网络平台，也有员工提案制度，领导的大门随时向员工敞开，以保证大家沟通无障碍。我们是一家开放分享型的公司，我们公司之所以人际关系简单、办事效率高、大家心情愉快,是因为我们有第四个最重要的文化价值观——开放分享。

开放分享,就是你有什么问题不要闷在心里,可以公开地直接提出来,甚至在全体员工的面前;你有什么困难,也可以公开地喊出来。可以让别人帮助你,而不是自己在那里闷头干,耽误事儿;你有什么好的经验和方法,也可以说出来,让大家共享,1+1 就会大于 2。

你能够做到以开放分享的心态投入工作吗?

(答:能)

我认为,在开放分享方面,至少要做到两点:

提供自己的经验与方法,推崇优秀的同事,互相鼓励,彼此分享,我们就会有几何倍的成长;暴露我们存在的问题,批评犯错误的同事,就是对自己也是对同事最大的负责,我们就会形成集体的记忆。

你能够做到吗?

(答:能)

好,谈一下,你对开放分享的理解。

(答:……)

我们今天谈到了公司的四个核心价值观,请你重复一遍。

(答:商业人格、结果导向、客户价值、开放分享)

结论一:

很好,要想深入理解,还要在工作中认真体会,能否快速融入公司文化,是你能否度过试用期的最重要一关,这是今后的事。不过,今天你的回答至少让我了解到,你能够理解这些价值观,认同这些价值观,也决心按着这个价值观去做,这就是我们合作的基础。

结论二:

很遗憾,我觉得今天我们在交流公司价值观方面,有许多错位,没有达成一致,你对我们价值观的基本理解还不够(对我们价值观的某些提法还不认同),不过不要紧,这不代表你不优秀,只是我们彼此的文化不太相同,正像我开始说的,文化不同，即使合作了也不会长远，最后是双输，这不是我们要的结果。无论如何，还是感谢你来应聘，也许今后，我们会在各自的成长中拥有共同或相似的价值观，那时，我们再携手合作。

从上述总裁面试的这个话术案例中，我们能够看到，他的面试主题始终围绕着文化认同，这是总裁级别面试的重点内容。"你招不到你想要的人，你只能吸引到跟你相似的人！"招聘不仅是寻找业务能力强的人，更重要的是寻找与企业价值观一致的人，而这也恰恰呼应了本章的标题，即"招聘的真正含义就是文化认同的开始"的观点。因此，作为总裁，一旦参与到面试环节中，"寻找文化认同"就是他面试的首要目的。

↘ 招聘方法正规化

专业招聘还表现在招聘方法的正规化上。

首先，招聘要具备战略思维，应当本着应聘一日，等于教育一年；入职三月，等于培养三年的意识去做招聘这件事。前文我们已经谈到过，招聘是一种营销，从发布信息那一刻即已开始，并且一个新员工初期对公司的印象至关重要。还有一个意识企业一定要具备，那就是优秀的人才永远都是稀缺的，招聘永远不会停止。

其次，招聘的形式代表公司的做事原则。在这里有一些标准一定要明确，比如在初试时要设置底线：证件不全的不面试；迟到不知会的不面试；考试不合格的不录用；离职证明没有的不录用；没有健康证明的不录用；没有推荐信的不录用等。可以和对方明确说，你的条件具备了之后欢迎再来。

最后，招聘内容代表公司价值取向。对于新员工信息的部分，招聘的内容包括：

考核资历：符合应聘资格吗？HR负责。

考核文化：是我们团队的一员吗？HR负责。

心理测试：人格气质是我们要的吗？HR负责。

考核业务:能够胜任工作吗?由所属部门考核。

对于企业信息的部分,招聘过程中涉及的内容包括:

讲文化:重点是讲什么人会离开,确认是他要的公司。
讲发展:重点是讲职业发展出路,确认是他要的未来。
约法三章:观念一致、能上能下、复制团队。

↘ 面试问题结构化

想要实现面试问题结构化,必须提前做好准备,如果准备工作没做好,那么面试就很难成功。在这其中要进行如下准备:

匆忙是面试一大忌;
熟悉面试计划(个人信息、简历中疑点);
面试必有项的准备,包括应聘者姓名、面试计划书、简历、公司介绍、名片……
面试步骤设计及时间预估;
确保双方座位舒适,对方看不到你的笔记;
确保面试的私密性,减少干扰;
注意引导与探询;
……

对于面试中的问答环节,面试官要做到如下几条:

提问能表现行为的问题,维度标准统一;
保障记录完全,做完整的行为记录;
倾听时全神贯注;
掌握面试速度;

维护应聘者自尊；

允许应聘者提问；

真诚地感谢应聘者，哪怕不合适，也要感谢人家花了时间来面试；

不要说不确定的事；

尽快给应聘者答复（一般是48时）；

……

↘ 评分标准标准化

企业还要建立标准化的招聘评分标准，使每一个招聘行为结束后都能够有统一的标准分数与之对应。具体的评分标准企业可以根据自身情况来设定，一般而言可以分为应聘者自我评价评分、面试问答环节评分等不同类别。

应聘者自我评价评分项目可以包含：语言表达是否清楚、语速是否合适；表达内容是否具有层次性、逻辑性；仪态是否端庄大方、礼貌且不拘谨；是否有自己的特色，能让自己显得与众不同，让别人一下子就能记住自己；是否掌握善于面对面表达的技巧，而不是在简单地背诵准备好的自我介绍等方面。面试问答环节评分项目可以包含：思想内容、逻辑思维、专业能力、综合分析、语言能力等。

在这里需要特别注意的是，在评分标准之下要设定应聘者得分的具体区间，这对招聘后的筛选具有重要的指导意义。

3.4 人才测评的"信度"和"效度"

面试工作结束后就是重要的人员筛选阶段，很多企业在这个阶段所采用的方式毫不夸张地讲就是"跟着感觉走"，完全依靠面试官对应聘者的个人感觉来确定最终招聘谁。这种做法显然是不对的。那么如何来对应聘者进行科学的测评呢？这就涉及人才测评的"信度"与"效度"的问题。

招聘能够成功的关键实际上就在于对应聘者预测的有效性，也就是说企业通过面试来达成对应聘者的能力、与企业契合度、工作状态等方面的预测。如果这种预测成功了，那么这个应聘者成为企业员工后的表现就能够符合甚至超出企业的要求；如果失败了，那么一旦这个应聘者进入企业，其表现将不能与企业的需求相符合（见图3-1）。

想要实现对应聘者的准确预测，很显然"跟着感觉走"是行不通的，必须要对其进行标准的测评。人才测评的主要目的，是通过各种方法对应聘者加以了解，从而为企业的人力资源管理决策提供参考和依据。而其中的"信度"和"效度"问题则是人才测评需要解决的最主要问题。

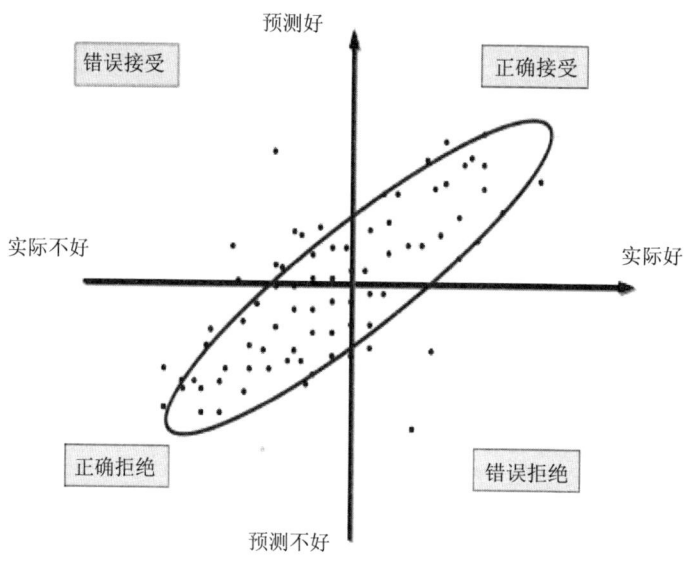

图3-1 人才测评图

信度指测验结果的一致性、稳定性及可靠性，也就是说，测试的成绩是不是反映了应聘者的实际水平。比如同一套测试如果在对同一个测试对象进行的数次测试中，受试者的分数忽高忽低，就说明该测试缺乏信度。信度可以分为重测信度、复本信度、内部一致性信度、评分者信度等。

重测信度又称为稳定性系数，它的计量方法是采用重测法：用同一测验，在不同时间对同一群体施测两次，这两次测量分数的相关系数即为重测系数。

复本信度是以两个测验复本来测量同一群体，然后求得应试者在这两个测验中得分的相关系数。复本信度的高低反映了这两个测验复本在内容上的等值性程度。两个等值的测验互为复本。计算复本信度的主要目的在于考察两个测验复本的题目取样或内容取样是否等值。复本信度也考虑两个复本实施的时间间隔。

内部一致性信度主要反映的是测验内部题目之间的关系，考察测验的各个题目是否测量了相同的内容或特质。内部一致性信度又分为分半信度和同质性信度。分半信度系数是通过将测验分成两半，计算这两半测验之间的相关性而获得的信度系数。测验愈长，信度系数愈高。

评分者信度，是指不同评分者对同一个对象进行评定时的一致性。最简单的估计方法就是随机抽取若干份答卷，由两个独立的评分者打分，再求每份答卷两个评判分数的相关系数。

效度即有效性，它是指所测量到的结果反映所想要考察内容的程度，测量结果与要考察的内容越吻合，则效度越高；反之，则效度越低。效度分为三种类型：内容效度、校标关联效度和结构效度。

内容效度是指测验试题的内容对测验范围内容的代表性程度。譬如，测试者欲了解个体的自信心水平，需要编制自信心测验，如果测验中的每一个题目都能够反映出自信心的特征，则这些题目从内容上讲是适当的，是有代表性的，有较好的内容效度。

一个测验要有内容效度必须具备两个条件：

第一，要有定义完好的内容范围。内容范围可以包括具体的知识，也可以是复杂的行为。例如要编制逻辑推理能力测验，则先要对逻辑推理能力的概念及其范畴进行清晰的界定，然后确定抽取反映逻辑推理能力水平的行为样本，以构成逻辑推理能力测验。

第二，测验题目应是所界定的内容范围的代表性取样。如上述构成逻辑推理能力测验的行为样本，一定要体现所测逻辑推理能力的主要方面，并使各方面题目比例适当。

通常，以专家评判法来确定内容效度，即请有关专家对测验题目与原定内容范围的符合性做出评定。

效标关联效度，又称实证效度，指测量的结果与某种外在效标之间的一致性程度。所谓效标，就是衡量评价有效性的参照标准，如工作业绩等。如果要衡量某一智力测验与工作业绩之间的效标关联效度，则可用两者之间的相关系数来表示。

结构效度是指测量结果与测验的理论假设之间的一致性程度。所谓结构，就是评价者所欲测量的某种概念或特征。

任何企业在进行人才招聘的时候都必须要建立一套招聘系统，同时通过科学的分析、选择适合的招聘工具、挑选适合的面试官、来提升招聘工作的有效性。而人才测评的"信度"和"效度"则是帮助提升招聘有效性的一种重要手段。

3.5 招聘的"四大步骤"

作为九段HR，对招聘要具有明确的结构设计与规划，我总结为完善招聘的"四大步骤"。

↘ **建立标准化招聘流程**

标准化的招聘流程一般包括以下部分：需求分析、工作分析、岗位分析、人员策略、时间策略、地点策略、渠道选择、信息发布、简历筛选、面试邀约、人员选拔、风险控制和录用。下面我们通过一些图例来对其中重要的项目进行说明。

岗位分析是对企业各类岗位的性质、任务、职责、劳动条件和环境，以及员工承担本岗位任务应具备的资格条件所进行的系统分析与研究，并由此制订岗位规范、工作说明书等人力资源管理文件的过程（见图3-2）。

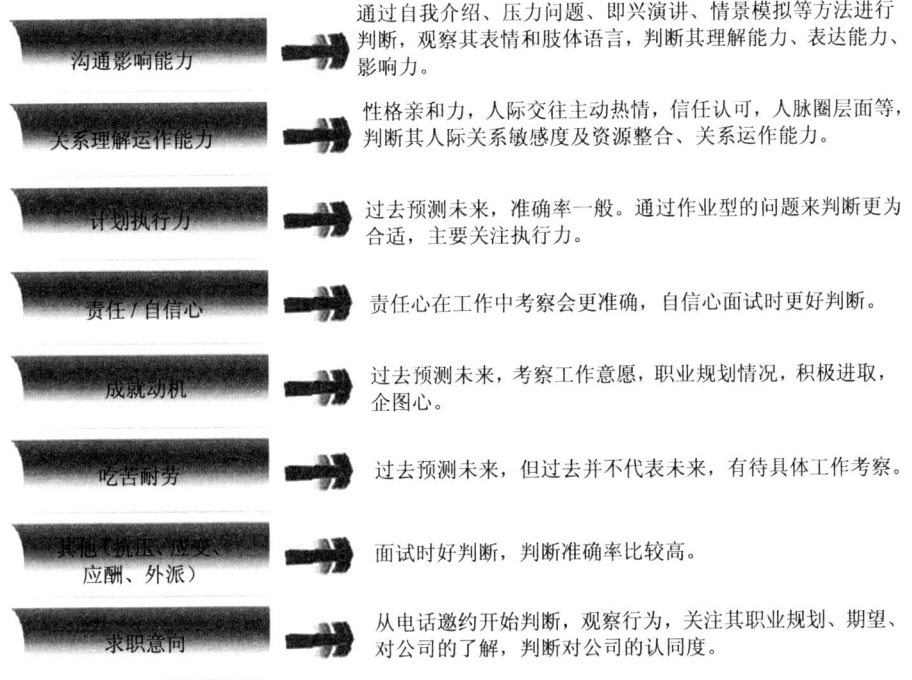

图3-2 岗位分析图

简历获取的方法一般是通过求职者主动投递或者企业主动搜索简历来实现。筛选简历要根据应聘者的基本条件、学历、工作能力、工作经验、待遇要求等条件来选择（见图3-3）。

风险控制是招聘工作中的要点和难点，它包括招聘成本回报风险、招聘渠道选择风险、人才甄选判断风险以及招聘回复速度风险等（见图3-4）。

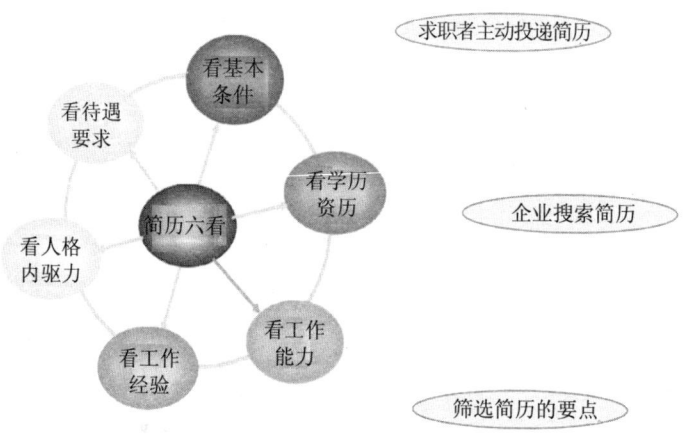

图 3-3　筛选简历主要看六个方面

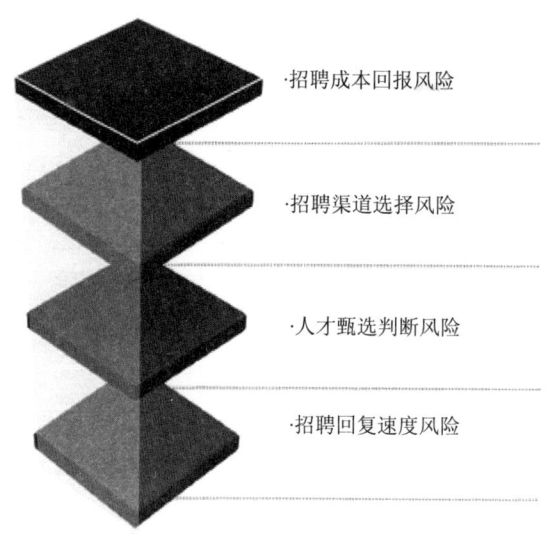

图 3-4　招聘中的风险控制

如果从标准化流程的角度来看，一个完善的招聘系统又可以分为企业招募流程、企业外部招聘录用流程、员工入职流程、企业内部竞聘录用流程、员工转正流程、员工淘汰流程、员工离职流程等（见图3-5、3-6、3-7、3-8、3-9、3-10、3-11）。

3 招聘从文化认同开始

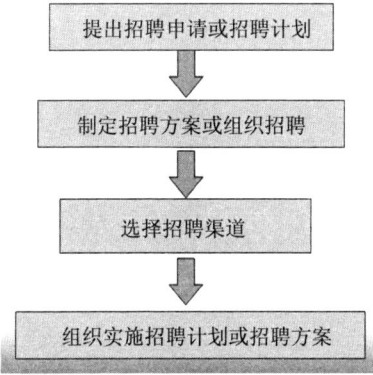

图 3-5　企业招募流程图

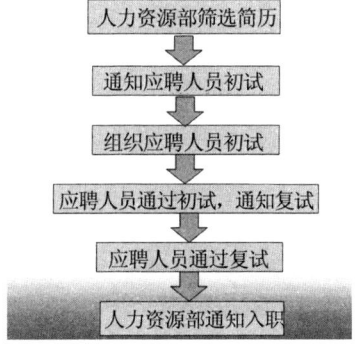

图 3-6　企业外部招聘录用流程图

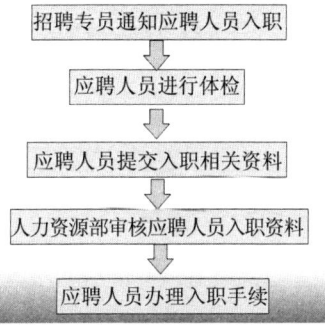

图 3-7　员工入职流程图

- 55 -

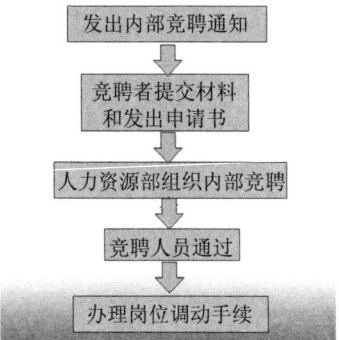

图 3-8　企业内部竞聘录用流程图

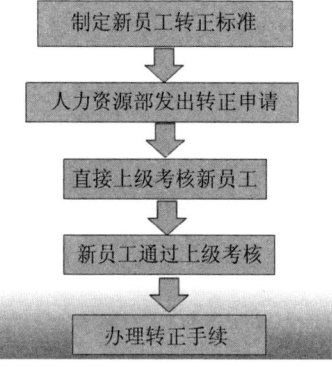

图 3-9　员工转正流程图

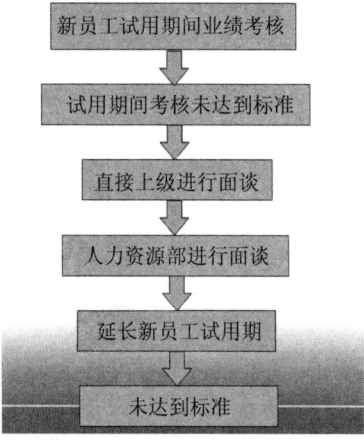

图 3-10　员工淘汰流程图

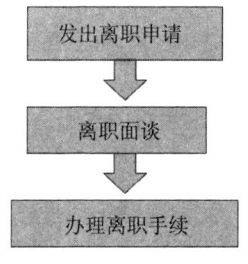

图 3-11　员工离职流程图

当然，在每个流程中还应当伴有更细化的实施步骤，在这里由于篇幅有限就不再展开描述了。

↘ **建立标准化人才测评题库**

专业招聘的第二个步骤就是建立一个标准化的人才测评题库，用以进行人才测评。企业可以通过外部购买与内部设计双管齐下丰富题库内容，从而在进行招聘人员的信度与效度分析时有所依仗。

↘ **对所有中高层进行专业的招聘技能专业培训**

专业招聘的第三个步骤，是对所有中高层进行专业的招聘技能专业培训。由于企业的中高层领导未必是人力资源管理出身，因此其招聘的经验与方法都很难达到人力资源管理的要求，这就需要企业的 HR 部门专门对中高层领导进行招聘技能的培训，以期在招聘中尽可能得到专业化的结果，避免陷入一系列面试误区。

↘ **不断完善招聘流程和题库**

最后，应当注意的是招聘并不存在一成不变和一劳永逸，即使流程已经设计完备也存在需要不断完善的地方。因此，作为企业的人力资源管理者要不断完善招聘流程与人才测评题库，把招聘始终当成一个动态的过程来面对。

PART 4
录用是建立契约精神

在招聘这件事上，我的观点是选择比改造更重要，上一章我们从九段 HR 的角度讲了如何选准人？如何找到合适的人？如何在招聘时就完成兼容？在本章我们要讲的是招聘行为的后续——录用。

4.1 录用是一份契约精神的建立

招聘工作的最终目的是录用企业所需的人才，很多企业在录用环节都是与应聘者签一份合同，作为录用的标志，然后新员工就来上班了。但是录用仅仅就是签一份合同这么简单吗？在我的观点里，录用不是签合同的过程，而是建立一份契约精神的过程。

所谓契约精神，是指存在于商品经济社会，而由此派生的契约关系与内在的原则，是一种自由、平等、守信的精神。契约精神包含两方面内容：一是私人契约精神，在商品社会，私人交易之间的契约精神对商品经济的发展有着至关重要的作用；二是社会契约精神，契约精神包含契约自由精神、契约平等精神、契约信守精神、契约救济精神。

其中契约平等精神是指缔结契约的主体地位是平等的，缔约双方平等地享有权利履行义务，互为对待给付，无人有超出契约的特权。为了达到契约的平等精神，违背契约者要受到制裁，受损害方将得到利于自己的救济。

而契约信守精神是契约精神的核心。在契约未上升为契约精神之前，人们订立契约源自彼此的不信任，契约的订立采取的是强制主义；当契约上升为契约精神以后，人们订立契约源于彼此的信任，当契约信守精神在社会中成为一种约定俗成的主流时，契约的价值才真正得到实现。在缔约者内心中存在契约守信精神，缔约双方基于守信，在订约时不欺诈、不隐瞒真实情况，不恶意缔约，履行契约时完全履行，同时尽量做到管理、照顾、保管等附随义务。

说白了，契约精神其实是一种特殊的信仰，是一种带有严格约束力的约定，它代表着信用、担当、责任和承诺。在录用的环节，从人力资源管理的角度来看，我们应当与新员工缔结的不仅仅是合同，更是契约精神。

企业与员工本质上是一种交换关系，企业提供职位、薪酬、晋级及成长的机会，员工提供结果和价值作为平等交换，这就是雇佣关系的确立。而我所提倡的契约精神是一种商业化的契约精神，它是在平等的基础上，实现诚信、责任和承诺的唯一途径。它远远地超出了道德对于人们的影响力和约束力。

要知道没有商业化的契约精神，要么走向极端权力管理，要么走向另一个极端情感管理，落入了人治的旧俗。因此我才强调，录用绝不是签个合同就完事，而是一份契约精神的建立。

4.2 录用的事前：二合同、一书、一册

人力资源管理把录用的整个过程分为三个不同的阶段：录用的事前、事中和事后。为了在录用的过程中与新员工建立起契约精神，每一个阶段都有与之相对应的工具。

在录用的事前需要准备的是：二合同、一书、一册。

↘ 先看两份合同，即劳动合同与保密合同，为的是确认权利义务

劳动合同是新员工与企业确立劳动关系，明确双方权利和义务的协议，订立和变更劳动合同遵循平等自愿、协商一致的原则。劳动合同具有劳动权利和义务的统一性和对应性。没有只享受劳动权利而不履行劳动义务的，也没有只履行劳动义务而不享受劳动权利的。一方的劳动权利是另一方的劳动义务，反之亦然。企业可以根据经营或工作需要确定录用新员工的条件和方式以及数量。

保密合同是指用人单位为防止本单位商业秘密泄露和不正当竞争，利用劳动

合同条款或独立的契约形式，采用支付补偿的方式，与掌握本单位重要商业秘密的员工约定，在终止或解除劳动合同后的一定期限内，其不得再生产同类产品、经营同类业务，或到有竞争关系的其他单位从事相同职业或自行生产同类产品、经营同类业务的合同。

在录用前让新员工阅读劳动合同与保密合同，是为了使新员工确认自己的权利和义务。

> 看《总裁告员工书》，为的是确认企业文化

《总裁告员工书》是一个非常重要但却被很多企业忽视的文档，它的作用不仅仅是帮助新员工了解企业的情况，更重要的是在向新员工传递企业文化。

> 看员工手册，为的是确认规则

员工手册是企业规章制度、企业文化与企业战略的浓缩，是企业内的"法律法规"，同时还起到了展示企业形象、传播企业文化的作用。它是有效的管理工具，员工的行动指南。

站在企业的角度，员工手册是企业有效管理的"武器"；站在员工的角度，它是员工了解企业形象、认同企业文化的渠道，也是自己工作规范、行为规范的指南。

让新员工阅读员工手册并不是走过场，而是为了让新员工了解并确认在企业工作的规则，它不仅能帮助新员工融入企业，更是潜移默化地为新员工建立契约精神的方式之一。

4.3 录用的事中：二合同、一书、一信、三章

录用的第二个阶段就是录用的事中，在这个阶段为新员工准备的是：二合同、一书、一信、三章。

4 录用是建立契约精神

↘ 签订两份合同书

在录用的事中，首先要做的是签订两份合同书，它们分别是劳动合同与保密合同。这个环节是很多企业录用过程中的重点环节，并没有什么值得特别说明的。

↘ 签订制度确认书（表4-1）

规章制度确认书，是员工对企业的各种规章制度学习后的确认文件，员工本人在该文件上的签字表明员工已经对公司制度及条款进行了深度学习、了解并愿意遵守。下面是一个范例：

表4-1 聚高公司规章制度学习目录及确认书

表现形式		内　容	学习后请打"√"
员工手册		公司使命、核心价值观、组织结构层级序列、员工雇用、员工入职、员工行为守则、保密制度、为客户保密制度、公司财产管理制度、办公室日常行为准则、日常管理制度	
三级预警机制		口头警告、书面警告、正式警告、辞退	
行政备忘录	1	关于群发邮件大小控制的备忘录	
	2	车辆管理制度	
	3	办公用品领用备忘录	
	4	电脑管理备忘录	
	5	关于使用杀毒软件的备忘录/关于杀毒软件安装的备忘录	
	6	关于电脑密码管理的备忘录	
	7	关于公司内部POPO账号管理规定备忘录	
	8	关于公司无线网卡使用规则备忘录	
	9	关于移动办公设备使用和保修期外维修费用支付备忘录	
	10	责任保管备忘录	
	11	关于管理公司笔记本电脑的规定	
	12	公司保密制度备忘录	
	13	更改自己邮箱发件人名称的备忘录	
	14	群发邮件的缩写备忘录	
	15	邮箱空间备忘录	
	16	周计划周总结操作流程备忘录	
	17	公司名片管理制度备忘录	

（续表）

表现形式		内　容	学习后请打"√"
行政备忘录	18	公司全面实施《工作指令备忘录》	
	19	关于公司《知识产品》转移的制度	
	20	关于公司内部邮件规定备忘录	
人力资源备忘录		员工入职流程、人力资源解决方案招聘流程	
顾问团队备忘录	1	公司对外合作备忘录制度	
	2	公司顾问序列关于"捉虫行动"的备忘录	
	3	公司外出讲课与合作备忘录	
	4	关于公司客户管理流程施行的备忘录	
	5	关于公司员工转岗流程的备忘录	
工作流程	1	会场客户管理流程	
	2	办公用品采购流程原则	
	3	订购机票、火车票流程	
	4	同城快递、EMS 发运流程	
	5	合同编码管理	
	6	员工离职流程	
	7	员工加班申请流程	
	8	员工请假流程	
	9	驻外流程	
营销团队备忘录		关于广告刊登流程施行的备忘录	
		有关营销团队收集客户见证的任务单	
财务备忘录	1	财务制度流程	
	2	关于公司财务部收款确认的备忘录	
	3	咨询项目奖金发放办法	
	4	付款审批流程	
	5	财务人员交接管理规定	
	6	公司内部转移借调流程	
	7	财务库存管理流程	
	8	公司月度经营预算流程	
	9	资产设备领用管理规定	
	10	财产物资购买流程	
	11	日常财务事项规定	

(续表)

表现形式		内　容	学习后请打"√"
财务备忘录	12	财务借款流程	
	13	财务报销流程	
	14	工资核算、发放流程	
	15	个人往来应收款管理	
	16	货币资金管理规定	
	17	公司的账头设置	
	18	印章管理使用规定	

注：三级预警机制及备忘录请登录公司内部论坛学习。
本人已经按照以上目录认真学习具体内容，并承诺将严格按照公司要求执行。

承诺人：
签署日期

↘ 发出欢迎信并介绍给同事

欢迎信的作用是让企业和团队的同事们能够对新员工有一定的了解，同时借此强化企业的文化与愿景。让我们来看下面的案例。

各位聚高同事：

大家好！

让我们以最热烈的掌声欢迎我们的新同事 Tim 加入市场部网络营销项目组，担任网站程序员一职，直接领导为 Kevin，主要职责是负责公司网站制作及网络维护。

Tim 毕业于西安工业大学。曾先后在北京欧瑞杰工程机械有限公司、北京嘉和荣益商务咨询有限公司（嘉和网络）、北京中西航空服务有限公司工作。Tim 善于沟通，学习能力强，有着良好的亲和力和适应能力。希望 Tim 加盟聚高公司后，在公司这个开放分享、黑白分明的文化环境中快速成长，收获你自己的梦想！

同时请 Tim 谨记：

我们的核心竞争力是：说我所做，做我所说。

我们的价值观是：商业人格、结果导向、客户价值、开放分享。

我们的使命是：共建伟大公司……致力于中国成长型企业的正规化、国际化和持续化！

附件是 Tim 的个人简历，让我们大家一起欢迎新同事的到来，共建伟大公司！

上述是欢迎信的一种表达方式，它以新员工的介绍为主，同时展示了企业的价值观与使命。下面再让我们看一看苹果公司的欢迎信。

There's work and there's your life's work.

有一种工作只是工作，有一种工作是你终生的追求。

The kind of work that has your fingerprints all over it. The kind of work that you'd sacrifice a weekend for. You can do that kind of work at Apple. People don't come here to play it safe. They come here to swim in the deep end.

这种工作草木皆情，由你全情打造。这种工作你从来不会妥协。这种工作也会让你甘愿牺牲周末。你可以在苹果找到这样的工作。在这里的人们不会闲庭信步，他们到这里击水三千。

They want their work to add up to something.

他们希望自己的工作能有一些不同的东西。

Something big.Something that couldn't happen anywhere else.

一些重要的东西，那些不可能在其他地方得到的东西。

Welcome to Apple.

欢迎来到苹果。

这是苹果公司给新入职员工的欢迎信，它谈到了在苹果公司的"工作"，尽管只有寥寥数语，却能够让人产生共鸣。它传递出的是苹果公司的信念以及对创造的热爱，这也是苹果公司的企业文化与价值观。

↳ 对领导层要特别约法三章

对领导层的约法三章是观念一致、能上能下、复制团队。其中观念一致指的是新员工的主管领导要对该员工进行约谈，确保在新的环境里员工能够迅速适应工作环境，做到与团队的观念和利益保持一致。能上能下指的是在团队管理上，员工要与主管领导彼此适应，做到工作任务能落实、工作问题能上报。复制团队则指的是主管领导要能够让新员工迅速融入到团队中，把团队的工作规则、沟通方式、其他成员的特征传递给新员工，为新员工复制出一个团队运转的基本机制，使其能够更好地发挥自身作用。同时对于领导层而言，必须清楚服从某人是种奴性，服从规则才是美德的道理。

4.4 录用的事后：一书、两单、三图、一笔账

很多企业在新员工到岗后就觉得人力资源管理工作结束了，剩下的就是工作业务问题了，实际上并不是这样。新员工到岗后人力资源管理工作仍然要继续开展下去。

↘ 一份岗位说明书

岗位说明书是表明企业期望员工做些什么、规定员工应该做些什么、应该怎么做和在什么样的情况下履行职责的总汇。它是人力资源管理中最基础的文件，是通过工作分析过程，用规范的文件形式对组织内各类岗位的工作性质、任务、责任、权限、工作内容和方法、工作条件、岗位名称、职种职级以及该岗位任职人员的资格条件、考核项目等做出统一的规定。编制岗位工作说明书的目的，是为企业的招聘录用、工作分派、签订劳动合同以及职业指导等现代企业治理业务，提供原始资料和科学依据。

岗位说明书的内容主要包括岗位基本信息、管理权限、工作关系、责任范

围与影响程度、工作业绩衡量标准、任职的基本要求和高绩效的要求、薪资收入标准与变化的条件与要求等。这是必须要展示给新员工的一份重要文件。

↘ 一份入职当天相关操作流程单

人力资源部还要为新员工准备入职当天的相关操作流程单，如下面的范例所示：

新员工入职当天相关流程操作及提示

新同事，你好！

欢迎加入我们的团队，祝愿大家在公司的平台上共同学习、不断收获，共建伟大公司！

以下是公司入职流程操作的具体步骤和重要提示，请您在入职当天按照以下提示完成入职流程。您在操作中有任何问题，可与人力资源部联系。

1. 申请泡泡操作流程：

第一步，打开 popo 图标的登录界面，先将原有账号删除（选中原有账号点"删除账号"）。

第二步，点击"新用户注册"——→账号（输入自己的英文名，若系统提示有重名可在后面加数字或英文字母），账户名设好后点"下一步"——→昵称（格式必须是：英文名—中文名），完成后点"下一步"——→点"完成"。

第三步：注册好新 popo 账户后，点"添加好友"，加 rhea1015 为好友，接受最新通讯录并添加 popo 签名，新建组"聚高公司"，加公司其他员工 popo。

2. 注册 outlook 新用户流程：

工具"账户"先将原有账户删除，后添加"邮件"显示名（格式必须是英文名-中文名），下一步→电子邮件地址（英文名@myzion.com），下一步→接受邮件的服务器：pop3.sina.net，发送邮件的服务器：smtp.sina.net，下一步→账户名：英文名@myzion.com 密码：123456，选"记住密码"，下一步→完成。

做完以上注册后，回到工具"账户"选中你的账户→属性→服务器→选"我的服务器要求身份验证"，再点右边的"设置"，选"使用与接受邮件服务器相同的设置"，再点确定→应用→确定。

完成以上操作以后，到 www.sina.net 登陆自己的邮箱，点击左边列表"设置区"，密码设置，更改邮箱密码。24 小时内不更改密码或以后丢失密码，处以 10 元 / 次的水果基金罚款。

3. 电脑加入 MSHOME 工作组，操作方法：右键点击"我的电脑"进入属性，在"计算机名"页面点击"更改"按钮，更改计算机名为自己的英文名，工作组为 MSHOME，确定重启。

4. 到行政部备案电脑开机密码。入职日起超过 2 个工作日未备案，罚 10 元水果基金。

5. 进入网上邻居，查看工作组计算机，找到"fuwuqi"，密码 5678，进入"资料 \ 行政人事部"，认真学习公司制度及新人必读文件夹中的公司战略及入职读物：《底线》《生命若不是现在》，并借阅《群英榜》，于一周内邮件发送读后感到 windows 邮件组。

6. 进入网上邻居，查看工作组计算机，找到"fuwuqi"，密码 5678，进入"资料 \ 行政人事部"，查看周计划日承诺模版，与直接上级沟通周工作安排。

7. 入职一周内购买花草，购买原则：一人一盆，需要知道花草学名并自行再取一名字，购买费用由公司负担，由行政部负责报销。如果养死，赔偿公司费用，并罚水果基金 10 元，再行购买，费用自理。

8. 在入职 5 个工作日后，凭体检发票按公司流程办理报销，未满 5 个工作日的新员工提出离职，不予报销，5 个工作日的工资不予发放。

9. 入职一周后，需办理好工资卡，工资卡要求为中国银行电子借记卡，办理好之后，到行政人事部登记账号。

★重要提示：

1. 关于 popo：

（1）你所注册的 popo 账户用于公司内部沟通，所以，popo 里除了本公司员工外，不得有公司以外的任何好友。

（2）在加公司员工泡泡为好友时，一定要在附言里说明你是哪个部门、什么职位、英文名 - 中文名，自己的名字后边加上 popo 签名，参照同事的。

(3) 好友的添加在入职当天完成。

2. 关于邮件：

(1) 发送任何邮件必须有主题，无主题扣水果基金 10 元。

(2) 发送邮件时，无机密内容，必须抄送 windows@myzion.com。

(3) 发送或抄送多人时，地址用分号"；"或者逗号"，"隔开。

(4) 发送任何邮件必须要有签名，格式可参照其他同事的签名模式。具体设置可以在"工具"——"选项"里的"签名"里设置。设置完成后点"在所有待发邮件中添加签名"，然后点"应用"再点击"确定"。

可参照的签名格式：

```
Bear-XXX 讲师
XXX 公司
电话：XXX    传真：XXX
手机：XXX
E-mail：XXX
聚高培训网址：XXX
聚高咨询网址：XXX
北京总部：XXX
邮编：XXX
```

3. 其他：关于邮件发送和公司的相关规定请参照《员工手册》认真执行。

聚高公司
行政人事部

↳ 一份入职一周要事清单

入职一周要事清单的作用是帮助新员工尽快熟悉工作，进入工作状态、融入新的工作氛围，也同样是必不可少的录用文件。让我们以销售人员为例，来看看一周要事清单的内容：

4 录用是建立契约精神

新员工入职 7 天的 7 件要事：

你好，欢迎来到 XX 公司，我是你的上级 XX，入职第一周很重要，是你适应工作并接受考察的关键时期，有这样 7 件重要工作要做好：

1. 学会电话销售，每天 40 个有效电话，一周之内要有 OPP 招生的结果，至少一人。我会给你客户名单，你可以在电脑上下载话术和相关工具，并每天早上大声练习。电话销售是你的基本功，是你未来的看家本领。

2. 要了解公司销售什么产品、什么内容、什么价格，这方面公司可能培训，也可能不培训，你要自己了解到这些最基本的销售信息。请在你的电脑中阅读《公司产品销售指南》或《公司介绍》宣传册。

3. 借阅《公司营销群英榜》，还有电脑文件中的营销分享，所有销售的理念、原则和方法都在里边，不懂的可以问你的上级，阅读《公司营销群英榜》之后，写一篇感想向全体同事发表。

4. 学会报《周报》《周计划》，模板 COO 文件夹中有，或向我要，主要考察你的结果思维，不懂如何填写时，问你的直接领导或 COO（公司首席运营官）。

5. 至少要拜访 1 次客户，并写出拜访总结发表给全体同事，要参加小组或部门分享会，每次会上至少要发言一次，不要怕说不好，不要管别人怎么看，要主动发言。说不完的、新的体会可以写出来网上发表，越多越好。不说话，就是剥削别人，会远离团队，所以要尽量的开放分享，让别人更多地了解你。

6. 在网上学习《员工手册》《三级警告》等公司的制度与文化，之后按照人力资源部的要求，签订《制度确认书》，相关的考试必须过关，但是不要占用工作时间，这是课外学法，是对自己负责，这周内犯点小错不会受到处罚，只会受到警告，以后出现违反制度的行为要自己负责。

7. 知道公司有什么领导和部门，都主管什么，负责什么，办事的时候不至于找错人。你可以在电脑中行政人事部的工具包中，找到公司组织结构图，不懂的时候，问人力资源部或我。

注意，这一周有什么疑问，先到公司网络数据库中找工具，找不到的可以随便问，每位同事都有义务给你解答，这是你仅有的 7 天特权，这样的待遇以后不会再有，所以，不懂的要问，把握不准的也要问，当然一是问相关负责部门同事，二是问你的直接领导，如果他们都回答不了，就去找再上一级的领导，直至总经理，或发到网上公开问。

如果这 7 件事做到并合格了，就是胜利地渡过了第一周，为自己的成长开了一个好头，以后你就不要再说自己是新员工了，我们会安排下一步的新计划。如果没有做到，我们将听取你的感受，并对你的表现做一个客观的评价，以决定是否与你继续合作下去。

一周之后，我们在小组内交流一次，做个小结。

祝你第一周工作顺利。

你的上级：

2017 年 XX 月 XX 日

↘ 一张组织联络图

企业的组织联络图就是企业所有人员的联络方式。对于新员工来说，融入企业的最大问题就在于两眼一抹黑，谁也不认识。因此，人力资源部门应当提供一份详尽的组织人员联系方式来帮助新员工。组织联络图里的内容应当包括：新员工所属部门人员联系表、企业内高层人员联系表、人力资源部门相关人员联系表以及企业其他部门业务对接人联系表……

↘ 一张位置图

这里所说的位置图并不是新员工所在工位的示意图，而是新员工所在职位在企业内部的位置图（见图 4-1）。

↘ 一张员工晋升发展路线图

一家企业如果不能为员工提供明确的晋升发展通道，那么员工的工作积极性与热情都很难真正调动起来，特别是对新员工而言，如果能够看到自己未来的发展可能性，那将是非常正面的激励。正因如此，人力资源部门一定要把员工晋升发展路线图展示给新员工。下面就是一家企业的员工职位晋升发展路线图（见图 4-2）。

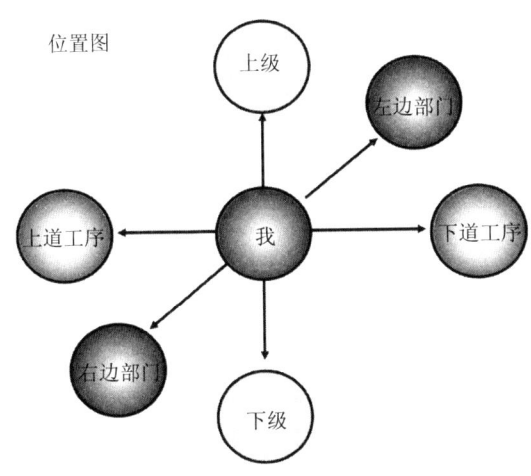

图 4-1 新员工岗位位置图

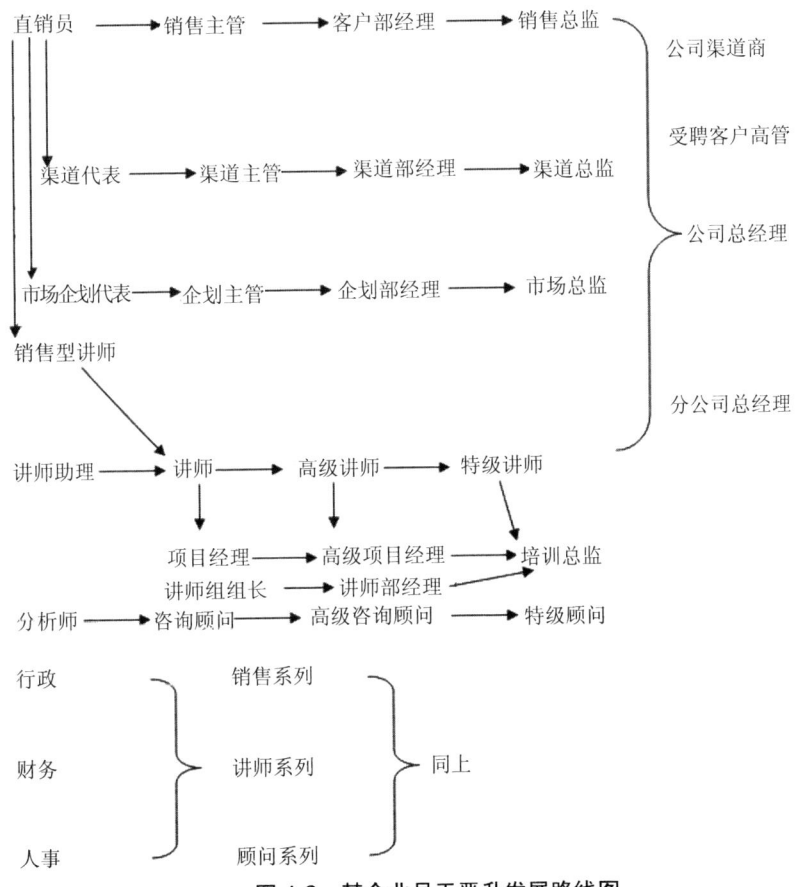

图 4-2 某企业员工晋升发展路线图

↘ 一笔成本账

成本账指的是在新员工入职后，人力资源部门需要核算整个招聘录用过程中，企业为该新员工付出的成本。通过对成本的分析，可以反映企业在某一招聘周期内招聘成本的高低。

招聘成本可分为直接招聘成本和间接招聘成本。直接招聘成本包括开展招聘活动的直接费用，如报纸广告费、招聘人员差旅费等；间接招聘费用则包括参加面试的面试官的时间成本及为准备招聘而付出的各项时间、劳动成本。由于录用的人员职位有高下，招聘难度不同，因此每一个职位的招聘成本都不一样。计算出不同岗位所对应的招聘成本，有助于人力资源管理部门在今后的招聘录用环节设置招聘预算以及预估招聘效果。

↘ 一个干净齐备的工作现场

新员工工位的准备，是录用后人力资源部门需要提前进行的工作，为新员工营造一个干净齐备的工作现场不仅能体现出企业的专业素养，更是企业以人为本的表现。

↘ 一个入职一年的祝贺邮件

在新员工工作满一年的时候，人力资源部门为员工发布一个祝贺邮件，是表达企业关怀的方式之一。让我们来看一下聚高公司的入职一年祝贺邮件范例。

Jack：

你好！

到今天，即3月8日，你进入公司正好一周年了。作为部门总经理，我以个人的名义，并代表团队，向你表示祝贺！

一年前，我们有幸成为一个团队的成员，当时正是公司起步的阶段，讲师部非常需要讲师助理，你坚决地从方案中心投入到公司来，用你辛勤的汗水和无怨无悔的付出，为讲师们提供了后勤支持和保障，为公司做出了很大贡献。一年之后，你已经成长为一名讲师，一名合格的内训训练营项目经理，这是你执着努力的结果。

你的特点是心态好，不怕挫折，做事努力，有韧劲儿。作为讲师助理，你任劳任怨，为讲师和客户提供了很好的客户价值；作为主持人和讲师，你表现比较出色，正在努力成为一名优秀的高级讲师；作为项目经理，你独立完成了多个企业内部训练营的项目管理工作，得到了客户和讲师的认可。

比如小护士、联东这两个经典项目的成功和你的认真、细致的助理工作是分不开的；新发地训练营你第一次主持就给客户留下了深刻印象；五矿发展、大连创新等项目的管理工作也得到了客户的好评。

这一切都是你自我提高和努力的结果。

当我们共同走过一年，开始新的历程时，挑战还在眼前。所以，希望你加强学习，深刻理解公司的专业知识，提高训练技巧；希望你做事勤于思考，更加用心；希望你处理事情更有原则，内心变得更加强大。

清华总裁班将要开学，大量的内训和公开课也随之而来，希望你快速成长，勇于承担，你一定会成为一名出色的讲师。

再次祝贺！

你的上级：Robert

PART 5
培训是把员工成长放在首位

培训属于人力资源管理六大模块之一，主要担负企业人才的选、用、育、留职能，其中主要侧重于选和育。在企业整体人才规划战略指引下，企业需要怎样的人才，如何通过培训的职能去实现企业战略目标下的合格人才培养和开发需求，是培训的重点工作方向。本章我们就来看看九段 HR 如何做培训。

5.1 培训的"七大误区"

很多企业都会引入培训机制，但是流于形式的居多，真正能够实现选、用、育、留目的的却少之又少，这是为什么呢？这是因为这些企业陷入了培训的误区，下面我们就来看看培训常见的七大误区。

↘ 培训无用论

很多企业的员工在谈到培训的时候，往往觉得培训的形式大于其作用，从而衍生出培训无用论的观点，他们认为实施培训没什么效果，甚至根本就没有必要。培训无用论有两种论调：一种是直接无用论，即培训不能增强企业员工才干，反而耗费员工工作时间；另外一种是间接无用论，认为企业员工的知识技能已足够企业使用，培训只增长员工才干，对企业没有多大益处，即投入小于产出。基于这两种观点的领导，不是将培训拒之门外，就是把培训当成一种"企业在不断追求进步"的形象宣传，仅是做给员工或外界人士看，而没有实际的投入。

在当今这个环境急剧变化、竞争异常激烈、知识更新速度极快的时代，如果不跟上时代发展，企业最终将避免不了被淘汰的命运。有的企业可能为了改变现状，想通过招聘新员工来增强企业活力，但对于大型企业来说，想实现这一点要花很长时间。因此要一劳永逸地解决问题，只能从培训入手。

↘ 培训是为他人作嫁衣

很多企业认为在员工培训上投入很多人力、物力、财力，员工知识技能获得了提高，但很快就另攀高枝或被其他企业挖走，这让企业感觉培训是为他人做嫁衣。有的企业人事经理甚至感叹："不培训是等死，而培训是找死！"面对这一矛盾，

5 培训是把员工成长放在首位

很多企业为了不给他人做嫁衣，采取了比较极端的做法，通过消减培训去达到控制员工跳槽的目的。

其实，大可不必因噎废食，这一问题不是没有办法解决，有几家大企业的做法就值得借鉴。

麦当劳公司对于培训的看法是，要使人才培训后，不是流动而是更加稳定，关键是要把培训与个人的发展相结合，要计划一下他未来一两年内可能达到什么位置，让他清楚上面的职位需要多少人，现有多少人，有多少职位有待升迁和补充。要让员工感觉在麦当劳他的前途是看得见摸得着的，这个发展的机会既不是拍脑袋想出来的，也不是凭空许诺，所有的离职率、升迁率等因素都是用科学的方法计算出来的，而且要实打实地兑现的。就一个经理人培训来说，见习经理有一套4~6个月的基本应用技能培训，主要采取开放式、参与式讨论，培训不同的行为能力；升到二副时有一套5~6天的基本管理课程培训；升到一副时有一套中级管理课程培训；当了3年餐厅经理后，就有机会送往美国接受高级的应用课程培训；继续升迁，就担任营业督导，同时管理几家店；再上升营业经理，管理一个地区等等。每一步晋升总是和培训联系在一起，培训方式总是采用开放式、参与式，训练前总是订立行动目标，而且目标很具体，既针对个人的具体情况，又体现公司的总体规则，同时具有挑战性，使受训人才与企业紧紧联系在一起。

让我们再来看下面这个案例。

博士伦公司对人才的培训看得比较长远，他们认为不要因为个别人培训后跳槽就因噎废食，关键在于防患于未然。

首先，博士伦公司要求员工在接受培训前签订《培训服务协议书》，规定员工接受某类培训后在公司的最短服务年限，如果未满服务期要求流动，应赔偿企业的培训损失。这对补偿企业的培训投入有一定的作用。

当然这并不能阻止人才的流动，竞争对手一旦瞄上了哪位人才，完全可以为他支付培训补偿费。问题的关键并不在于培训的投入，而在于人才流失造成的职位空缺一时难以补充合适的人选，给公司带来严重影响。为此，博士伦公司采取了两项对策：一是预先做好人才储备工作，将流动较大的关键岗位进行职位分解，把上一级的职位一分为三或一分为四，一旦该职位出现空缺，下级人员能及时进行补充，这样对下级人员来说就有了晋升的机会，公司的业务也不至于因为一两个人的流动而中断。

总结麦当劳和博士伦的成功经验，关于培训是为他人做嫁衣的问题可以从两个方面来解决：其一是将企业培训计划同个人发展计划融为一体，留住员工；其二是未雨绸缪，做好人才流失的防范措施。

要知道，培训作为人力资源投资行为，本身就存在一定的风险。任何投资在带来收益的同时，都存在一定的风险，培训也不例外。风险的存在并不可怕，可怕的是企业对风险的忽视或在风险前止步。在知识和人才的激烈竞争中，企业要想获得竞争优势，就必须拥有一支高素质的员工队伍。而高素质员工队伍的建立需要企业不断提高其培训能力。许多有远见的企业家已经认识到员工培训是现代企业必不可少的投资行为，员工培训不仅有利于企业的经营管理和持续发展，也有利于员工职业生涯的规划和潜力的开发。企业完全可以采用一些预防措施来应对员工的流失问题，而不应该因为这个理由而拒培训于千里之外。

↘ 有时间再培训

很多企业的员工工作量是很大的，这是客观的因素，于是企业总是以"没时间培训"为理由拒绝开展培训工作，这同样是培训的误区。要知道，培训是为了让员工掌握更多符合企业需求的技能与经验，正所谓"磨刀不误砍柴工"，不能因为柴火多而不让员工磨刀，时间紧的理由显然是不成立的。

↘ 有钱了再培训

培训是需要企业投入一定成本的，因此很多企业以此为借口拖延培训的时间。"等企业有钱了再培训吧"，这是企业领导者的态度。从这个态度我们就能够看到，这样的企业根本就没有把培训当成是人力资源战略的一个重要组成部分，而仅仅认为是可有可无的一项措施罢了。这一误区往往会导致企业员工的工作效率很难提升，企业的整体运营水平也就无法获得提高。

↘ 培训就是讲课

有些企业管理者认为培训很简单，就是请个人来讲讲课而已。他们简单地把培训同讲课等同起来，在这样的思维下培训出来的员工很多是"证书一大把，遇到问题却不行"。

俗话说："光说不练假把式，光练不说傻把式，能说会练才是好把式。""说"是指理论水平很高，知识全面；而"练"则是指会解决问题，能做事。光靠讲课来培训员工，员工的理论水平可能会有长进，但是解决实际问题的能力却没有提升。所以，这使得企业管理者、普通员工看不到培训发挥的作用，认为培训不过如此，学的都是"嘴皮子"功夫，解决不了实际问题。

↘ 培训暗示

给暗示是指很多企业对培训内容的确定，往往并不是以岗位知识技能为主，而是由高层领导面授机宜。很多领导都愿意在培训问题上指手画脚，以显示自己的专业性，殊不知培训内容与体系的建立，是人力资源部门与业务部门共同研究的结果。领导们的横插一腿不仅不能起到正面作用，往往还会打乱培训部署，降低培训效果。

↘ 强迫培训

很多企业由于没有进行系统的培训需求调查，没有把培训跟员工的实际工作相结合，导致很多员工不愿意参加培训，于是企业不得已强迫员工参加培训。比如某公司就规定，凡员工无故缺席培训一次罚款 100 元。这样的强制措施虽然表面上能起到一定作用，但是培训的效果却无法保证，因为被强迫来的员工的学习动机不是很明确，疲于应付，这样的培训必然没有什么效果。要想解决问题，一方面要引导员工转变思想，宣传培训对员工自身知识能力的提升作用；另一方面要进行需求的调查分析，找出员工的培训需求点，有针对性地进行培训。

上述就是企业在培训上经常会走入的误区。企业为什么要培训？因为不管企业招聘什么样的人，不经过培训都难以符合特定企业、特定职位的要求。这才是培训的真正原因。因此培训的重要性就不言而喻了，只有傻瓜或是愿意把自己的企业推向悬崖峭壁的人，才会对培训置若罔闻。

5.2　构建培训体系比培训本身更重要

　　既然培训如此重要，那么企业在做培训的时候应该如何做呢？在这里，我有一句话要告诉大家，那就是——构建培训体系比培训本身更重要。

　　何为培训体系？它是为实现培训目标，将培训三要素（讲师、学员、教材）进行合理、有计划、有系统的安排而形成的一种体系。通常一个完整的培训体系包括培训课程体系、培训讲师管理制度、培训效果评估和培训管理体系四部分。其中前三项是培训体系的三大核心工作内容，尤其要和晋升体系、薪酬体系相配合。

　　培训体系是动态平衡的体系，包括培训课程体系、培训讲师调整、如何激励学员培训意愿、如何开发和管理培训供应商、如何把培训课程的内容转化为工作流程和规范化的操作文件等等。这些都是培训管理体系要考虑的，并通过制订相关制度加以落实。

　　我把培训体系的建立分为以下几部分：

- 制定培训制度：包括培训保证制度、培训师管理制度、培训考评制度、培训质量跟踪制度、培训档案管理制度。
- 制订培训计划：培训本身也是战略实施的一部分，聚集战略需要解决的问题，设计课程内容、培训形式、培训师、参训学员等。

企业需要通过设置一个培训计划表来规划培训内容，计划表可以参照下表样式（见表5-1）。

表 5-1 培训计划表

月份	课程名称	解决问题	主讲人	主要参训对象	课时

对于培训课程设计让我们来看下面的案例（见表 5-2）。

表 5-2 公司培训课程设计

一、新员工入职培训营（拟定为三天）

培训课程	培训目标	培训讲师	培训课时
公司概况： 包括公司简介、发展历史、组织架构、经营理念、企业战略、公司使命、经营范围、主营业务、世华客户、独特优势、品牌策略、市场定位	让新员工全面了解世华，对世华充满信心和希望。	总经理或销售副总	1.5 小时
企业文化： 包括世华精神、世华理念、世华宗旨、世华的核心价值观、世华人才标准、世华的工作作风等	让新员工充分理解世华的文化和价值观，用世华文化指导今后的思想和行为。	总经理	1.5 小时
《员工手册》的讲解	全面、细致、准确地熟悉公司各种制度、规定和对员工的要求。	人事经理	1 小时
系列产品介绍： 包括 RTA、理财版、期货版、高校"金融模拟交易"	初步了解世华的产品，包括产品性能、特点、优势、使用、市场反馈等。	产品部经理	3 小时
金融常识： 宏观常识、期货常识、外汇常识、证券常识	了解和掌握基本的金融知识，明确今后学习的方向和方法。	产品部金融专业人士	3 小时
客户服务体系简介	了解世华的客户服务体系及运行情况。	客户服务部经理	1 小时
产品技术简介	大概了解产品的技术特点和技术优势。	技术部经理	1 小时
商务人员初级技能： 商务管理制度解读、 销售人员的工作认知、 销售的基本流程及步骤电话行销技能、 商务礼仪（初阶）	让新员工充分理解商务管理办法，掌握销售的基本观念和技巧。	公司培训师	8 小时
分享与总结	总结三天的学习成果，大家分享收获和感受，加深理解和记忆。	公司培训师	1 小时

二、商务代表培训

培训课程	培训目标	培训讲师	培训课时
如何树立正确的销售观念	明确对销售工作的理解，领悟销售的真谛，纠正错误观念。	公司培训师	1.5 小时
销售人员应具备的心态	端正生活、工作的态度，学会调整心态，并提高心理素质。	公司培训师	1.5 小时
产品进阶培训 产品特点、卖点、优势及市场定位 竞争对手分析 新产品介绍	深入分析市场和竞争对手，深层次掌握产品知识和特点，达到在客户面前运用自如。	产品部、市场部经理	4 小时
金融知识进阶培训	进一步深入学习理解金融专业知识，提高自己的专业素养。	公司或外请金融专家	4 小时
语言艺术与沟通技巧	掌握与人沟通的原则、技巧并训练提高语言沟通能力。	公司培训师	1.5 小时
人际交往的艺术	掌握人际交往的原则和要点，提高交往能力和综合素质。	公司培训师	1.5 小时
商务谈判技巧	了解、掌握商务谈判的规矩、规律、原则、技巧。	公司培训师或外请老师	1.5 小时
情绪管理与控制	懂得情绪的由来，学会调整和控制自己的情绪，提高情商。	公司培训师	3 小时
压力管理	懂得压力的由来及压力对工作、生活的影响，学会调整自己的工作和生活压力。	公司培训师	3 小时
如何自我激励	掌握自我激励的各种方法。	公司培训师	1.5 小时
职业生涯设计	明白职业定位和职业生涯设计对人生的意义，并学会如何设计自己的职业生涯。	公司培训师	3 小时
潜能开发训练营	通过心理挖掘和碰撞，充分开发自己的潜在能力并放大。	公司培训师或外请老师	1天或2天
如何增强团队意识与团队合作	通过游戏等形式充分理解团队的意义和合作的重要性。	公司培训师或外请老师	1.5 小时
商务礼仪与职业形象（进阶）	进一步提高自己的职业素养，达到职业商务人士的标准。	公司培训师或外请老师	1.5 小时
《员工手册》及《商务管理办法》再培训	进一步理解公司的各种制度、办法，知其然，知其所以然。	商务部经理	1.5 小时

（续表）

培训课程	培训目标	培训讲师	培训课时
素质拓展培训	通过体验式培训增强自信心、提高凝聚力、增进沟通和信任。	公司培训师或外请老师	1天
销售技能进阶训练 销售全程技能研习会 电话行销研习会 大订单成交技巧 计划与目标管理 投标方案演示技巧 市场营销原理 销售案例研讨会	全面提高销售能力和综合素质，培养高级销售人才，使其成为销售行业的精英和行家。	公司培训师	3天

三、管理者培训（商务经理及以上级）

培训课程	培训目标	培训讲师	培训课时
领导艺术及角色定位	懂得准确定位自己的领导角色，提高管理者的领导力、判断力、凝聚力、决策力、亲和力和人格魅力。	公司总经理或外请讲师	4小时
职业经理人常犯的错误	剖析经理人常犯的错误及如何避免这些错误的发生。	公司讲师	1.5小时
授权的艺术	培养授权的观念和意识，掌握如何恰到好处地授权及给什么人授权。	公司讲师或外请讲师	1.5小时
时间管理	懂得时间管理的真谛，掌握正确且实用的时间管理技巧；根据自身时间管理的不良习惯制订对症下药的时间管理计划；配合时间管理工具的运用，达到自我发展与提升。	公司讲师	1.5小时
非HR部门的HR管理 如何招聘 如何发现、培养、使用和留住人才 如何培训自己的团队	使分公司经理及部门经理学会基本的招聘流程和技术，能够识才、用才、流才，并学会如何培养和复制人才，成为一名合格的培训者。	公司讲师	4小时
TTT（训练培训师的培训技能）	学会如何计划、设计、组织、实施、评估各种培训及如何成为一名优秀的培训师。	公司讲师	3小时
团队建设	以最符合人性的方式帮助业务经理人制定合理有效发挥团队作用的管理模式；业务经理人将运用全新的管理理念，营建一支极具战斗力的超级业务团队；以达到迅速倍增团队销售业绩的目的。	公司讲师	1.5小时

（续表）

培训课程	培训目标	培训讲师	培训课时
销售团队管理与员工激励	怎样把工作变成乐趣；怎样更好地营造一个和谐、向上的团队氛围；如何采用各种激励手段激励下属，使他们的行动力得以激发。	公司讲师	3小时
目标管理	通过学习本课程，您将能够：熟悉目标管理的精髓及工作流程，能够根据本企业特点引进、实施目标管理；掌握目标管理执行、检查、修正、评估及绩效奖惩的原理与方法；会编制、会使用目标体系图、目标卡、目标跟踪单等目标管理工具。	公司讲师	1.5小时
员工职业生涯开发与管理	使员工了解自己的性格、兴趣、能力，了解自己的工作和岗位要求，找到自己的人生定位和努力方向，把个人的职业生涯发展和公司的发展很好地结合在一起。	公司讲师	1.5小时
开会技能	掌握如何利用会议激励员工、树立榜样、凝聚团队、解决问题等，充分利用会议的特殊作用。	公司讲师或外请讲师	1.5小时
信息沟通	掌握信息沟通的规律和特点，学会信息的有效、及时、准确地沟通。	公司讲师或外请讲师	1.5小时
演讲技能训练	通过心理和技术方面的提高和训练，使管理者成为演讲高手。	公司讲师	3小时

培训前的充分准备：需求调查、场地、讲师、物料、通知、考试。

培训的实施和控制：内容丰富、形式多样、做气氛、做互动、做分享、做游戏、做升华、给震撼。

培训的总结和评估：改进、提高、聚焦的根本。

培训反馈评估表是培训总结与评估的重要工具，我们可以参考下表的模式（见表5-3）。

表 5-3　培训反馈评估表

课程：	讲师：	培训日期：	学员姓名：

1. 您认为这次培训的效果如何？　　　很好　　尚可　　不好
   您对这次培训的整体评价：

2. 您认为本次课程对您的工作是否有帮助？　很大　　尚可　　没有

3. 您认为本次课程能否配合实际工作需要？　非常能　　尚可　　不能

4. 您对本次课程内容是否满意？　　很满意　　尚可　　不满意
   您对培训内容有何评价？

5. 您对本次培训的讲师是否满意？　　很满意　　尚可　　不满意
   您对培训师的评价如何？

6. 这次培训您受益最多的课程是：

7. 请写出您这次培训的三点收获：
   （1）

   （2）

   （3）

8. 您对今后的培训有何建议？（包括组织上、内容上、形式上、时间上、地点上、讲师等）

说明：本表是对培训效果评估的重要依据，请真实、完整地填写每一个问题。

要知道，一个培训体系的构成主要包括三大部分：制度、课程和讲师。其中制度是基础，包括培训管理办法、培训计划、相关表单、工作流程、培训评估办法及内部讲师制度；课程是灵魂，包括课程设计、课件的制作、讲义编写、课程的审核评估；讲师是载体，也就是说讲师仅仅是培训体系中的一个执行者，扮演的只是去演绎课程的角色。

培训制度的作用在于规范公司的培训活动，作为保证培训工作顺利进行的制度依据。建立培训体系的首要工作就是建立培训制度，设计培训工作流程，制作相关的表单，制订培训计划。

完成了制度建设，接下来的工作就是培训调研，即根据公司的发展规划及人力资源规划，针对培训体系建设提出问题，对公司情况进行全方位的了解，并作出调研报告，完成岗位核心胜任知识和技能的确定，提出培训目标，制订相应的培训计划。根据培训计划进行课程设计。

课程是灵魂，培训的核心内容就是课程。培训的目的是提高员工的知识和技能水平，那么如何建立合理的课程体系呢？首先，根据岗位说明书和作业指导书，对现有岗位进行有效的岗位分析，提取该岗位的核心胜任技能及关键技能；其次，对在岗员工的知识和技能进行测评，找出改进点；再次，根据改进点进行培训课程设计。这是以胜任岗位、改进工作为目标的课程设计方式。

讲师的主要职责是将该课程的核心精髓传达给学员。一个好的讲师必须对课程涉及的内容有很深刻的了解，同时配合适当的授课技巧。如技术类培训课程的讲师首先必须是一个技术专家，对该项目有充分的了解，培训部门能够帮助他完成的仅仅是改善授课技巧。

有了制度的保证，完成了课程的编、导、演，接下来的任务就是培训评估。没有评估的培训无法达成预先设定的培训目标。培训评估包括课程评估和培训效果评估。课程内容评估主要是评估课程内容是否与培训目标相吻合，是否体现了培训的目标；而培训效果评估的关注点则应当是员工知识和技能的提升。

5.3　培训的三种基本方式

常见的培训有三种不同的方式，它们分别是自学培训、企业培训与体验式培训。

↘ 自学培训

自学培训又分为以下几种方式：

第一是向书本学习。学习企业文化案例、营销案例、业务标准、操作流程，并通过写心得、写流程的方式来加深学习印象，获得学习成果。向书本学习是一种开放式的学习方式，它要求员工具有独立学习的能力和意识。

第二是向同事学习。通过标杆同事的示范效应来达到模仿学习的效果，在学习的过程中要细心观察，模仿体验，最终落实到流程和体验的成果上。同时，倾听老员工讲故事也是传递企业文化，实现企业文化认同的重要过程。

第三是向网络学习。很多企业都有电子学习平台，员工可以登录企业内部平台进行学习。

自学培训的特点是通过员工自己发起培训学习的方式，来提升员工自身的技能和经验。既然是自学培训，那么它的要点就是自学要占培训的 70%，学习是员工自己的事。此外，站在企业的角度要为员工创造学习环境，建立案例库等数据库作为支持。

↘ 企业培训

企业培训包括文化培训与业务培训。文化培训是心态、价值观方面的培训，它的内容大多是培训员工的商业人格、结果导向、客户价值、狼性团队等；业务培训则要结合企业当年战略需要定期进行,按照层级、专题做培训计划,培训方式可以是内部人员来完成培训,也可以外包培训。

企业培训有两个重要的核心,第一是培训要符合企业战略的要求,为战略而培训;第二是培训要符合员工职业生涯发展的要求,为员工成长而培训(见图5-1)。

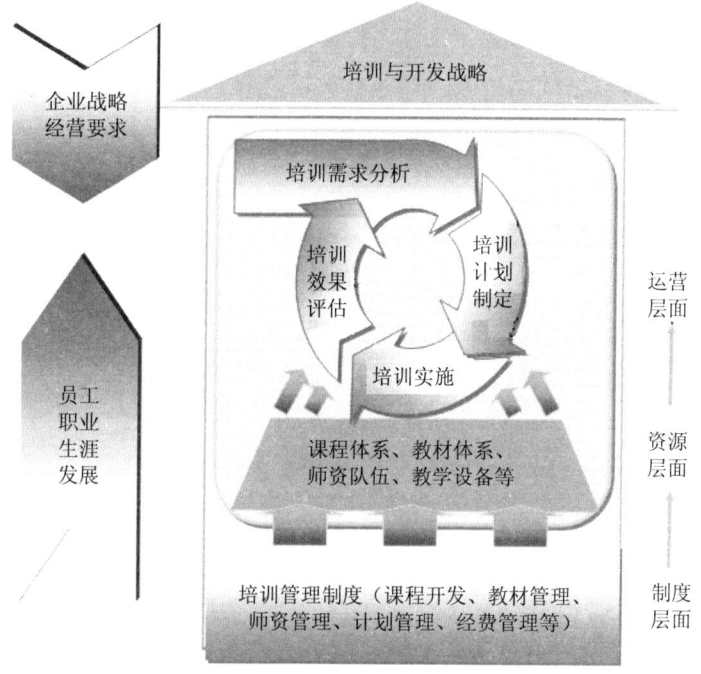

图 5-1　培训与开发战略图

运营层的培训以流程与职责为主;资源层的培训以需求要素为主;制度层的培训则以管理制度的保证为主。

同时,在前文我们也已经提到过企业培训的四个要点,就是培训需求分析、培训计划的制定、培训的组织和实施以及培训效果评估。

我把企业培训的流程称为 IMPACT 模式:

I-IDENTIFY:确认需求

M-MAP APPROACH:培训设计。量身定做,定义特定的培训项目,挑选特定的培训方法。

P-PRODUCE：培训实施。产生学习工具，包括学习资料，设计好的培训实施，达到良好的效果。

A-APPLY：培训应用。应用你所学于工作。

C-CALCULATE：培训评估。计算衡量培训的结果。

T-TACK：培训跟踪。跟踪培训效果，确保其不减。

体验式培训

体验式培训是有力量、有效且具影响力的培训方式。它既令人兴奋又富有挑战性，包括很多不同的内容，如针对个人或团队解决问题的行动、肢体上的挑战、游戏、仿真练习、组织练习、分享时间、有指引的冥想及有组织的互动等。在所有的活动中，学员们是主动参与学习的过程，并且能够从体验中产生有意义的、相关的见解。

体验式培训的特点是学习者对于正在发生的学习及过程是察觉的；学习者是投入于省思的体验中；那些体验和内容是独具个人意义的，对当事人而言，学到了什么和如何学到的，对个人而言有特别的意义；过程牵涉到完整的身体、想法、感觉和行动，学习者是整个人全然投入的。

企业运用体验式培训可以分为两种情况。第一是公开竞聘制，即中层干部竞聘，它的基本程序是：自愿报名、公开承诺、措施答辩、评比胜出、试用考察、最后聘用。第二是岗位轮换制，有很多情况需要员工换位思考才能从根本上解决问题。因此，采用体验式培训的方式想要员工得到什么，就让他们去体验什么。

需要注意的是，体验式培训的培训时间要定在学员精力最充沛时；培训地点要根据课程性质量身定做；培训设备则需要动用一切资源与设备；培训讲师的选择标准是企业的参考性要高，理论与实务结合要紧密。

5.4 聚高培训"四步法"

培训是一个学习的过程，同时也是一种激励团队的好方法。企业想要通过培训使员工获得质的提升，就需要在培训过程中掌握一些特殊的方法，我把这称之为聚高培训"四步法"。

↘ 事前：报名做稀缺

所谓的"报名做稀缺"指的是在培训开始前的报名阶段，企业要懂得塑造课程的价值，对课程进行包装，使员工感兴趣。同时，在报名阶段要形成一种内部 PK 的氛围，用有限的培训名额让员工竞争培训的机会。

↘ 课前：课前做定向

让每位参加培训的员工回答以下四个问题：

通过这次培训我要拿到怎样的结果？
为了拿到结果我将采取怎样的行动？
我以怎样的心态来参加此次培训？
如果做不到怎么办？

这就使员工在培训前明确了自己的目标与实现目标的方法。

↘ 课中：课中做互动

"课中做互动"指的是在培训课上，讲师不仅要讲述课程内容，更重要的是要与学员产生互动。互动能够让培训场面活跃起来、让学员投入进去、让教学设计达到以学员为中心的目的。

互动一般分为三种类型：

第一种是用身体来参与互动。通过游戏活动，让学员参与进来。学员是用身体、用动作来参与的，这是较为常见的一种互动类型。然而，随着学员身体的伸展与移动，就会对场地空间有较高的要求。另外，如果学员年龄较大、职务较高，其对活动的投入程度将明显不如年轻学员。因此，并不是所有培训都适合此类互动。其操作形式有拓展训练、游戏、现场操作等。

第二种是用语言来参与互动。此类型互动最典型的方式是讲师对学员进行提问。这种互动对讲师的功底要求较高，也更为专业。如果将此互动设计好，不失为一种优秀的互动方式。

第三种是用头脑来参与互动。其操作形式有头脑风暴、案例研讨等。在所有互动形式中此种方式是效果最好但也最难的。让学员头脑真正投入进来，可能场面上不会很热闹，但它做到了让学员通过深度思考来探索、了解、掌握培训内容。

↘ 课后：课后做分享

培训课后的分享是很重要的，分享的流程可以是：

课后及时分享（如以部门为单位）；

参课人员每人写一篇1000字的学习感言；

总裁亲自参与写分享和分享会，和参课人员一起把学习课程的价值、心得传递给公司其他成员；

对最优秀的学员及时奖励。

PART 6
建立基于市场、业绩、能力的薪酬体系

很多企业都因人力资源管理的薪酬设计而头痛，薪酬给的低，没人愿意干；薪酬给太高，企业又承受不了，这似乎成了一个悖论。薪酬设计在很多企业就是老板拍脑袋定出来的，毕竟老板说了算，薪酬自然也要由老板来定。这种思维在我看来是非常幼稚且失败率极高的，由老板拍脑袋设计出的薪酬体系大多既不实用，又不符合人力资源管理对企业薪酬制度与体系设计的要求。不夸张地讲，老板们花费了心思和时间，得到的却是苦果。那么，如何进行薪酬设计呢？本章我们就这一话题来讲一讲。

6.1 薪酬是根据战略制定的

薪酬是企业为员工所做出的价值贡献所作出的一种经济性回报。体现员工对企业所做价值贡献（包括过去、现在和将来）的三个要素是：一个是所在职位承担的责任，一个是本人对于所在职业而言所具有的能力水平，另一个是在所在职位上的工作绩效表现。

薪酬同时还要考虑外部竞争力，要与市场上同行业、同专业的类同职位进行比较，所以还要考虑市场因素（见图6-1）。

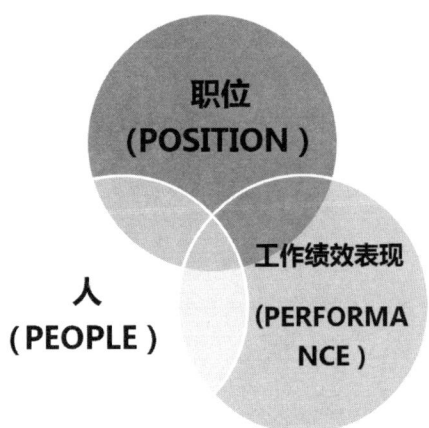

图 6-1　薪酬设计需要考虑的因素

更为重要的是，薪酬设计与企业战略之间的关系密不可分。我总结出了当下企业薪酬设计存在的一系列问题，主要有以下几点。

1. 企业的薪酬制度不符合企业的战略。比如对新产品部门，就要适当提

6 建立基于市场、业绩、能力的薪酬体系

高固定工资比例和新产品销售的提成系数。同样，企业在初创期，更多的是采取长期激励的方式；在发展期，奖金的比例比较高；在成熟期，短期激励和长期激励要结合起来；在衰退期，要节约人工成本。

2．企业的现有薪酬不具有外部竞争力，导致无法吸引核心人才或核心人才流失。

3．企业的薪酬制度不具有内部公平性，导致员工满意度下降，流失率升高，工作效率低下。

4．企业的薪酬成本太高，公司管理成本居高不下，导致企业薪酬负担重。

从人力资源管理的角度来看，薪酬体系的设计必须根据企业战略来制定。企业战略对于企业的发展壮大起着关键作用，即企业的实力来源于一个适应市场的战略。企业战略的实现离不开人才，而人才作用的发挥离不开薪酬体系这个杠杆。当薪酬体系和战略统一到一起，并能够得到有效的管理时，它就能够增强员工的责任感，从而使企业能够成功实施战略。因此，一个健康的薪酬制度应当与企业发展战略相适应，并支持企业战略的实现。薪酬制度越是支持企业战略，员工们就越能够更好地理解和领悟企业的战略，从而其工作的绩效也越能促成企业目标的实现。

这就需要在进行薪酬设计的时候，必须结合企业不同发展阶段的特点。比如在企业的初始和成长阶段，经营战略是以投资促进企业成长为主。为了与此发展阶段的特点相适应，薪酬策略宜采用高弹性模式，形成较强的激励性。要做到这一点，企业应该着重将高额报酬与中、高等程度的刺激和激励结合起来。另外，还可以在高弹性模式中加强基本生活保障措施，以增强员工的安全感，而在衰退阶段选择的高稳定模式中应该引入绩效考核的方法，以增强员工的危机感等等。

6.2 薪酬体系设计也分内外

在企业薪酬体系设计的影响因素中，不仅仅包含内部因素，企业外部的薪酬环境也是一个重要的影响因素。

首先，影响薪酬体系设计的内部因素，我们称之为薪酬的内部一致性，也可以称为内部公平性，是指薪酬结构与组织设计和工作之间的关系。它强调的是在一个企业内部，不同的工作之间、不同的技能水平之间的薪酬水平应该互相协调。这意味着企业内部薪酬水平的相对高低应该以工作内容为基础，或者以工作所需要技能的复杂程度为基础，当然也可以是工作内容或技能要求的某种组合。但是无论如何，内部一致性强调的都是根据各种工作对组织的整体目标实现的相对贡献大小来支付报酬。简单地说，就是指企业内部不同职位之间的相对价值大小与其薪酬的高低具有一致性。这种相对价值的比较可以是横向的，也可以是纵向的，可以是同一个职位族内部的比较，也可以是同一个部门内部的比较。

在一个企业内部，只有建立公正公平的机制，按劳所得，奖罚分明，才能够最大限度地调动员工的积极性，这样企业才能得到长久持续的发展，在人员上也会降低流动率，降低企业的用人成本。企业员工个人能力、工作职务及其工作态度的区别，必然带来个人薪酬的差别。如何走出薪酬公平误区，使这种"差别"既能鼓励先进，又能体现公平且被大多数员工所接受，建立真正公平的薪酬制度，实现薪酬激励效能的最大化，对企业管理者来说至关重要。

另一方面，影响薪酬体系设计的外部因素我们称之为薪酬水平的外部竞争性，它是企业相对于其竞争对手薪酬是否具有优势的反映。所以，企业的薪酬体系是否具有竞争性，直接影响企业在劳动力市场竞争能力的大小。

在现代市场竞争中，薪酬水平的外部竞争性，不是将一家企业所有员工的平均薪酬水平与另外一家企业全体员工的平均薪酬水平相比较得出来的，而是基于不同企业中类似职位，或者类似职位族之间的薪酬水平相比较而得出来的。薪酬水平外部竞争性的重要意义在于其对吸引、保留和激励员工具有重要作用。较高的薪酬水平有利于激励员工努力地工作，也能够减少组织的监督管理成本，能有效控制劳动成本，有利于塑造企业的外部形象。

综上所述，在进行企业薪酬体系设计时，不仅要考虑内部的一致性，还需要考量外部竞争性因素，因此企业薪酬体系的设计也分"内外"。

6.3 如何确定岗位价值

在进行薪酬设计时，要基于市场、业绩与能力，这是本章的副标题。首先要确定企业的岗位价值，对岗位价值的评价是薪酬体系内部公平的基础。

简单地说，岗位价值就是岗位的贡献度，即一个岗位对企业的贡献程度大小，排除此岗位员工的能力、素质影响，是单纯的岗位价值。换句话说，一个岗位的价值与谁在这个岗位上任职是无关的，岗位价值是客观存在的。岗位价值的高低也是一个相对概念，我们只能以一个企业为单位，通过类似互相比较的方式来衡量其各个岗位的相对价值。

岗位价值评价来源于岗位分析，岗位分析能够获得工作事实，以此衍生出工作说明书与任职资格。工作说明书能够说明工作职务、责任和条件；任职资格则能够说明适合该工作的人员素质。岗位评价使用预订的制度，研究工作说明书和工作规范，以决定每一个工作岗位的价值。这将最终影响该岗位的薪资薪点的确定（见图6-2）。

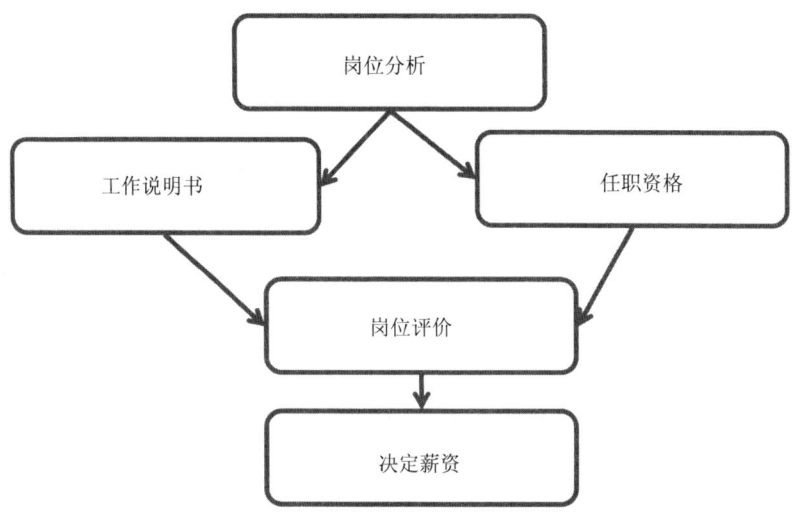

图6-2　岗位价值评价流程图

岗位评价的方法有几下几种：

▶ 非分析法

非分析法又分为排列法与分类法。

排列法是将所有岗位按重要性排列出来，然后将它们划分等级、确定职等的方法。排序时基本采用两种做法，一是直接排序，即按照职位的说明根据排序标准从高到低或从低到高进行排序，二是交替排序法，即先从所需排序的职位中选出相对价值最高的排在第一位，再选出相对价值最低的排在倒数第一位，然后再从剩下的职位中选出相对价值最高的排在第二位，接下来再选出剩下的职位中相对价值最低的排在倒数第二位，依此类推。

这种方法的优点是简单，适用于规模较小、职位数量较少的组织。但是这种方法也有不完善之处，首先它带有一定的主观性，评价者多依据自己对职位的主观感觉进行排序；其次，对职位进行排序无法准确得知职位之间的相对价值关系。

6 建立基于市场、业绩、能力的薪酬体系

分类法就是通过制定出一套职位级别标准，将职位与标准进行比较，并归到各个级别中去。职位分类法好像一个有很多层次的书架，每一层都代表着一个等级，比如说把最贵的书放到最上面一层，最便宜的书放到最下面一层，而每个职位则好像是一本书，分类的目标是将这些书分配到书架的各个层次上去，这样就可以看到不同价值的职位分布情况。

职位分类法的关键是建立一个职位级别体系。建立职位级别体系包括确定等级的数量和为每一个等级建立定义与描述。等级的数量没有什么固定的规定，只要根据需要设定，便于操作并能有效的区分职位即可。对每一等级的定义和描述要依据一定的要素进行，这些要素可以根据组织的需要来选定。最后就是要将组织中的各个职位归到合适的级别中去。

职位分类法适用于大型组织，对大量的职位进行评价。同时这种方法的灵活性较强，在组织中职位发生变化的情况，可以迅速将组织中新出现的职位归类到合适的类别中去。但是，这种方法也有一定的不足，那就是对职位等级的划分和界定存在一定的难度，有一定的主观性。如果职位级别划分的不合理，将会影响对全部职位的评价。

↘ 分析法

分析法包含评分法与要素法。

岗位评分法是预先选定若干因素，并采用一定分值表示某一因素。然后按事先规定的衡量标准，对现有岗位的每个因素逐一评比、估价、求得分值，经过加权求和，最后得到各个岗位的总分值。

评分法的优点在于可靠性强，运用具有准确和清楚定义的因素，对工作岗位进行系统的比较，能够减少评价中的主观随意性。另外，该方法易于被接受，因为评分法是若干评定要素综合平均的结果，并且有较多的专业人员参与评定，提高了评定的准确性。

这种方法的缺点在于需要相当的时间和人力。评分法需要对每种工作进行深入研究，在评定每个因素时，经常要经过两三个评定人员的个别评定，之后还要进行汇总。这项工作相当繁琐，需要花费大量时间。此外，评分法的评价

系统建立十分困难，工作分析的因素及其等级定义，要求评定人员具有相当的技能。

要素法是先设定评估因素，每项工作依照它在各项因素上所评估的等级，计算出一个点数，将该工作在所有报酬因素上的点数相加后即得到该工作的积分，据此决定工作价值。

进行岗位评价还必须要建立一个具有权威意义的模型作为参考标准（见图6-3）。

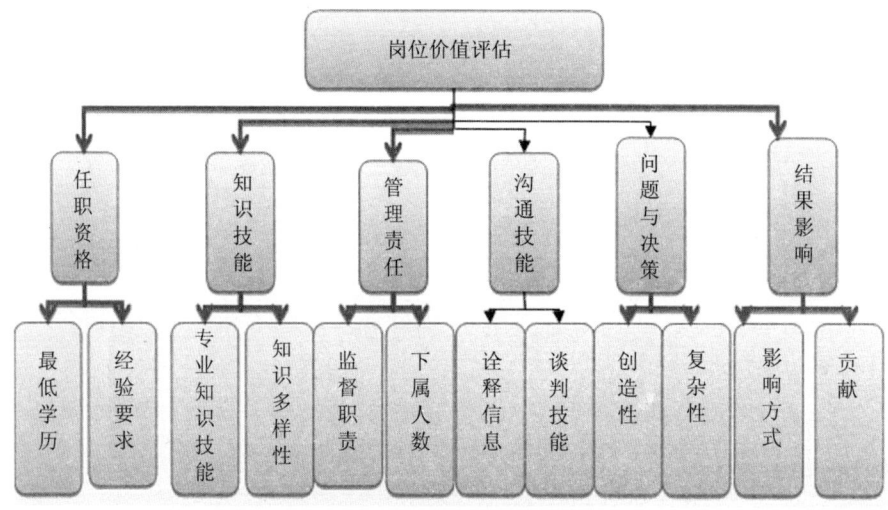

图6-3 岗位价值评估模型

在采用这个模型进行岗位价值评估时，可以参照以下示例的模式来做（见表6-1）。

表6-1 岗位价值评估等级表

水准	要素一：知识与技能	分数
A	基本技能：遵照简单的书面或口头指导，了解各种既定工作规程。能够阅读各种参考材料、提取信息并进行基本运算。可能需要会电脑输入或操作标准型号的机器，包括检验、记录及张贴信息。	20~24

6 建立基于市场、业绩、能力的薪酬体系

（续表）

		分数
B	宽泛的行政或技能：能通过完成多个既定的、多步骤的规程来收集、组织、核对、整理或分析数据。这一过程要求某个特定领域内广泛而细致的知识。可能需要操作更加复杂的设备，包括使用通用的电脑软件，以便遵照既定标准提供产品与服务。	29~36
C	精深知识或专长领域：在某一特定或技术、行政职能领域内具有广泛的知识，包括对于相关政策和规程的了解。可遵照这些指导原则制订行动计划。可能需要使用精密设备并接受全面调试与操作培训。能分析并诠释复杂信息，并可能修改现有惯例、规程或方法。	43~52
D	专门知识理论与实践相结合：具备相当程度的专业知识，有特定的学历背景要求。可通过技术数据编写报告并进行诠释。熟知所在领域的理论及标准运作方案。可协助制定新方法与新规程，其中包括运用与多个专业领域相关的知识来解决实际问题。	63~77
E	精通专业领域：要求深入了解某项目公认的技术专长或某个专业领域内的深层理论和现有操作方式。能运用先进的知识与经验来创建新方法、方案与规程，其中包括全面理解与该知识运用相关的一个以上主要专业领域中的实际问题。	93~112
F	先进领域的广博知识：广泛而深入理解若干相关专业领域或学科的理论与方案。能领悟并整合多个学科中的关键信息，并在多个主要专业领域内进行运用。	136~165
G	多元化的专业知识：全面了解多个学科并整合多个专业领域内的关键信息；要求具备有关公司各主要部门的广泛的理论与实践知识。	200
水准	要素二：影响/责任	分数
A	影响极其有限：仅对本职位的直接工作领域施加显著影响。其影响实质上是间接、辅助性的。不存在任职者职权范围以外的任何责任。	20~24
B	对工作单位产生可察觉的影响：通常指对本工作单元（内设部门）施加影响。可对单元内或部门中与其直接相关的活动施加暂时性影响。其影响实质上是间接、辅助性的。存在有限的连带责任。	29~36
C	对所在工作单元的绩效施加重大影响：日常工作可以影响到其他工作领域的活动。所负担的连带责任主要为间接责任，但可通过那些仅影响本工作单元的活动进行分担。可为工作单元以外的决策制定过程提供相关信息。	43~52
D	对多个部门形成至关重要的影响：可以对部门（一级部门）施加总体影响。作为企业内部的咨询顾问，定期提供建议而影响决策制定过程。很少或不具备资源（财政或人员）调配权，但可进行分析并提供建议。	63~77
E	对经营单位的运作施加重大影响，但不具备决策控制权：可在既定权限内审批费用，或在权限范围内调配资源以提供服务。所提出的各种意见与建议总被采纳。	93~112
F	影响重大且范围广：积极参与制定可对多个部门或经营单位产生一定影响的短期、长期决策。全权负责调配具体行动计划中的大量资源。	136~165
G	对某个重大跨经营单位职能部门承担主要责任：直接控制重要资源。可对实现公司目标产生关键影响。	200

续表

水准	要素三：解决问题/制定决策	分数
A	工作任务完全限定：工作内容固定，通常已有详细规程与技术支持，需遵照一份既定的行动计划。且已存在明确的备选方案。	20~24
B	工作任务实质为例行程序：通过评估众多既定的备选方案来解决相关的问题。且可通过规程或同事与主管得到必要的支持。	29~36
C	任务类型多种多样：通过参照相关政策或向同事和主管进行咨询来制定决策或解决问题。选择各种行动方案时需加以判断。可修改标准规则，以期适应新的或业已发生变化的形势。通常可根据过去的先例来制定解决方案。	43~52
D	仅有有限先例可供参考：需通过分析事实和一般规则来解决问题。仅凭借笼统政策作为指导原则。需进行判断并运用现有的理念来制定各种行动计划。	63~77
E	职责全面、工作任务复杂：为主要部门或经营单位的计划制定相应目标。评审现有计划与方案。需加以判断来认清并分析问题。通常需根据有限的信息制定解决方案。一般需与同事或上级领导们进行商讨。	93~112
F	职责重大：解决重大问题。制定目标并评估全公司的计划与方案。为主要部门或经营单位制定短期目标，参与制定长期目标；根据有限的信息制定解决方案或行动计划，需要与同事或上级领导们进行咨询。	136~165
G	负责解决全公司的关键且复杂的问题：思考并解决重大问题。通常评估全公司的长期计划或方案。行动计划仅受笼统的公司政策限制。决策可影响到公司的总体方向与形象。	200

水准	要素四：行动自由	分数
A	处于紧急监管下：由主管人员通过明确、详细的规程对其工作进程进行定期监管。根据既定日程来确定工作程序；负责自身的职责，偶尔有变通，工作结果常由他人审核。	20~24
B	接受日常监管：受到主管人员或既定规程的定期监管。在满足大致认定的日程要求的前提下具有一定的回旋余地。偶尔可为他人提供指导，但无监管职责。	29~36
C	受到有限的指导与监管：自行安排工作日程来实现既定目标。工作进程与绩效不定期地接受监管。在标准方案的允许范围内可自由选择方法。可提变革建议。可担当"指导"角色。	43~52
D	监管他人：领导某个工作单元的工作。全面负责绩效与人事行动方案。独立工作：对现实部门或公司重要目标而言至关重要的项目或计划，主持该特殊项目或遵照一般指导原则制定相应方案。	63~77
E	指导主要部门的工作：作为部门（一级部门）经理确定标准，以确保遵照既定政策。协调相关活动，其中包括预算管理工作。独立工作：项目或方案对总体政策及公司总体目标的实现产生深远影响。	93~112

续表

水准		分数
F	协调两个或多个主要部门的运作：跨经营单位的职能领域，整合各部门目标。为有效地实现这些目标，与其他职能领域相互影响。组织方案、制定政策，在公司层面上促进组织策略的制定。	136~165
G	全面控制公司各部门：组织跨经营单位的方案。设计并诠释政策。协助制定组织总体政策与发展方向。	200
水准	要素五：沟通技能	分数
A	基本的口头与书面技能：需具备一般性礼节，即最低限度的人际交流。	20~24
B	传达基本事实：以标准形式传达详细的日常信息。沟通对象已了解沟通主题。	29~36
C	诠释信息：能答复详细的质询信息。沟通对象不一定了解该话题的相关领域。需运用一定的技巧。	43~52
D	信息复杂或具争议性：需技术技能进行非常规信息的交流。可向那些只具备初级知识的对象进行讲演介绍。通常进行电话或书面联络。需要谨慎斟酌，以维持良好的合作关系。	63~77
E	针对复杂事件为他人提供建议；经常性地提出行动计划方案，需进行相当的诠释。并向众多人员进行公开讲演介绍。运用考虑周详的技巧来实现沟通及一定程度的劝服。	93~112
F	技能高超：促使冲突各方达成共识。运用精深的斡旋手段解决争端。需相当的游说与谈判技巧。	136~165
G	影响关键决策：涉及重大承诺在内的事件。被授权通过互让实现总体目标。	200
水准	要素六：工作环境	分数
	A. 安全性	
A	无危害环境——对人员健康不存在特别的危害——无需特殊防护。	10~13
B	最低限度地暴露于有害环境——存在某些刺激物——由该职位特性决定的固有危害，即高分贝噪音、照明不足、强光照射、工作环境污秽、受尘埃烟雾等影响。（不考虑临时或可控制的情况）	18~24
C	中等程度的健康危害——所受伤害需专业治疗——然而通常并不造成大量工作时间的损失——需特定防护，防护服、安全眼镜等——可包括高温工作环境。	32~42
D	频繁暴露于有害环境且造成严重伤害——所受伤害需专业治疗或住院治疗——需经常性的防护措施，即全天候的面罩、安全眼镜或听觉防护。	56~75
E	高度危害或终身伤害——暴露于诸如强电击、爆破或高空下坠等高危险环境，针对日常操作没有特殊的防护措施。	100
	B. 稳定性	

续表

A	相当稳定：日程、工作量或工作重点很少发生变化。除日常工作外，无外乎加最后期限。能够预计新工作任务。面对最低限度的干扰或不可控的间断。极少面临时间要求方面的冲突。	10~15
B	变化可预见：面对例行工作期限，通常具备足够的间隔时间。工作量会出现季节性和可预见的变化。虽存在某些干扰，仍可预计工作重点。差旅或加班会得到提前通知。可能定期出现棘手或尴尬的外界意外事件。	22~32
C	工作重点频繁发生变化：最后期限由外部施加，即个人无法控制时限的设定与修改。干扰可影响工作的轻重缓急。难以预计今后几天内的工作性质或工作量。差旅或加班通常仍可见。而符合最后期限要求并协调无关活动对该职位而言至关重要。	46~68
D	同时应对多项重要任务的最后期限：最后期限由外部施加。时限的确定与更改往往临时紧急通知，造成工作重点不断变化。要求密切关注大量干扰。可包括频繁而辛劳的差旅或未曾预见的加班。日常工作压力突出。	100

6.4 外部薪酬调查怎么做

在薪酬体系设计步骤里，外部薪酬调查也是非常重要的一环，然而却经常被忽视。本节我们就从九段 HR 的角度来看看外部薪酬调查怎么做。

薪酬调查是指企业为了以合理的人力成本吸引所需求的人才，而进行的了解竞争对手或同类企业的相同或相似岗位的薪酬水平的行动，就是通过一系列标准、规范和专业的方法，对市场上各职位进行分类、汇总和统计分析，形成能够客观反映市场薪酬现状的调查报告，为企业提供薪酬设计方面的决策依据及参考。薪酬调查是薪酬设计中的重要组成部分，重点解决的是薪酬的对外竞争力和对内公平性问题，薪酬调查报告能够帮助企业达到个性化和有针对性地设计薪酬的目的。薪酬调查能够帮助企业了解企业薪资水平在市场上的位置，发展适当的薪资结构，为企业计划工资增长及改变薪资政策提供基础，通过薪资调查及时掌握市场动向，使企业薪资水平与市场变化保持同步。

外部薪酬调查的方式包括：

- 问卷调查
- 资料交换
- 看报纸广告、人才交流、劳动市场招募广告
- 向应征者咨询
- 伪装应征者
- 参考政府的统计资料
- 委托专业机构调查

此外，对调查所获取的薪酬数据进行汇总和处理，同样是一项技术性较强的工作。一方面，要细心对数据进行辨别和筛选，去伪存真；另一方面，在分析时要求工作人员具备一定的数理功底和软件操作水平。因此，HR 如果自行分析和处理数据，就有必要学习和了解一些常用的分析方法，如集中趋势分析、离散趋势分析、频率分析、相关性分析、图表分析等，掌握一些专业软件的操作。

6.5 如何确定薪酬战略

在完成了上述几项工作后，九段 HR 就要确定企业的薪酬战略了。薪酬战略是企业管理者在一定情况下可以选择的全部（薪酬）支付方式，这些支付方式对企业绩效和有效使用人力资源产生很大的影响。想要做好这项工作，首先要分析企业的薪酬现状（见图 6-4）。

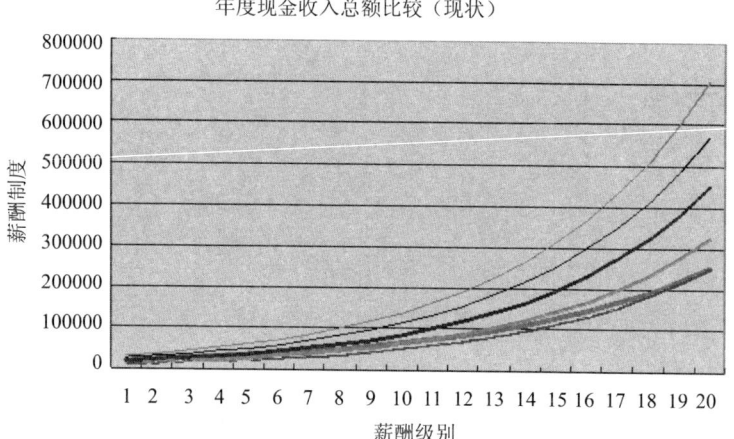

图 6-4　某企业年度现金收入总额比较图

从这个图中我们可以看到，企业不同薪酬级别员工的薪酬水平。图中的六条曲线从上至下分别代表市场薪酬水平等级，其中最高的曲线代表较高的薪酬水平，而最低的则代表较低的薪酬水平。

如果既考虑企业薪酬水平在市场上的竞争性，同时又想兼顾企业的整体薪酬成本，那么企业薪酬级别在基层与中层位置的员工的薪酬水平应当定位在市场平均薪酬水平之上。

那么，企业的薪酬战略设计也应当遵循上述原则。同时，针对不同类型的人才，在企业薪酬战略里应当有不同的薪酬等级体现（见图 6-5）。

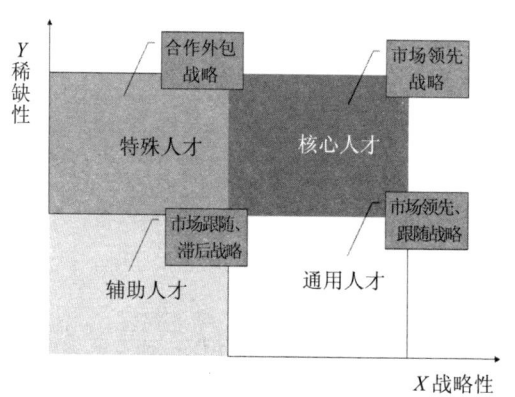

图 6-5　企业混合型薪酬战略

6 建立基于市场、业绩、能力的薪酬体系

我把其称之为"混合型薪酬战略",即针对通用人才可以采取市场领先或者跟随战略;针对辅助人才则采取市场跟随或者滞后战略;针对核心人才则采取市场领先战略;针对特殊人才则采取合作外包战略等。

接下来便是薪酬结构设计。薪酬结构设计属于薪酬体系中的一个子模块,因此在设计薪酬结构时必须服从薪酬体系所要达到的目标这个大前提。薪酬体系主要有两个目的:确保企业合理控制成本;帮助企业有效激励员工。以下几个关键词必须要掌握:

- 职等－岗位价值决定职等
- 职级－个人能力决定职级
- 幅宽－岗位的张力决定幅宽
- 重叠率－为留人设计的,晋升机会少的重叠率高
- 中位数－与市场数据对比
- 级差－对能力的牵引
- 等差－对晋升的牵引
- 倍数－薪酬的价值观(和谐还是个人英雄?)

下面就是薪酬结构设计的一个示例,请读者朋友们参阅(见表6-2)。

表6-2 某企业年度现金收入总额结构

职级\职等	一	二	三	四	五	六	七	幅宽	级差	重叠率	等差
1	14703	15683	16663	17643	18623	19603	20583	40%	980	54%	3217
2	17383	18541	19700	20859	22018	23177	24336	40%	1159	54%	3802
3	20551	21921	23291	24661	26031	27401	28771	40%	1370	54%	4494
4	24296	25916	27535	29155	30775	32394	34014	40%	1620	54%	5314
5	28724	30639	32554	34469	36384	38299	40214	40%	1915	54%	6282
6	33959	36223	38487	40751	43015	45279	47543	40%	2264	54%	7428
7	40149	42826	45502	48179	50856	53532	56209	40%	2677	54%	8781
8	47467	50631	53796	56960	60124	63289	66453	40%	3164	54%	10381
9	56118	59859	63600	67341	71082	74823	78565	40%	3741	54%	12274

(续表)

职级 职等	一	二	三	四	五	六	七	幅宽	级差	重叠率	等差
10	66346	70769	75192	79615	84038	88461	92884	40%	4423	54%	14510
11	78438	83667	88896	94125	99354	104583	109813	40%	5229	54%	17155
12	92733	98916	105098	111280	117462	123644	129827	40%	6182	54%	20282
13	109635	116944	124253	131562	138871	146180	153489	40%	7309	54%	23978
14	129617	138258	146899	155540	164181	172822	181463	40%	8641	54%	28348
15	153240	163456	173672	183888	194104	204320	214536	40%	10216	54%	33515
16	181169	193247	205325	217403	229481	241559	253637	40%	12078	54%	39624
17	214189	228468	242748	257027	271306	285586	299865	40%	14279	54%	46845
18	253227	270108	286990	303872	320754	337636	354517	40%	16882	54%	55383
19	299379	319338	339296	359255	379214	399172	419131	40%	19859	54%	65476
20	353943	377539	401135	424731	448327	471923	495520	40%	23596		

薪酬战略是企业薪酬系统设计及管理工作的行动指南，是实现企业人力资源发展战略的保证。通过制订和实施适合企业的薪酬战略，企业可以充分利用薪酬这一激励杠杆，向员工传递企业的战略意图，调动员工的积极性。一定要注意，企业的薪酬战略必须有针对性，与企业所处的发展阶段、企业的战略、企业的组织结构及企业的文化相匹配，并对其起到支持作用。

6.6 薪酬体系用薪点表落实

企业薪酬体系的建立乍听上去很务虚，然而在实际运用过程中我们必须让它务实才行。九段 HR 一般会采用薪点表作为最重要的工具。

6 建立基于市场、业绩、能力的薪酬体系

首先我们来看薪点的定义。薪点制薪酬是一种新的薪酬支付方式。这种方式的主要特点是：将传统的岗位薪酬标准绝对额形式变为相对点数，根据企业经营结果（如销售额、利润等指标）核定点值，从而使员工薪酬与企业经营结果更紧密地结合起来（见表6-3）。

企业可以根据下列因素来确定每位员工的薪点：

- 职务。它是管理"职业锚"员工薪酬确定的最重要因素。
- 职称。它是业务或技术"职业锚"员工薪酬确定的最重要因素。
- 学历或学位。为吸纳更多高学历或高学位人士加盟公司的事业，公司在工作上确实需要的高学历者将得到引人注目的高薪点补贴。
- 公司工作年限。
- 特定岗位工作年限。这里所谓特定工作岗位指管理、业务或技术岗位。
- 员工在特定工作岗位做出的超乎寻常的贡献。
- 管理幅度。适用于管理机构或领导者。
- 管理半径。在有些情况下，管理半径与管理幅度一致。

表6-3 薪点表图

职等	等级	级差	职级			
			1	2	3	4
1		40	800	840	880	920
2	500	50	1200	1250	1300	1350
3	600	65	1650	1715	1780	1845
4	700	80	2200	2280	2360	2440
5	700	125	2450	2575	2700	2825
6	700	150	2900	3050	3200	3350
7	3000	250	4900	5150	5400	5650
8	4500	400	7900	8300	8700	9100
9	7000	600	12900	13500	14100	14700
10	10000	800	20900	21700	22500	23300

上表就是一个薪点表的示例，表中职等后对应的数字为薪点数。比如 1 职等 3 职级的薪点数为 880，薪点值为 1 元 / 点时，代表月薪 880 元；在薪点值为 2 元 / 点时，代表月薪 1760 元。一般来说，企业保持薪点表不变，以维持公司薪酬制度的基本稳定。如果企业经营效益好、市场薪资水平上升，可通过调整薪点值解决。

员工薪资变化一般有以下几种方式：

通过职位或职等提升达到更高的职等，如 5 等 1 级升到 6 等 1 级，则薪点从 2450 升到 2900。

通过努力工作提高业绩，在同一职等中晋升级别，如 5 等 1 级升到 5 等 3 级，薪点从 2450 升到 2700。

公司薪点值调整，导致个人薪资调整。

通过薪点制设计的薪酬体系能够给企业员工展示出明确的发展路径，要么从现有岗位异动到职等更高的岗位，从而提升职等，获得薪酬提升；要么在技术序列、营销序列通过能力提升，得到更高专业资格，从而晋升职等。

应用薪点表的意义在于：

- 判断现有薪资与岗位价值相比的合理性；
- 便于以后的新进人员确定薪资标准；
- 制定薪资调整和变化的规则；
- 与营销、技术体系的专业能力评鉴相结合，促进人员发展；
- 建立一个可持续、可扩充的薪资框架。

不同地区，可以通过乘以不同的点值（地区权数），保证薪资体系的一致性；因消费指数或公司运营效益而整体调薪时，可以通过乘以某一个点值来处理；可以通过扩充职级来容纳更多的高职级薪资。

6.7 绩效是因，薪酬是果

在设定薪酬体系时，必须要与绩效结合在一起。将工作绩效与财务回报直接挂钩，即以绩效定薪酬，这一点可以从期望理论中获得解释。期望理论可以表达为这个公式：工作动力 = 效价 × 期望值。它认为一种行为倾向的强度，取决于个体对某种行为带来的结果的期望强度以及该结果对行为者的吸引。当员工认为努力工作能获得好的绩效评价结果，而好的绩效评价结果又能带来满足需要的回报时，他就会倾向于多付出努力。

企业需要这样一种绩效薪酬模式，其评价绩效的内容指标与薪酬点累积要素高度一致，即以绩效定薪酬。很显然，绩效成了发放薪酬的参考。

因此，在进行薪酬设计时，基本原则就成为通过激励个人提高绩效促进组织的绩效。通过绩效薪酬传达企业绩效预期的信息，刺激企业中所有的员工来达到它的目的；使企业更关注结果或独具特色的文化与价值观；能促进高绩效员工获得高期望薪酬；保证薪酬因员工绩效而不同。依据绩效制定薪酬形成了绩效薪酬，这一点在薪酬的构成中必须要体现出来（见图6-6）。

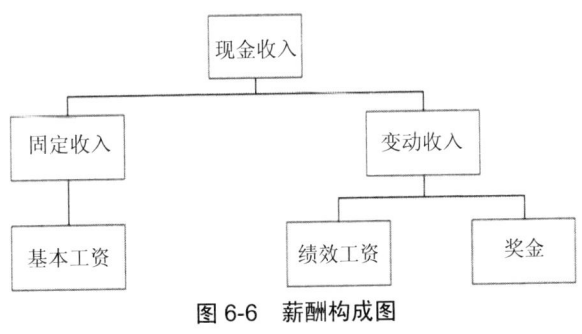

图6-6 薪酬构成图

上图就是一个企业薪酬构成的示例。其中我们可以看到，员工的薪酬是由固定收入和变动收入所组成，而变动收入里则包含了绩效工资与奖金，这就是一个把绩效融入薪酬体系的典型示例（见表6-4）。

表6-4 薪酬构成表

名称	各项目含义
现金收入	在岗者每年获得的所有现金形式收入的总额（税前）
固定收入	在岗者每年获得的不受业绩影响的固定现金收入
变动收入	在每年公司向在岗者支付的年度绩效工资和奖金总额
基本工资	在岗者获得的税前基本工资
绩效工资	在岗者年度绩效工资总额
奖金	根据公司全年的目标完成情况确定的奖金

由于绩效在薪酬体系中存在，因此薪酬并不是固定的数额，而是会根据绩效不同产生浮动，我们称之为薪酬固浮比。它是指现金收入中分为两部分，一部分是每个月可以固定拿到的现金，一部分是根据业绩考核结果拿到的现金。部门性质不同、层级不同，固浮比也不相同，如业务性质部门考虑到激励性，浮动部分比例更高些；级别越高浮动的部分比例越高。具体固浮比例如下（见表6-5）。

表6-5 薪酬固浮比

薪酬等级	公司高管	交易一部	交易二部	交易三部	交易四部	信息技术部	财务结算部	综合部	法律鉴证部
20									
19	50%：50%（公司高管）								
18									
17									
16		60%：40%（部门中层）				70%：30%（部门中层）			
15									
14									
13									
12									
11		70%：30%（公司员工）				80%：20%（公司员工）			
10									
9									
8									
7									
6									
5									
4									

6 建立基于市场、业绩、能力的薪酬体系

由于薪酬固浮比的存在，在进行员工薪酬计算时会更加复杂一些，我们还是通过一个示例来说明（见表6-6）。

表6-6 某公司薪酬固浮比计算薪酬表

> 部门经理50%，高级业务经理60%，业务经理70%，职员80%

岗位名称	假设薪级	假设档位	现在年收入	平均月收入	设计年收入	固定部分（年）	固定部分（月）	浮动部分（年）	月度KPI考核（70%）			年终KPI考核（30%）		
									1.30	1.00	0.70	1.20	1.00	0.80
部门经理1	15	5	135932	11328	194104	97052	8088	97052	7360	5661	3963	34939	29116	23292
部门经理2	15	4	135260	11272	183888	91944	7662	91944	6972	5363	3754	33100	27583	22067
高级业务经理	13	6	101462	8456	146180	97708	7309	58472	4434	3411	2388	21050	17542	14033
高级业务经理	13	2	70733	5894	116944	70166	5847	46778	3547	2729	1910	16840	14033	11227
业务经理	11	3	73508	6126	88896	62227	5186	26669	2022	1556	1089	9601	8001	6401
业务经理	11	4	72540	6045	94125	65888	5491	28238	2141	1647	1153	10166	8471	6777
职员	9	4	56384	4699	67341	53873	4489	13468	1021	786	550	4849	4040	3232

把绩效融入薪酬体系，将奖励与员工绩效紧密连接起来，使得企业的薪酬支付更具客观性和公平性，它能够有效提高企业生产率，使薪酬更具市场竞争性。同时，因为它将人工成本区分为可变和固定两部分，所以有利于减轻组织的成本压力。

当然有一些问题也必须注意，比如绩效薪酬体系的设计与管理要求有一个严密、精确的绩效评价系统，但是在实际运作中，绩效评价很难做到科学并准确，很多企业往往流于形式。

在组织实现一定的绩效目标时，其绩效奖金总额通常是一个固定的数值，员工所能分享的份额不仅取决于个人绩效，而且取决于其绩效在组织中的相对水平。因此，绩效薪酬制度这种对自我为中心的个人努力进行奖励的做法，在需要员工进行团队合作的时候，往往会造成员工之间的过度竞争，从而影响组织整体目标的实现。

6.8 薪酬的其他表现方式

薪酬除了上述的表现形式外还包含其他一些类型，比如年薪制、提成制、奖金制、计时制、计件制等。在设计薪酬体系时也可以根据企业实际情况选用。

年薪制是以年度为单位，依据企业的生产经营规模和经营业绩，确定并支付经营者年薪的分配方式。在国外，企业经历了业主制、合伙制和公司制3种形式。随着规模的不断扩大，所有权和控制权逐渐分离，在社会上形成了一支强大的经理人队伍，企业的控制权逐渐被经理人掌握。为了把经理人的利益与企业所有者的利益联系起来，使经理人的目标与所有者的目标一致，形成对经理人的有效激励和约束，产生了年薪制。年薪制的主要对象是企业的经营管理人员。

如何确定经理人的年薪，不同企业运用的方式也不同。一般来说，有三种方式：通过利润指标对经理人的业绩进行评估；利用股票市场对经理人的业绩进行评估；通过企业老板对经理人的行为直接进行评估。

年薪制中的年薪主要由固定薪金、奖金、股票、股票买卖选择权等组成。与其他报酬形式相比，年薪制在功能上具有以下特点：

- 激励性：年薪制使高管人员的才能、绩效和收入相一致，具有较强的激励性。
- 约束性：年薪制体现了责任、风险和利益的统一，使高管人员有压力感、紧迫感和风险感。
- 共存性：年薪制把高管人员追求的自身利益最大化目标，与企业所有者追求的企业利润最大化目标统一起来,达到了个人利益,与企业企业利益的共存。

提成制又称"拆账工资制"或"分成工资制",是一种按照企业的销售收入或纯利润的一定比例提取工资总额,然后根据员工的技术水平和实际工作量计发工资的形式。这种形式适用于劳动成果难以用事先制定劳动定额的方法计量,不易确定计件单价的工作。目前,在部分饮食业、服务业和商业中多实行这种工资形式。

实行此制度需要确定适当的提成指标和恰当的提成方式。提成方式主要有全额提成和超额提成两种形式。全额提成即职工全部工资都随营业额浮动,而不再有基本工资。超额提成即保留基本工资并相应规定需完成的营业额,超额完成的部分再按一定的比例提取工资。从实行提成工资的层次上划分,有个人提成和集体提成。确定合理的提成比例,有固定提成比例和分档累进或累退的提成率两种方式。

奖金制作为一种工资形式,其作用是对与生产或工作直接相关的超额劳动给予报酬。奖金是对员工在创造超过正常劳动定额以外的社会所需要的劳动成果时,所给予的物质补偿。

奖金制度的主要构成要素有:奖励指标、奖励条件、受奖范围、奖励周期、奖励基金的提取与分配。

奖金制的特点包括:

↳ 具有很强的针对性和灵活性

奖励工资有较大的弹性,可以根据工作需要,灵活决定其标准、范围和奖励周期等,有针对性地激励某项工作的进行;也可以抑制某些方面的问题,有效调节企业生产过程对劳动数量和质量的需求。

↳ 及时弥补计时、计件工资的不足

任何工资形式和工资制度都具有功能特点,也都存在功能缺陷。例如,计时工资是从个人技术能力和实际劳动时间方面确定劳动报酬,难以准确反映经常变化的超额劳动;计件工资主要是从产品数量上反映劳动成果,难以反映优质产品、原材料节约和安全生产等方面的超额劳动。这些都可以通过奖金形式进行弥补。

> **具有激励作用**

在这几种工资制度和形式中,奖金的激励作用是最强的,这种激励功能来自依据个人劳动贡献所形成的收入差别。利用这些差别,使雇员的收入与劳动贡献联系在一起,起到奖励先进,鞭策后进的作用。

> **收入具有明显的差别性**

> **奖金分配所形成的收入具有不稳定性**

计时制是指按照劳动者的工作时间来计算薪酬的一种方式。计时制可分为月工资制、日工资制和小时工资制等。

计件制是按照员工生产的合格品的数量(或作业量)和预先规定的计件单价,来计算报酬的一种工资形式。它不是直接用劳动时间来计量,而是用一定时间内的劳动成果——产品数量或作业量来计算,因此,它是间接用劳动时间来计算的,是计时工资的转化形式。

计件工资的显著特点是将劳动报酬与劳动成果最直接、最紧密地联系在一起,能够直接、准确地反映出劳动者实际付出的劳动量,使不同劳动者之间以及同一劳动者在不同时间上的劳动差别,在劳动报酬上得到合理反映。因此,计件工资能够更好地体现按劳分配原则。

计件工资的实行,有助于促进企业经营管理水平的提高。计件工资的计算与分配事先都有详细、明确的规定,在企业内部工资分配上有很高的透明度,使工人对自己所付出的劳动和能够获得的劳动报酬心中有数,因此具有很强的物质激励作用。

计件工资收入直接取决于劳动者在单位时间内生产合格产品数量的多少,因此可以刺激劳动者从物质利益上关心自己的劳动成果,努力学习科学文化,不断提高技术水平与劳动熟练程度,提高工时利用率,加强劳动纪律,这对于企业员工素质和劳动生产率的提高都是十分有利的。

PART 7
全面战略绩效管理系统

在人力资源管理中，与薪酬管理相对应的就是绩效管理。绩效管理同样是人力资源管理一个不可或缺的组成部分。然而，绩效管理却成为很多企业的"噩梦"。很多企业的绩效考核要么流于形式，要么带来纷争与内乱，总而言之，绩效考核在中国企业里的失败率非常高，这到底是为什么呢？本章我们就来系统地讲述九段 HR 的绩效管理应当如何做。

7.1 企业绩效考核败因追寻

绩效管理，是指各级管理者和员工为了达到组织目标，共同参与的绩效计划制定、绩效辅导沟通、绩效考核评价、绩效结果应用、绩效目标提升的持续循环过程。绩效管理的目的是持续提升个人、部门和组织的绩效。然而很多企业绩效考核都以失败告终，不但没能有效提升员工的工作战斗力，反而带来了一系列负面问题。让我们首先来看一个案例。

某 IT 集团企业，下属十几个公司，其中销售公司就有两家。集团公司在年初的时候为每一个企业制定了目标，但是到年终考核时，不单是销售公司没有完成任务，其他公司和部门的目标完成质量也不佳。此时最先被指责的是销售公司，其他公司说他们没有完成任务。两个销售公司非常气愤，觉得总公司当初给定的指标就是不现实的，相应的资源也没提供。由此，销售部门、财务部门、生产部门和科研部门都各说各的理，最后考核变成了一场争吵。

很显然，上面案例里的公司绩效考核失败的原因在于其确立绩效考核体系的时候就是不科学和不客观的，不符合企业的实际情况。企业绩效考核失败的常见原因总结起来主要有以下几点：

↘ **绩效考核没有与企业目标保持一致**

企业想达到什么目标，就应该考核什么。企业的考核内容应当是企业组织文化和管理理念的具体体现，但是很多企业没有清晰的考核标准，往往考核了一些无关紧要的项目，该考核的却没有考核。

↘ 绩效考核缺乏侧重点

要知道，绩效考核内容不可能包括被考核岗位的所有工作内容，考核应选择岗位工作的主要内容，不可能面面俱到，不要考核无关的内容。绩效考核是对员工的工作考核，对不影响工作的其他任何内容无需进行考核。

另外，绩效考核应是多方面的，不应只看一个经营指标。因此，在岗位分析的基础上，应当对考核内容进行分类，比如把考核分为重要任务、日常工作和工作态度三方面等。

↘ 考核指标千篇一律

这也是绩效考核经常出现的问题，即不管什么岗位都采用同一套考核指标。要知道，不同的职位关键业绩指标是不同的，确定和找到每一职位的关键业绩指标，是考核成功的基础。

↘ 考核指标脱离实际

从主观愿望和企业的发展需求上看，企业都希望业绩是递增的，但是就某一个企业而言，它在面对市场竞争的时候必须客观一些，当企业的外部经营环境或自身的经营能力承受严重压力的时候，绩效考核指标也应当随之进行调整，保证在一个能够实现的范围内。同时还必须注意，指标要有可操作性，应有明确的定义和计算方法，易于取得可靠的考核数据。

↘ 考核指标没有进行细化

为了提高考核的可靠性，考核的尺度应该尽可能细化。比如，对于员工的"工作主动性"指标的考核，如果只采用主观尺度，可能有这样几种标准：很好、较好、一般、较差和很差，这往往流于表面，在评定时评判者主观因素的影响更大。但如果采用细化尺度考核，考核的准确度也会增加。对于主动性的考核，可以细化为以下内容（见表7-1）。

表 7-1　考核标准细化表

评分	考核标准
5分	具有非常饱满的工作热情，工作积极主动，根本无需他人监督，积极参与重大项目开发、技术创新或重大管理改革活动，且勇于承担有困难的工作。
4分	工作积极主动，很少需要他人监督，能够参与重大项目开发、技术创新或重大管理改革活动，面对困难不退缩。
3分	工作尚能主动，一般不需要他人监督，能够参与新项目开发、技术创新或管理改革活动，面对困难不退缩。
2分	在他人督促下能够完成任务或本职工作，也能够参与项目开发、技术创新或管理改革活动，但安于现状，对额外的事缺乏热情。
1分	对工作任务、本职工作都无精打采，需要不停地督促，即使在他人督促下有时也很难完成任务或本职工作，很少参与项目开发、技术创新或管理改革活动。

↳ 没有选择适合的考评人

很多企业的绩效考核是大家互相评，甚至让员工给领导评。这样一来，要么完全由领导说了算，要么完全由员工说了算，都是有问题的。

在大多数企业中，人力资源部门在绩效评价方面只负有协调设计和执行评价方案的责任，而最重要的实际操作，则由直接管理人员负责。事实上，评价方案的成功施行，必须由人力资源和直线部门结合起来才行。

↳ 绩效考核准备工作没做好

绩效考核是一项专业的活动，参与者之间的高度信任和对他们的培训是必需的，因此企业在考核实施前需要对考核者进行系统的培训。培训的内容包括目标管理方法、评估者管理技巧、如何面谈等。

↳ 考核后没有反馈

很多企业的绩效考核完了就完了，没有后续反馈。其实考核不是目的，而是一种手段。考核的目的是促进企业的绩效、经营业绩的提高和员工能力的开发。大部分企业在考核时根本没有做反馈，也就是说考核完了并没有告之被考核的人反馈意见，这显然对于提升员工的工作绩效没有起到促进作用。

↳ 考核过于注重形式

许多企业把考评表格制定得非常详细，对员工要求的指标制定得近乎完美，其结果往往是劳而无功、怨声载道。有关员工的生活习惯、行为举止、个人癖好等内容都不适合作为考评内容出现。有效的考核工作不是纸上谈兵，各种考核表会起一定的作用，但终究不能取代一个懂得对员工进行业绩考评的管理者。

↘ 考核不跟奖惩挂钩

这是绩效考核最致命的一个错误。这种绩效考核会让员工觉得，考核只是走形式，做样子。

在 GE 公司，提高工资和晋升职务是与工作考核紧密结合的。GE 公司的职员每年经考核后，由低到高确定为五个等级。后三级人员将获得职务或工资上的提升，第五级的职员要受到超级提拔。对待前两级职员不是简单地辞退了事，而是首先搞清他们工作不好的原因，然后给予他们再工作 6 个月的机会。在改进工作期间，公司对这部分人分三种情况处理：重新分配工作；减少他们原承担的责任，降级使用；工作无法改进则解雇。

除了晋升和提高工资外，奖金也是一种奖励手段。GE 公司的奖金是和部门的经济利益相联系的，每年的奖金按级别不同而有所差异。总公司副总裁兼各集团总裁每年的奖金是其年薪的 30%；集团副总裁每年的奖金是其年薪的 20%；集团其他高级经理每年的奖金是其年薪的 10%；中层经理及其他经理人员的奖金不超过其年薪的 10%。在鼓励的同时，GE 公司制定了非常严格的惩罚办法，以约束公司职员的言行，一旦有人违反，轻则罚款，重则解雇。凡因违反惩罚办法而被解雇的职员，很难再找到满意的工作，因而这种情况很少发生。

从上述案例中可以看到，绩效考核只有和奖惩挂钩才具有现实性，否则将仅是空中楼阁。

↘ 考评观念问题

考评者在考评被考评者时应该采取何种态度，存在着种种不正确的观念。有的企业在考评时回避冲突，很多考评者在谈到某个员工的工作缺点时，总是避重就轻、避实就虚，愿望虽然良好，但效果往往适得其反。这样会使员工丧失对改进工作的洞察力。还有的企业考评人在考评时滥用职权，在有些人看来，考评是一次"显示谁是老板"的难得机会。一有这种高高在上、轻视他人的想法，在考评中就会淋漓尽致地流露出来，被考评人自然感到你在整治他们，从而产生怨气和不满。

7.2 如何建立"全面战略绩效管理系统"

很显然，绩效考核并不是过家家的游戏，也不是靠拍脑袋就能解决的问题，必须依靠科学严谨的方法来实施，因此建立一个全面战略绩效管理系统就成了企业必须要做的事。

首先我们必须明白一个重要的原则：绩效管理并不等于绩效考核。在绩效管理中，绩效考核的分量占比仅仅是10%，它只是绩效管理的一部分。绩效管理的最终目的在于改进职位，而不是考核，考核只是一种手段。如果只做绩效考核而忽略绩效管理的其他环节，最后面临的只能是失败。

"全面战略绩效管理系统"是一个完整的系统（见图7-1），它是一个包含企业不同时期目标的完整绩效管理体系。它的着眼点并不仅仅在于某一个绩效考核时期，而是根据企业的战略发展节奏，设计出的依附于企业发展战略的绩效管理大体系。在这个体系内，包含着企业、部门、个人不同的考核计划，同时这些考核计划是基于企业、部门、个人的短、中、长期目标而来。企业的战略通过这套体系融入，并在这套体系的确保之下实现。

7 全面战略绩效管理系统

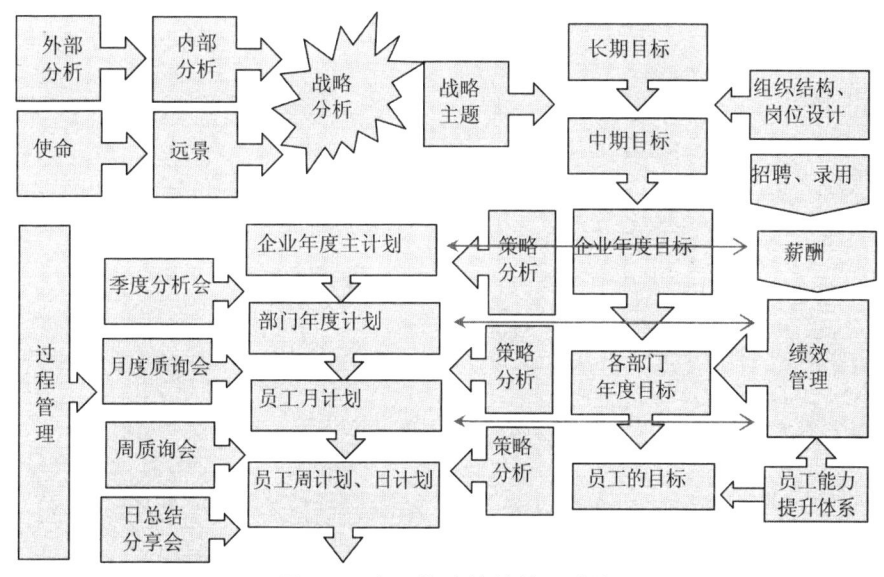

图 7-1 全面战略绩效管理系统

从具体的实施角度来看,"全面战略绩效管理系统"又包括绩效计划、绩效过程、绩效考核、绩效反馈(见图 7-2)。

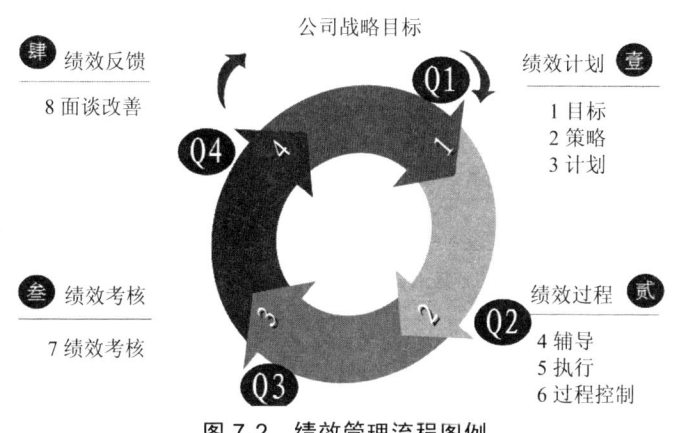

图 7-2 绩效管理流程图例

对于整个绩效管理而言,是由确定目标开始,通过培训、辅导、激励检查来确保绩效的最大化,从而得到一个令人满意的绩效结果。而后根据绩效结果的反馈来改善员工的工作,从而使绩效目标得到提升,这是一个自成循环的体系(见

图7-3）。

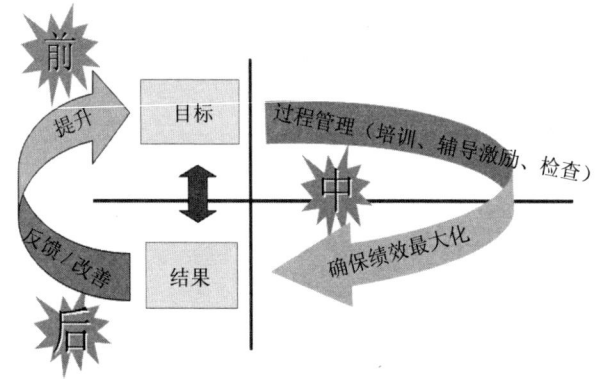

图7-3　绩效管理方法论

绩效计划是整个绩效管理过程的起点。当新绩效时间开始时，管理者和员工经过一起讨论，制定绩效目标，就员工将要做什么、需做到什么程度、为什么做、何时应做完等问题进行识别、理解并达成协议。在绩效计划阶段，首要的问题就是确定绩效目标。

谈到绩效目标就涉及目标管理的概念。"目标管理"是管理大师德鲁克1954年在著名的《管理的实践》中最先提出的，其后他又提出"目标管理和自我控制"的主张，德鲁克认为："并不是有了工作才有目标，而是相反，有了目标才能确定每个人的工作。"所以"企业的使命和任务，必须转化为目标"，如果一个重要领域没有目标，这个领域的工作必然被忽视。管理者应该通过目标对下级进行管理，当组织最高层管理者确定了组织目标后，必须对其进行有效分解，转变成各个部门以及个人的分目标，而管理者则根据目标的完成情况对下级进行考核、评价和奖惩。

绩效过程是管理人员和员工进行持续的绩效沟通，发现问题后及时解决。帮助员工提高个人绩效是在整个绩效期间内持续进行的。

绩效考核是选择合理的考核方法与衡量技术，对员工进行考核，它是在绩效时间结束时进行的。在绩效考核阶段，全面的绩效考核有三种模式：基于素质的绩效考核（潜在绩效）、基于行为的绩效考核和基于结果的绩效考核。如果以一个保险公司员工的绩效考核为例的话,针对素质、过程与结果的绩效考核指标互为关联,却不尽相同(见图7-4)。

图 7-4 保险公司三种绩效考核指标

其中KCI是关键能力素质指标,素质(competency)是驱动员工产生优秀工作绩效的各种个性特征的集合,它反映的是可以通过不同方式表现出来的员工的知识、技能、个性与内驱力等。素质是判断一个人能否胜任某项工作的起点,是决定并区别绩效差异的个人特征。

"competency"还有不同的译法,如"资质""能力""胜任能力""才干""才能"等。以下是一个客服岗位的KCI考核示例(见表7-2)。

表 7-2 基于素质导向的考核

考核项目	分数	评分标准			
		优秀	良好	一般	差
服务意识	2.5	主动挖掘客户需求,将为客户服务的意识贯彻到工作中,主动为服务客户排忧解难,客户满意度高。	根据客户需求,能够为客户主动提供相关服务,客户满意度高。	被动接受客户需求,按客户要求为客户解决疑难问题,客户满意度一般。	被动接受客户需求,无法解决客户疑难问题,引起客户投诉,客户满意度低。
		2.5	2	1.5	0

(续表)

考核项目	分数	评分标准			
		优秀	良好	一般	差
职业操守	3	尊重并维护公司形象，严格遵守公司各项规章制度，并主动帮助他人贯彻执行，当月无迟到、早退，无请事假记录。	尊重并维护公司形象，严格遵守公司各项规章制度，当月无迟到、早退，请事假1-2天。	尊重并维护公司形象，遵守公司各项规章制度，当月无迟到、早退，请事假2-3天。	基本遵守公司各项规章制度，当月有迟到或早退记录，请事假超过4天以上。
		3	2.5	2	1
团队精神	2.5	积极参加各类团队活动，主动协助开展各项团队建设工作；服从上级的工作安排，提前或按时出色地完成工作。	积极参加各类团队活动，主动协助开展各项团队建设工作；服从上级的工作安排，按时完成工作。	积极参加各类团队活动；服从上级的工作安排，偶尔出现不能按时的情况。	经常不参加团队活动；经常不服从上级的工作安排，经常需要催促才能完成工作，完成效果不理想。
		2.5	2	1.5	1

GS 是 Goals 或 Goal setting 的简称，指的是工作目标（计划式的目标），GS 的定义是对工作职责范围内的一些相对阶段性、过程性、难以量化的关键工作任务完成情况的考核方法。下表是一个仓储岗位的 GS 考核示例（见表7-3）。

表 7-3　基于行为的绩效考核

序号	工作目标	权重	评分标准	完成情况（自述）	考核分	折算分
1	3月15日完成所有仓库产品的盘点	20%	按时完成得90分，推迟扣10分/天；每缺一类产品扣10分，每错盘一类产品扣20分	15日完成，没缺，没错盘		
2	3月20日前提交积压产品处置方案	10%	按时完成得90分，推迟扣10分/天；每否决1次扣20分	22日提交通过		
	小计	30%		GS 得分		

KPI（KPI- Key Performance Indication）是衡量职责、流程工作成果的参数，是工作的效率和效果的体现，是可以用量化数据表现出来的（见表7-4）。

表 7-4　基于结果的绩效考核

KPI 维度		举例
多	数量	销售收入、产量、新上市产品数、客户拜访量……
快	时间	交货及时率、资金周转天数、库存周转率……
好	质量	产品合格率、顾客满意度、设备完好率……
省	成本	预算达成率、损耗率、成本降低目标达成率……

绩效反馈是绩效管理的收尾阶段，在绩效时间结束时进行。它是进行绩效考核面谈、对绩效改进进行指导、实现报酬反馈的过程。

7.3　如何找到企业关键业绩指标（KPI）

由于大多数企业的绩效考核都采用基于结果的考核方式，因此在本节我特别对企业关键业绩指标进行一下解读。

KPI 是通过对组织内部流程的输入端、输出端的关键参数进行设置、取样、计算、分析，衡量流程绩效的一种目标式量化管理指标。它是把企业的战略目标分解为可操作的工作目标的工具，是企业绩效管理的基础。KPI 还可以使部门主管明确部门的主要责任，并以此为基础，明确部门人员的业绩衡量指标。建立明确的、切实可行的 KPI 体系，是做好绩效管理的关键。

那么如何找到 KPI 呢？我们首先要知道它是怎么来的。

企业的 KPI 指标来源于企业的战略目标以及经营管理的计划和目标，而后通过分解得到每个部门的 KPI 指标，再分解成为部门内每个员工的 KPI 指标。其中部门 KPI 指标分解的依据是部门与团队的职责，而员工指标分解的依据则是岗位职责流程（见图 7-5）。

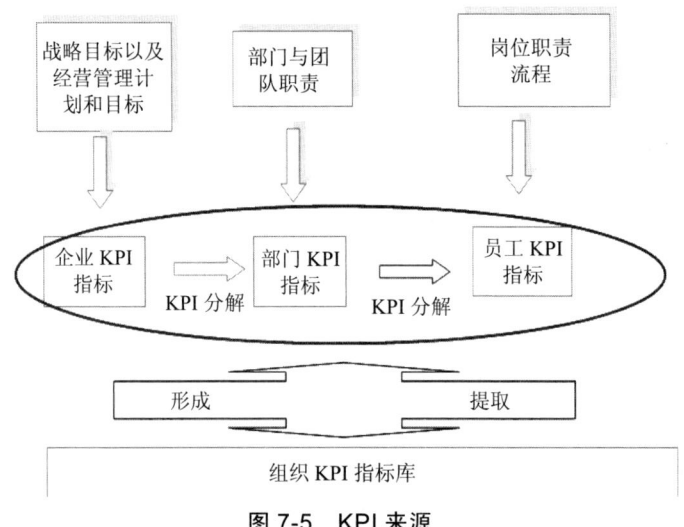

图 7-5　KPI 来源

KPI 最初的来源是企业的战略目标和经营管理的计划和目标，它也体现了目标的两种表现形式，即指标式目标和计划式目标。指标式目标就是指标＋目标值（KPI、KCI），比如销售收入 1 亿元；计划式目标是谁在什么时间内完成什么工作，达到什么标准／要求（GS），比如销售部 5 月 20 日前完成"六一促销卖场"的布置，达到通知附件所要求的标准。

↳ 企业 KPI 指标提炼

企业 KPI 分解有两种方法：其一是德鲁克七大业务重点领域；其二是平衡计分卡。

德鲁克七大业务重点领域包括：技术创新、市场领先、产品品质、人员配备、客户服务、利润增长、IT。

我们通过什么指标来衡量这七个重点领域工作的履行情况呢（见表 7-5）？

7 全面战略绩效管理系统

表 7-5　七大业务重点领域企业级 KPI 指标

业务重点领域	企业级 KPI
技术创新	技术进步目标达成率 新产品开发数 新产品销售占比 专利数 新项目获奖数 核心技术市场地位 ……
市场领先	销售额 市场占有额，合格代理商数 / 终端数 新客户数 / 占比 客户流失率 品牌知名度 品牌美誉度 ……
产品品质	产品合格率 / 不良率 返修率 制成率 质量投诉次数 ……
人员配备	核心人才满足率 人力资本效率、人均产出 员工满意度 核心员工主动流失率 ……
客户服务	交货及时率 客户投诉处理满意率 客户满意度 / 忠诚度 ……
利润增长	信息系统上线完成率 信息系统集成度 信息数据提供及时率 计算机故障次数 数据差错次数 T 服务满意度 ……

企业提炼 KPI 的另一种方法是平衡计分卡。平衡计分卡是从财务、客户、内部运营、学习与成长四个角度（见图 7-6），将组织的战略落实为可操作的衡量指标和目标值的一种新型绩效管理体系。设计平衡计分卡的目的是要建立"实现战略制导"的绩效管理系统，从而保证企业战略得到有效的执行。因此，平衡计分卡也被称为加强企业战略执行力的最有效的战略管理工具。

平衡计分卡系统包括战略地图、平衡计分卡以及个人计分卡、指标卡、行动方案、绩效考核量表。在直观的图表及职能卡片的展示下，抽象又概括性的部门职责、工作任务与承接关系等，就显得层次分明、量化清晰、简单明了了。

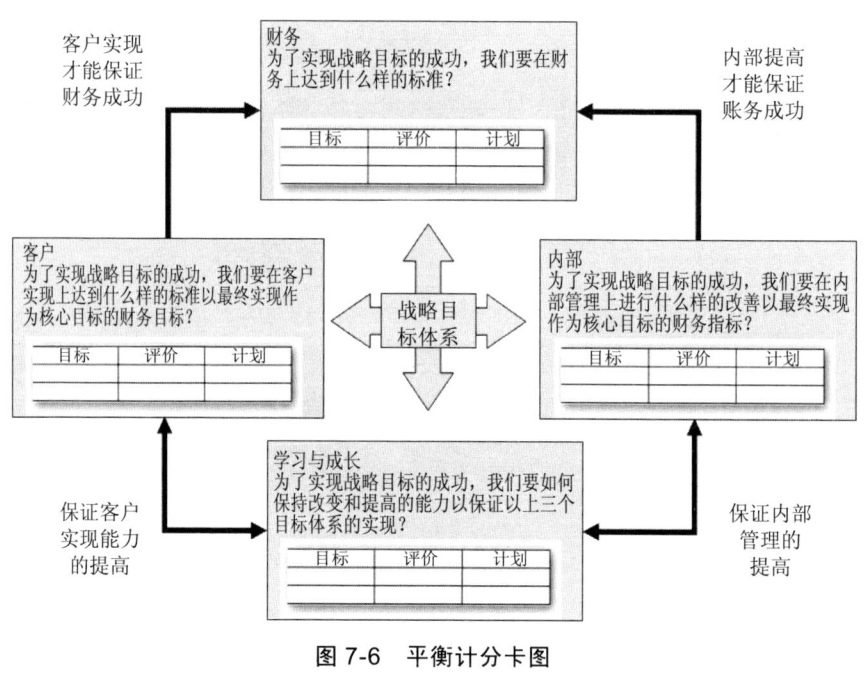

图 7-6　平衡计分卡图

以快餐企业为例，平衡计分卡的设计（见表 7-6）。

表 7-6　平衡计分卡设计

财务指标	长期利润最大化	净资产收益率
	合理低成本	经营费用预算达成率
	营收持续增长	可比收入增长率
	短期利润合理化	产品毛利率
	新市场开拓	新市场营收达成率
客户指标	单次消费增长	单笔消费增长率
	快餐第一品牌	品牌知名度
	顾客忠诚度	消费者态度指数
	顾客感知度	营养提及率
内部运营指标	制高点	制高点开发达成率
	品牌管理	主流媒体报道次数
	新店数	新店开发计划达成率
	明星产品	明星产品计划达成率
	T+T	T+T 标准达成率
学习与成长指标	员工满意	员工满意度
	员工能力开发	关键职位胜任率
	绩效管理推行	绩效管理推行评分
	管理系统推广	管理系统推广达标率

当然，平衡计分卡这种管理工具并不是对所有企业都适合。不适合采用平衡计分卡的企业有如下特征：

- 平衡计分卡是以战略管理为导向的。对国内相当多的企业而言，目前尚未形成战略管理的自觉意识和既定流程，这时即便勉强引入平衡计分卡也会因为组织战略的频繁变化导致平衡计分卡名存实亡。
- 平衡计分卡崇尚的是良好的参与气氛和便捷的沟通渠道，否则平衡计分卡所倚重的四个层面的各个关键成功因素及其背后的驱动因素就很难被识别出来。

- 平衡计分卡是一个战略管理和执行的工具，这意味着企业在引入平衡计分卡时必须结合现状，如果企业目前的压力在于获取短期目标，如扩大市场份额、迅速降低成本等，则这样的企业其实并不适合引入平衡计分卡。

在选取企业级 KPI 的时候必须要遵循一些标准，你可以问自己一些问题，看看你所找到的 KPI 指标是否能够回答这些问题，如下：

KPI 是否反馈了公司的战略？

KPI 是否体现了行业的成功要素？

KPI 是否支撑战略目标的实现？（尤其是内部运营、学习成长等支持类指标考核是否缺乏。）

KPI 指标之间是否冲突？

KPI 是否可以放到部门级去考核？

KPI 指标准确性与成本是否平衡？（比如投诉次数，成本最低但不准确；客户满意度最准确，但成本最高。）

↘ 部门 KPI 指标提炼

完成了企业级 KPI 的选取后，接下来就是把企业级 KPI 分解到部门中，然后再分解到各个岗位。我们可以采用下面的方法（见图 7-7）。

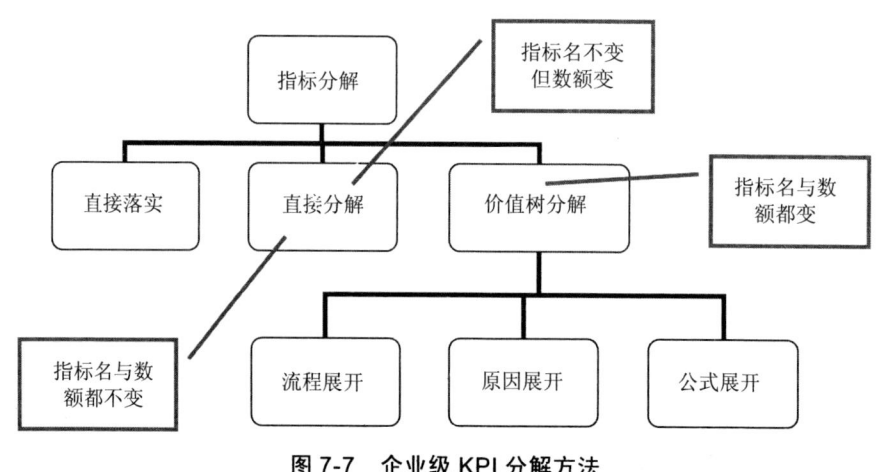

图 7-7　企业级 KPI 分解方法

具体的实施方式可以参考以下方式（见图 7-8）。

KPI \ 部门相关指标	计划部	仓管部	生产部	质量管理部	E 部门
平均制造周期	订单评审时间、跟单下单时间	仓库验收时间、出货时间	生产制造时间	物料检验时间、产品检验时间	
客户投诉率	内部有效投诉次数	配送服务满意度评分	内部有效投诉次数	内部有效投诉次数	
3 指标					
4 指标					
……					

C 部门的 KPI

KPI \ 岗位相关指标	A 岗位	B 岗位	C 岗位	D 岗位	E 岗位	F 岗位	G 岗位	H 岗位	……
a) 指标									
b) 指标									
c) 指标									
d) 指标									
e) 指标									
f) 指标									
……									

D 岗位的 KPI

图 7-8　企业 KPI 分解图例

在部门级 KPI 指标提炼的价值树分解方式里，又分为流程展开、原因展开和公式展开。下面就让我们依次用案例来说明。

流程分析法如下（见图 7-9、7-10）。

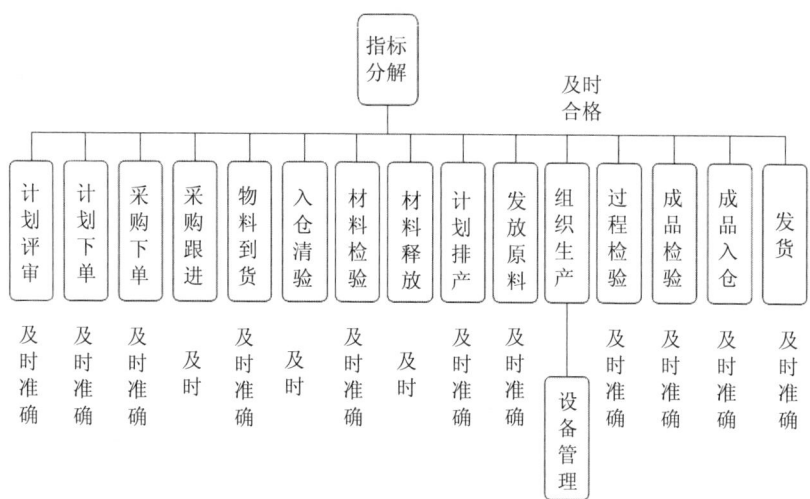

图 7-9　指标分解流程分析

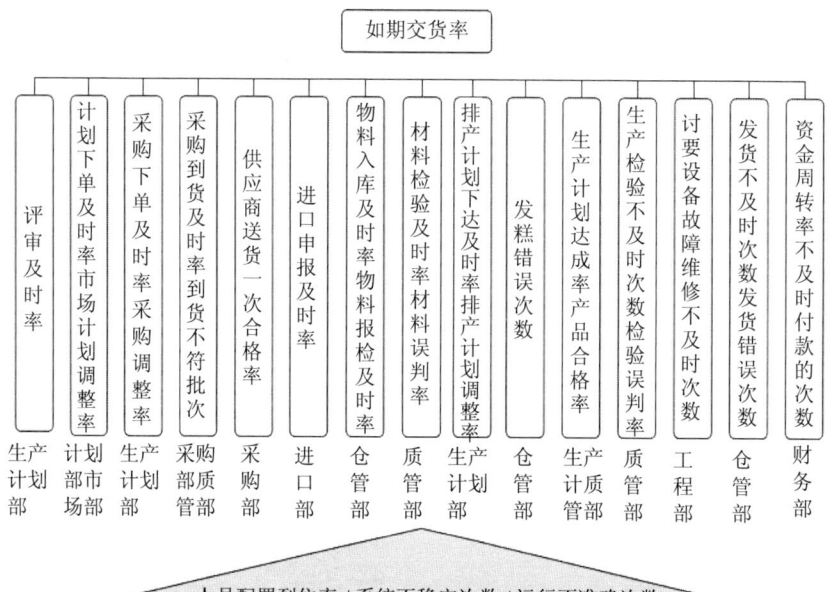

图 7-10　交货率流程分析

原因分析法如下（见图7-11、7-12）。

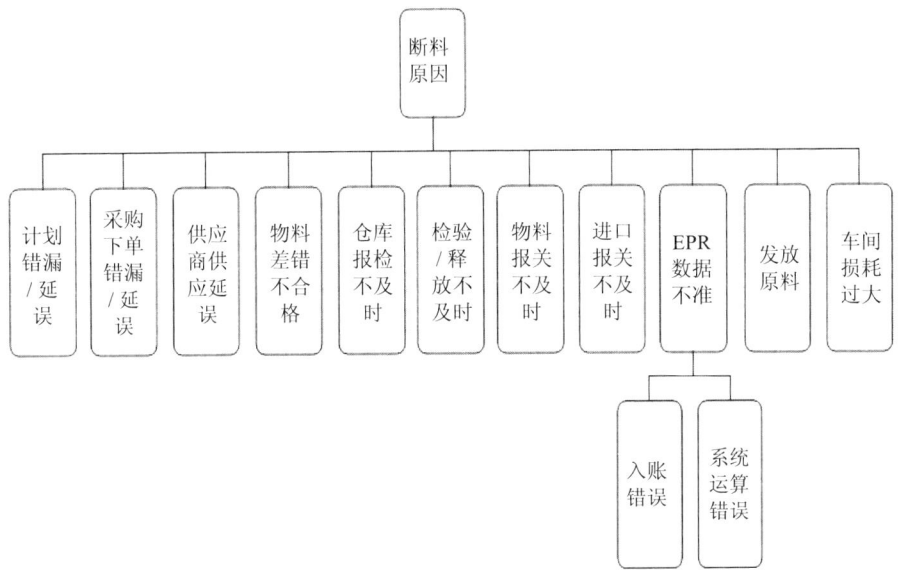

图 7-11　断料原因分析

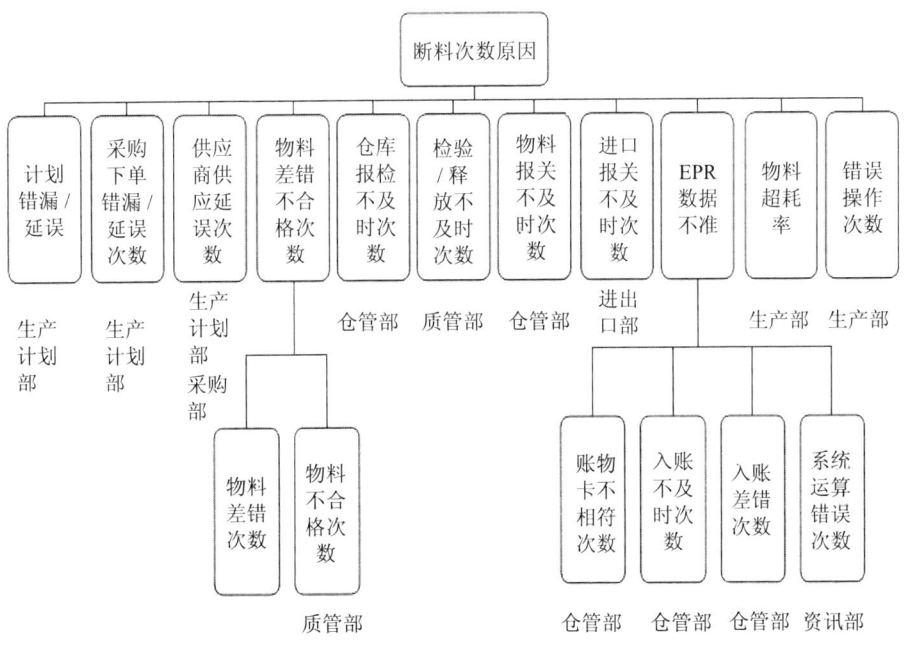

图 7-12　断料次数原因分析

公式展开法如下（见图7-13）。

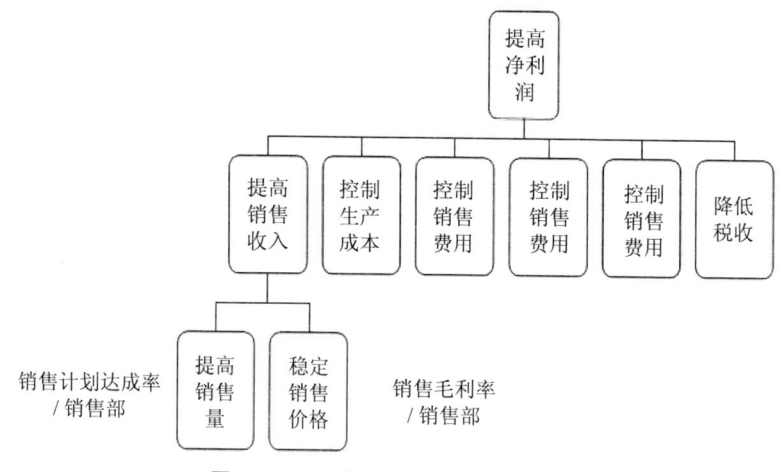

图7-13 提高净利润的公式展开

公式展开法的做法是画出公司"净利润"价值树，在各驱动因素旁列出相应指标及责任部门。

↘ 岗位KPI指标提炼

岗位级KPI指标提炼采用的是职责分析法，它分为三个步骤：熟悉并理解岗位职责定位及具体职责；分析职责的顾客/产出及需求，从而提出可衡量指标；对可衡量指标进行分析，提炼岗位KPI。

为了便于理解，我们用"招聘专员"来进行举例说明（见表7-7）。

表7-7 招聘专员岗位职责

职位名称	招聘专员	
职位目的	在人力资源战略的指引下，建立和完善招聘体系、流程及制度，编制有效的人力需求计划，拓展渠道、加强甄选，确保公司人力资源需求的最大化满足，为公司提供合适的、符合价值观的员工，从而支持人力资源战略目标的达成。	
序号	职责	权重
1	招聘体系：在完善公司招聘系统的基础上规范招聘流程，建立招聘制度，确保招聘工作的正常运作。	20%
2	人才甄选：通过分层、分类的人才评估筛选机制，建立人才甄选子系统，结合公司价值观、岗位要求、能力素质要求，确保为公司猎取优秀、适合的人才。	20%

7 全面战略绩效管理系统

（续表）

职位名称		招聘专员	
3	招聘规划与预算：根据人力战略规划，获取有效的人力需求信息，编制合理的招聘计划及预算，以支持招聘目标达成。		5%
4	招聘渠道：加大招聘渠道的广度和深度，与院校、劳动机构、扶贫机构、猎头公司等建立稳固的合作关系，确保有效的人才供应机制。		5%
5	招聘培训：根据完善的招聘流程、制度，加强对用人部门及区域招聘专业知识的培训，分析并协助解决招聘方面的问题，提升公司各级主管及招聘专员的招聘技巧，确保招聘工作的顺利进行。		10%
6	招聘实施：根据招聘制度与流程，按计划组织实施招聘工作，确保在预算内及时完成招聘任务。		20%
7	招聘评估：建立招聘评估关系，通过科学的分析方法评估招聘成本及招聘效果，并在此基础上不断改善招聘流程，确保招聘效果最大化。		10%
8	储备机制：加强人才储备意识，建立分层、分类的预警机制，对公司部分有长期需求或有预见的职位所需的人才进行合理规划、储备，满足公司发展需要。		5%
9	团队协作：与相关同事互相协作，及时提交报表、分析，配合公司及部门完成各项目交派的任务。		5%

那么，对于"招聘专员"职位，可衡量指标的提炼如下（见表7-8）。

表7-8 招聘专员岗位可衡量指标

职责	权重	产出	顾客	顾客需求	可衡量指标
招聘体系：在完善公司招聘系统的基础上规范招聘流程，建立招聘制度，确保招聘工作的正常运作。	20%	招聘流程 招聘制度	用人部门上司	及时性、有效	招聘流程制度的及时性
人才甄选：通过分层、分类的人才评估筛选机制，建立人才甄选子系统，结合公司价值观、岗位要求、能力素质模型，确保为公司猎取优秀、合适的人才。	20%	人才甄选系统	用人部门上司	及时性、有效	甄选系统建立的及时性

（续表）

职责	权重	产出	顾客	顾客需求	可衡量指标
招聘规划与预算：根据人力战略规划，获取有效的人才需求信息，编制合理的招聘计划及预算，以支持招聘目标达成。	5%	招聘计划 招聘预算	用人部门上司	及时、准确、成本合理	招聘计划编制的及时性 招聘预算执行的差异率
招聘渠道：加大招聘渠道的广度和深度，与院校、劳动机构、扶贫机构、猎头公司等建立稳固的合作关系，确保有效的人才供应机制。	5%	招聘渠道开发个数	渠道单位上司	有效、满意	招聘渠道个数 招聘渠道的满意度
招聘培训：根据完善的招聘流程、制度，加强对用人部门及区域招聘专业知识的培训，分析并协助解决招聘方面的问题，提升公司各级主管及招聘专员的招聘技巧，确保招聘工作的顺利进行。	10%	招聘培训计划 招聘培训调查问卷 招聘培训评估报告	用人部门上司	效果好、实用性强、满意	招聘培训计划达成率 招聘培训满意度
招聘实施：根据招聘制度与流程，按计划组织实施招聘工作，确保在预算内及时完成招聘任务。	20%	新员工 招聘报表	用人部门上司	及时、成本低、人岗匹配	招聘及时率 试用转正率 人均招聘成本
招聘评估：建立招聘评估体系，通过科学的分析方法评估招聘成本及招聘效果，并在此基础上不断改善招聘流程，确保招聘效果最大化。	10%	招聘评估体系 招聘评估报告	上司	及时、完整、准确、满意	招聘评估体系建立的及时性 招聘评估的满意度
储备机制：加大人才储备意识，建立分层、分类的预警机制，对公司部分有长期需求或有预见的职位所需人才进行合理规划、储备，满足公司发展需要。	5%	人才预警系统 储备计划	公司总裁上司	有效、准确	人才预警系统建立的及时性 人才未能及时预警的次数
团队协作：与相关同事互相协作，及时提交报表、分析，配合公司及部门完成各项所交派的任务。	5%	部门工作计划 部门工作报表 员工绩效计划表 员工绩效评估表	上属上司	及时、公平、满意	工作计划上报及时性 部门报表上报及时性 员工投诉率

对于"招聘专员"岗位 KPI 提炼如下（见表 7-9）。

表 7-9 招聘专员岗位 KPI

衡量指标\岗位职责	招聘流程制度的及时性	甄选系统建立的及时性	招聘计划编制的及时性	招聘预算执行的差异率	招聘渠道的个数	招聘渠道的满意度	招聘培训计划达成率	招聘培训满意度	招聘及时率	试用转正率	人均招聘成本	招聘评估体系建立的及时性	招聘评估的满意度	招聘预警系统建立的及时性	人才未能及时预警次数	工作计划上报及时性	部门报表上报及时性	员工投诉率	权重
招聘体系	3						3	1											20%
人才甄选		1					3	3											20%
招聘规划与预算			5	5			3		3										5%
招聘渠道				1	5	1			3										5%
招聘培训						1	3	3											10%
招聘实施	5		3	5					5	5									20%
招聘评估					5							3	5						
储备机制														3	5				5%
团队管理																5	3	3	5%
重要度	1.6	0.2	1.3	1.5	0.9	0.3	0.9	0.9	2.8	1.9	1.3	0.5	0.5	0.2	0.3	0.3	0.2	0.2	15.4
重要度百分比	10.4%	1.3%	8.1%	9.7%	5.5%	1.6%	5.8%	5.8%	18.2%	12.3%	8.4%	3.2%	3.2%	1.0%	1.6%	1.6%	1.0%	1.0%	100.0%

指标与岗位职责高度相似"5"表示，评分 5 分；比较相关以"3"表示，评分 3 分；一般相关以"1"表示，评分 1 分。

有一点需要注意的是，KPI 指标的个数不宜过多，一般情况下公司层面：12~15 个；高管：10~14 个；中层：6~9 个；基层：4~7 个。

7.4 如何设计科学的绩效考核表

进行绩效管理就不能没有绩效考核表。绩效考核表是对员工的工作业绩、工作能力、工作态度以及个人品德等进行评价和统计，并用之判断员工与岗位的要求是否相称的方法。让我们首先来看一个绩效考核表的案例（见表7-10）。

表7-10 某制造中心总经理考核表

序号	指标名称	权重	必保目标值	挑战目标值	评分标准	实际绩效	考核分	折算分
1	品种生产计划达成率	30%	97%	99%		100.0%	110	33
2	产品合格率	20%	95%	96%		95.5%	95	19
3	产品质量改善计划达成率	10%	90%	98%		90.0%	90	9
4	定额制造成本降低率	10%	1%	3%		2.5%	97.5%	9.75
5	人均劳动效率提高率	10%	1%	3%		0.5%	0	0
6	设备综合效率	20%	80%	86%		85.0%	98.3	19.66
被考核人：			考核人：			总分		90.41

上表是某制造中心总经理职位的绩效考核表与打分情况，我们可以看到，其中首先需要做的是定义考核指标，只有对考核指标定义清楚、界定清楚，才知道考核什么内容。考核指标的定义包括指标定义及指标计算公式。指标定义

的最终目标是确保指标不产生歧义，考核时不扯皮（见表 7-11）。

表 7-11　考核指标定义与指标公式

考核指标	指标定义	指标公式
人均招聘成本	每位录用员工的平均直接招聘成本支出。直接招聘成本包括招聘差旅费、网络费、现场招聘费等。	人均招聘成本＝直接招聘成本／录用人数，直接招聘成本＝差旅费＋网络费＋现场招聘费等

上表是针对招聘专员岗位"人均招聘成本"指标的定义与指标公式。其中需要注意的是，指标定义中需要进一步明确定义里的内容，同时指标公式中如果有涉及子公式的，需要进一步明确子公式。

明确了考核指标后，接下来就是权重（分值）的设计。我们可以采用以下方式来为考核指标设计权重（见表 7-12）。

表 7-12　权重（分值）设计

	5	4	3	2	1
上级重视度	主管平日非常重视此项目，常提起	常提起及工作	偶尔会要求	相当少要求	从未提起此项作业
是否表现业绩	认为此工作做好，可完全表现本单位之绩效	可适度表现本单位绩效	普通	有一点点表现	完全不担心
本身担心度	此作业及评价项目，自己担当担心做不好	会担心做不好	普通	偶尔才想起此事，不大担心	完全不担心
发生频率	频度很高，每日发生	每月发生 1-3 次	每月发生一次	一年有数次	一年才一两次

KPI 项目权数的计算公式为：某 KPI 项目之权数＝（某 KPI 项目重要度点数／所有 KPI 项目重要度点数之和）*100%。下面表格内容可以供参考（见表 7-13）。

表 7-13 权重计算表

序号	指标名称	上级重视度	上否表现业绩	本身担心度	发生频率	权重（理论值）	权重（实际值）
1	收入完成率	5	5	5	5	31.7%	30%
2	新产品销售占比	5	4	3	2	22.2%	25%
3	回款率	4	4	2	2	19.9%	20%
4	客户满意度	3	3	2	2	15.9%	15%
5	销售费用率	2	1	2	2	11.1%	10%

在绩效考核表里，接下来就是对指标目标值进行分解确定。我们可以采用以下几种方法：

- 行业标杆法：这是以行业中标杆企业为标准的一种方法。比如合格率，标杆企业是 98%，自己的企业是 92%。那么考核指标定多少合适？一般而言会采用（标杆＋企业去年）/2，分三年实现的方式更为科学。

- 历史比较法：比如合格率，2013 年 95%，2014 年 97%；2015 年 90%，2016 年 96%。那么 2017 年定多少呢？一般要选择过去年份里最好的标准再结合标杆进行确定。

- 策略分析法：比如企业去年销售额 1 个亿，那么新策略是两个新产品上市——1800 万，广告投入带来销售额——1000 万。于是今年的销售目标就为 1.3 亿。

- 资源调整法：2016 年合格率为 95%，为提高 2017 年合格率，公司计划投入新检测设备，加大培训，建立 ISO9000 体系，合计投入 300 万。假设 2017 年产值为 1 亿，那么 2017 年的合格率要多少才能收回成本？这就是计算的思路。

- 竞标法

- 战略分解法

- 竞争对手速度比较法

针对目标值设定有两个要求和一个支持，它们分别是要求可达成，要求有挑战性；对于极具挑战性的指标，企业应该提供资源支持。

关于 KPI 评分办法及标准思路可根据指标不同采用不同的评分办法。

一般建议用以下比例法，以达到内部评分尺度一致。

必保目标对应 90 分，挑战目标对应 100 分，必保目标与挑战目标间线性加分。超出挑战目标，双倍线性加分，封顶 110 分。低于必保目标，双倍线性扣分，低于某值（不可接受值）该项不得分（见表 7-14）。

表 7-14 KPI 评分办法表

指标	必保目标	挑战目标	评分标准
招聘及时率	80%	90%	达到必保目标为 90 分，达到挑战目标 100 分，必保目标与挑战目标间线性加分；超出挑战目标加倍分，最高封顶 110 分；低于必保目标加倍扣分，低于必保目标的 60%，本项不得分。

对基于过程导向的绩效考核而言，绩效考核表可以设计成以下样式（见表 7-15）。

表 7-15 基于过程导向的绩效考核

序号	工作目标	权重	评分标准	完成情况（自述）	考核分	折算分
1	3 月 15 日前提交质量改善科研项目方案	10%	按时完成得 90 分，推迟扣 10 分/天；每否 1 次扣 20 分	15 日提交通过		
2	3 月 20 日前提交积压产品处置方案	10%	按时完成得 90 分，推迟扣 90 分/天；每否 1 次扣 20 分	22 日提交通过		
	小计	20%	GS 得分			

对于 GS 来源，可以从"为了完成 KPI 所要采取的重要策略之行动计划"和"项目任务：对部门有重大意义的管理工作或上级交办的重要任务"中获得。

对关键素质指标 (KCI) 的考核而言，同样也有一套考核方法。

以"责任心"为例，该素质是职业化的一种具体表现。它反映了一个人对属于自己职责范围内的工作，能认真、全面、及时、不打折扣完成的程度。我们可以把这项指标的达成率分为不同的级别：

- 1级接受任务：对职责范围内的工作任务，不推托，不讨价还价，能及时响应。
- 2级落实完成：对职责范围内的工作进展情况，及时进行核查，对发现的问题采取必要的行动，以保证工作按要求完成。
- 3级尽职尽责：在工作中，面临需要同时处理职责内和职责外的任务时，能够主动采取应对措施，保证不因为职责以外的任务而影响职责内的工作完成情况。不以职责外的工作负担作为解释未完成职责内任务的理由。
- 4级光明磊落：公开承担本职工作中的责任问题。主动向上级报告工作中出现的重大过失以及造成的损失，不欺上瞒下，并及时主动地采取补救和预防措施，防止类似问题再次发生。
- 5级克己奉公：当完成工作职责面临巨大压力时，仍能不折不扣地完成职责范围内的工作，不介意个人受到损失（该损失包括实际利益、名誉、升迁渠道、人情世故、心理压力、内心冲突甚至煎熬等）。例如不怕别人嘲笑，不怕与他人发生冲突，制止有损于自己职责范围内的事情；也包括在受威胁、受委屈或被错误对待后依然能够有强烈意愿和实际行为投入到工作中。

然后根据被考核者表现出的行为，确定考核的等级与分数。让我们来看下面的案例。

以下是您的下属小李在考核期间的工作与行为表现，请您就以下的描述，给予适当的评价。

依据纪录显示，这段期间小李对您初期所设定的工作目标，依照当时约定的衡量标准，达成率为120%，应评定为特优。

小李所推动之工作，需经常与其他单位的相关人员或主管沟通协调，有时也需要与内部同仁合作配合。期间，虽然偶尔会发生些小争执，但是却都能够顺利化解，整体而言，所有工作都能在良好的气氛下完成。

小李的工作属于较为独立负责之专案作业性质，虽说其中需他人协助与配合，但成败仍归小李承担。不过，通常在工作成果检讨报告中，小李均能很中肯的自我评估，对于相关人员的协助与贡献，也都能据实以报。

小李平日对于其他同仁或其他单位的请求支援，都能适时配合，且并不在意对方是否有所回报，或是公平呈报他的功绩。但是可能因为其自己工作的问题，所以较少主动询问或争取参与他人工作。

公司期望每位员工一年至少参与84课时以上训练课程，但是小李只参加了与晋升有关的28小时训练课程。

小李经常晚上加班1~2小时，且从不申报加班费，不过他经常会迟到10~20分钟，也曾经有10次未事前告知即未进公司（据表示是在外洽公）。虽未造成任何内部运作上的困扰，但已经有一些部内同仁抱怨与批评，也是由于未产生作业困扰，你尚未与其谈过此事。

小李平日几乎不参加公司任何活动，即使参加也是一会儿就离开，也没有参与任何公司内的社团活动。至于部门活动参与性还算好，能够达到50%左右。不过，对于一些公司募款或是社会急难救助捐款，却从来不小气，出手相当大方，是一位很有同情心的人。

据上，我们将小李的行为用综合素质评分表来对照一下（见表7-16）。

表7-16　公司综合素质评分表

考核项目	评等	X(特优 100—90分)	T(优 90—80分)	E(可 80—70分)	N（差 70分以下）
沟通协调与人际关系		在任何情况下都能充分与他人沟通协调，有效地找出最佳对策，达成共识，并能够协助他人化解冲突，促成合作关系，人际关系极佳。	能够充分与他人交换意见，并愿意互相配合调整立场，达成共识，人际关系良好。	大多数时候能与他人做良好的沟通协调，但偶尔会因为彼此坚持己见，而引发不必要的冲突，人际关系尚可。	经常与他人发生意见上的冲突，甚至偶尔会因此造成对公司或团体的伤害。人际关系欠佳。

(续表)

考核项目	评等	X(特优 100—90 分)	T(优 90—80 分)	E(可 80—70 分)	N(差 70 分以下)
团队合作		对任务的达成能够全心投入，主动与他人协调配合，并乐于协助他人，有效地整合跨单位资源与力量，对提高团队效率有很大贡献。	能够主动配合公司与他人，提供必要的协助，并积极参与团体活动，为达成团队目标不遗余力。	能够与上司及同仁配合，有效达成个人本分的工作，并适度的参与团体活动。	坚持于个人专业领域，无法与他人配合，偶尔会因个人因素影响团队进度与目标达成。
学习创新		能够主动自我充实，积极参加训练课程，对新知识与新资讯的吸收力强，并能学以致用，引进适合公司或团体的新方法及新构想，对组织的学习与成长有重大贡献。	能主动积极的自我充实，配合公司政策，学习新观念、新方法，并能学以致用，经常性进行工作改善。	能配合公司教育训练规划，适时学习吸收新观念、新方法，有时会运用于本身工作的改善。	固守既有的知识经验，很少参与训练，自我充实意愿不足，且很少提出改善建议与新构思。

根据小李上述的表现，结合综合素质考核评分表，我们可以粗略地把小李的分数设定在80~90分区域内。

7.5 如何确保绩效获得

提炼出关键的绩效考核指标后，如何实现是一个关键问题，它是确保绩效考核有效性的唯一途径。

想要实现就需要制定绩效计划。绩效计划是被评估者和评估者双方对员工应该实现的工作绩效进行沟通，并将沟通的结果落实为订立正式书面协议，即绩效计划和评估表，它是双方在明晰责、权、利的基础上签订的一个内部协议。绩效

全面战略绩效管理系统

计划的设计从公司最高层开始,将绩效目标层层分解到各级子公司及部门,最终落实到个人。对于各子公司而言,这个步骤为经营业绩计划过程;而对于员工而言,则为绩效计划过程。绩效计划体现了上下级之间承诺的绩效指标的严肃性,使决策层能够把精力集中在对企业价值最关键的经营决策上,确保企业总体战略的逐步实施和年度工作目标的实现,有利于在企业内部创造一种突出绩效的企业文化。

让我们来看生产部门完成 KPI 的策略计划表(见表 7-17)。

表 7-17 生产部门完成 KPI 的策略计划表

序号	KPI	策略	达到目标要求	所需资源支持
1	品种生产计划达成率	1-1、规范周度生产作业排程 1-2、理顺一、二厂生产链接 1-3、配合调整常规品清单,减少临时订单	1-1、3月10日前确定周度生产作业排程计划编制流程及规范要求; 1-2、每周一召集一二厂生产协调会,分析待科情况,提出改进措施; 1-3、月底前配合计划物控部、营销中心根据前期发货情况,修订常规品种清单,减少临时订单品种。	
2	产品合格率	2-1、分解外部质量事故考核方案 2-2、正式实施 OQC	2-1、根据质量管理部确定的外部质量事故考核方案,5日前分解到相关部门; 2-2、10日前确定 OQC 检验规程,开始正式实施,控制不合格产品出库。	质量管理部提供考核方案
3	产品质量改善计划达成率	3-1、按计划组织实施质量改善计划 3-2、组织质量体系内部审核 3-3、提交质量改善科研项目方案	3-1、10日前制定质量改善计划,重点关注①QC小组活动;②工序能力指数测算;③轧辊装配;④狼牙针布合格率达标;⑤截切型盖板挂花工艺试验;⑥固定盖板去毛刺设备完成选型。 3-2、13日前修订质量体系内部审核方案,后按计划实施; 3-3、3月15日前提交质量改善科学项目方案。	质量管理部提供 QC、工程能力指数测算培训

上表是产品生产部门的绩效计划案例,从中我们可以看到在对应的 KPI 指标后分别包含了策略、达到目标要求以及所需资源支持的说明,这就是完整的绩效计划表。

绩效计划分为三个步骤:

↘ 与下属设定目标(KPI)

绩效计划通常是通过管理人员与员工双向沟通的绩效计划会议得到的,为了使绩效计划会议取得预期的效果,事先必须准备好相应的信息,这些信息主要可以分为三种类型。

第一种是关于企业的信息。为了使员工的绩效计划能与企业的目标结合在一起,管理人员与员工将在绩效计划会议中就企业的战略目标、公司的年度经营计划进行沟通,并确保双方对此没有任何异议。因此,在进行绩效计划会议之前,管理人员和员工都需要重新回顾企业的目标,保证双方都已经熟悉企业的目标。

第二种是关于部门的信息。每个部门的目标是根据企业的整体目标逐步分解而来的。经营的指标不但可以分解到生产、销售等业务部门,而且对于财务、人力资源部等业务支持部门而言,其工作目标也与整个企业的经营目标紧密相连。比如公司的整体经营目标是将市场占有率扩展到60%、在产品的特性上实现不断创新、推行预算,降低管理成本等。

人力资源部作为一个业务支持部门,在上述的整体经营目标之下,可以将部门的工作目标设定为:建立激励机制,鼓励开发新客户、创新、降低成本的行为;在人员招聘方面,注重在开拓性、创新精神和关注成本方面的核心胜任素质;提供开发客户、提高创造力、预算管理和成本控制等方面的培训。

第三种是关于个人的信息。关于被评估者个人的信息主要有两方面,一是工作描述的信息,二是上一个绩效期间的评估结果。在员工的工作描述中,通常规定了员工的主要工作职责,以工作职责为出发点设定工作目标可以保证个人的工作目标与职位的要求联系起来。工作描述需要不断地修订,在设定绩效计划之前,对工作描述进行回顾,重新思考职位存在的目的,并根据变化了的环境调整工作描述。

↘ 分享完成KPI的策略

绩效计划是双向沟通的过程,绩效计划的沟通阶段也是整个绩效计划的核心阶段。在这个阶段，管理人员与员工必须经过充分的交流，对员工在本次绩效期间内的工作目标和计划达成共识。

在进行绩效计划会议时，需要双方讨论岗位的具体工作职责，管理人员和员工都应该知道公司的要求、发展方向以及对讨论具体工作职责有关系和有意义的其他信息，包括企业的经营计划信息、员工的工作描述和上一个绩效期间的评估结果等。根据这些信息以及员工的实际工作能力，来确定一个合理的完成 KPI 指标的实施策略。这一步是确保绩效计划能够实现的关键步骤。

↘ 制定实施策略的具体行动计划

在制定绩效计划的过程中，制定具体的行动计划是最后一个步骤。在这个过程中要注意以下两点。

第一，在绩效计划过程结束时，管理人员和员工应该能以同样的答案回答几个问题。这些问题包括：

- 员工在本绩效期内的工作职责是什么？
- 员工在本绩效期内所要完成的工作目标是什么？
- 如何判断员工的工作目标完成得怎么样？
- 员工应该在什么时候完成这些工作目标？
- 各项工作职责以及工作目标的权重如何？
- 哪些是最重要的，哪些是其次重要的，哪些是次要的？
- 员工的工作绩效好坏对整个企业或特定的部门有什么影响？
- 员工在完成工作时可以拥有哪些权力，可以得到哪些资源？
- 员工在达到目标的过程中会遇到哪些困难和障碍？
- 管理人员会为员工提供哪些支持和帮助？
- 员工在绩效期内会得到哪些培训？
- 员工在完成工作的过程中，如何去获得有关他们工作情况的信息？
- 在绩效期间内，管理人员将如何与员工进行沟通？

第二，当绩效计划结束时，应达到以下结果：

- 员工的工作目标与企业的总体目标紧密相连，并且员工清楚地知道自己的工作目标与企业的整体目标之间的关系。
- 员工的工作职责和描述已经按照现有的企业环境进行了修改，可以反映本绩效期内主要的工作内容。
- 管理人员和员工对员工的主要工作任务，各项工作任务的重要程度，完成任务的标准，员工在完成任务过程中享有的权限都已经达成了共识。
- 管理人员和员工都十分清楚在完成工作目标的过程中可能遇到的困难和障碍，并且明确管理人员所能提供的支持和帮助。
- 形成一个经过双方协商讨论的文件，该文件中包括员工的工作目标，实现工作目标的主要工作结果，衡量工作结果的指标和标准，各项工作所占的权重，并且管理人员和员工双方要在该文件上签字确认。

7.6 绩效面谈大有学问

绩效管理体系少不了人与人之间的沟通，尤其是当绩效与个人收入紧密结合在一起的时候，对绩效结果的评定就会牵动所有员工的神经，因此沟通就显得更为重要。绩效沟通是通过面谈的方式由主管为员工明确本期考核结果，帮助员工总结经验，找出不足，与员工共同确定下期绩效目标的过程（见图7-14）。

绩效沟通的目的包括以下几项内容。

评估业绩，即总结上一绩效周期内的工作，评估绩效结果与绩效标准之间的差距，从而界定下属的业绩达成情况，并在面谈中就评估结果与下属进行沟通。

改善业绩，即结合上一个绩效周期内下属的业绩达成情况，展望下一个绩效周期，提出改善绩效的策略和新的绩效标准。

提供指导，结合下属在上一绩效周期内的绩效表现和行为表现，为下属的个人发展提供建议和指导。

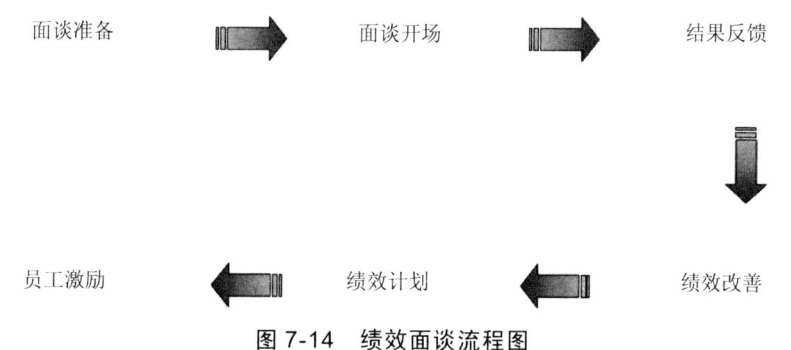

图 7-14　绩效面谈流程图

图 7-14 是绩效面谈的流程，按照这一流程在绩效面谈时所沟通的主要内容包括以下几个方面。

工作业绩。通过对绩效结果的反馈，总结绩效达成的经验，找出绩效未能有效达成的原因，为以后更好地完成工作打下基础。

行为表现。除了绩效结果以外，主管还应关注下属的行为表现，比如工作态度、工作能力等。对工作态度和工作能力的关注可以帮助下属更好地完善自己，并提高技能，也有助于帮助员工进行职业生涯规划。

改进措施。在面谈过程中，针对下属未能有效完成的绩效计划，主管应该和下属一起分析绩效不佳的原因，并设法帮助下属提出具体的绩效改进措施。

新的目标。绩效面谈作为绩效管理流程中的最后环节，主管应在这个环节中结合上一绩效周期的绩效计划完成情况及下属新的工作任务，和下属一起提出下一绩效周期中的新的工作目标和工作标准，这实际上是帮助下属一起制定新的绩效计划。

既然是面谈沟通，就必须要有一定的技巧。我们可以运用下面这些技巧来获得更好的沟通效果。

- 明确绩效面谈的目的。在阐述面谈的目的时，主管应尽可能使用比较积极的语言，比如"我们今天面谈的主要目的是讨论如何更好地改善绩效，并且在以后的工作中需要我提供什么指导，以便我们能共同完成任务"。
- 鼓励下属充分参与。即使对下属的工作有不满意的地方，也要耐心倾听下属内心的真实想法。
- 关注绩效和行为，而非个性。在面谈中要坚持"对事不对人"的原则。
- 以事实为依据。如果主管发现下属在某些方面的绩效表现不好时，尽量收集相关信息资料，并结合具体的事实指出下属的不足。
- 避免使用极端化字眼，造成情绪对立。极端化字眼包括"总是、从来、从不、完全、极差、太差、决不、从未、绝对"等语气强烈的词语。比如"你对工作总是不尽心，总是马马虎虎"。
- 以积极的方式结束面谈。比如可以充满热情地和员工握手，并真诚地说："我感觉今天的沟通非常好，也谢谢你以前所做出的成绩，希望将来你能够更加努力地工作，如果需要，我将全力帮助你。"

绩效面谈是绩效管理工作中非常重要的环节，是管理者对员工的绩效表现进行交流与评价，确定员工本周期绩效表现，然后根据结果，与员工做一对一、面对面的绩效沟通，将员工的绩效表现通过正式的渠道反馈给他们，让员工对自己表现好的方面和不好的方面有全面的认识，以便在下一个绩效周期做得更好，达到改善绩效的目的。

7.7 绩效管理的其他疑难杂症

在绩效管理体系内有一些非常敏感的问题，如果处理不好将会对企业造成很大的负面影响，在本节我们就来对这些问题进行一一论述。

首先是绩效结果的运用问题。当绩效考核结果出来后，如何针对考核结果进行相对应的奖惩是一个非常敏感的问题。很多企业考核轰轰烈烈，但对考核结果的运用却相对缺失，究其原因是缺乏评定的规则和依据。那么如何来根据考核结果评定员工呢？

其实，我们可以根据考核结果中 KCI 与 KPI、GS 的得分表现来设置绩效考核的奖惩机制，这样就能够把绩效考核的结果运用到实际中去了（见图 7-15）。

综合素质（KPI）	低	中	高 工作绩效 KPI+GS
高	有欠缺者 ·暂停加薪及晋升机会 ·要求努力工作提高绩效 ·轮换岗位给予第二次机会	优秀者 ·奖励：加薪及较多的奖金 ·鼓励：争取更大绩效 ·机会：具有晋级的条件	非常优秀者 ·各种机会和奖励 ·高额加薪及奖金 ·连续获得则可优先晋级 ·其他各种奖励
中	有问题者 ·停止一切机会与奖励 ·在绩效方面严格要求，并要求参加培训和学习 ·进入观察期，考虑下一步如何处理 ·考虑减薪	表现尚可者 ·对加薪和晋升均需慎重考虑 ·提出绩效要求 ·培训提高能力/技能，但不要让他们阻碍部门中有才华的员工发展	优秀者 ·奖励：加薪及软多的奖金 ·鼓励：继续提高素质 ·机会：具有晋级的条件
低	失败者（10%） 立即淘汰	有问题者 ·停止一切机会与奖励 ·在能力和素质方面严格要求，并要求增加绩效 ·进入观察期，考虑下一步如何处理 ·考虑减薪	有欠缺者 ·暂停晋升机会 ·给一年的机会要求其提高能力和素质 ·要求其参加培训和学习

图 7-15 绩效考核结果的运用

绩效管理的另一个难题是内部公平性的问题。公平、公正、公开作为考核的一项基本原则，是任何企业考评的生命线，这样一来，如何保证绩效考评内部公平就显得尤为重要。

首先，丧失了公平性的绩效管理不仅会引发企业内部的不良工作氛围，还容易引起情感冲突。绩效考核离不开计算考核成绩，作为员工都会关心自己的绩效成绩，大家都希望名列前茅。绩效考核造就优秀者的同时也造就了落后者，容易把企业员工分成不同的小团队，组织内部钩心斗角，造成不良的工作氛围，影响团队士气，不利于鼓励员工创造性地、保质超量地完成工作，从而影响组织绩效考核目标的实现。考察显示，绩效考评还容易引起情感冲突。这些只要有考评就不可能避免，只能在重视的同时降低其风险。

其次，绩效考核会在团队内形成一种作弊风气。为了追求高的绩效考核得分，一些个人可能为了完成考核指标，采用非常手段，凑指标完成任务，事实上绩效考核制度或者岗位职责可能无法涵盖员工所有的工作内容，有些工作无法定量考核，员工为了获得好的考评结果，只做与指标相关的工作，为了考核而考核。甚至为了个人利益而牺牲公司利益，比如销售团队为了拼业绩，可能无视项目的利润或质量。

除了上述的负面影响外，丧失了公平性的绩效考核还有很多其他方面的负面影响，比如导致企业业绩下滑，优秀人才流失等。

想要实现绩效考核的内部公平需要做到以下几点：

↳ 绩效考核的正态分布

正态分布是概率论中最重要的一种分布，也是自然界事物最常见的一种分布状态（见图7-16）。正态分布的事物具有稳定性，具有良好的发展方向，人们的工作能力和绩效成绩也将遵循这一分布规律。

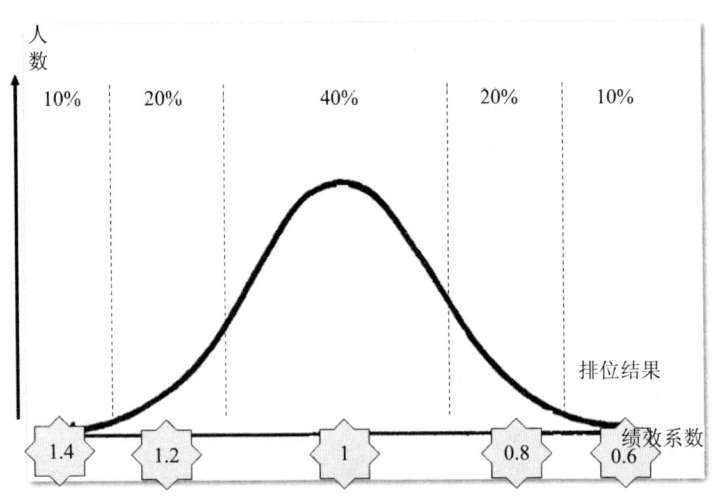

图7-16 绩效考核正态分布图

对于绩效系数，我们可以进行设定，比如设定绩效分数 80 分为系数 1（见表 7-18）。

表 7-18 绩效分数换算表

绩效分数	绩效系数
…	…
90 分	1.2
85 分	1.1
80 分	1
75 分	0.9
70 分	0.8
…	…

正态分布是为了区分绩效优秀与绩效不好的员工，根据 80/20 管理定律，20% 的优秀员工创造了企业 80% 的业绩，同时也避免了考核结果过于集中的情况。它是一种客观保证考核公平性的辅助方式。

↘ **根据绩效等级调整内部员工硬性排名比例**（见表 7-19）

表 7-19 内部员工硬性排名比例表

单位绩效等级	A	B	C	D	E
A 部门	10%	15%	60%	15%	0%
B 部门	5%	15%	60%	15%	5%
C 部门	0%	15%	60%	15%	10%
D 部门	0%	10%	60%	20%	10%
E 部门	0%	0%	60%	20%	20%

通过这种方式，可以确保绩效结果在所有考核人员的心中先期形成一个大致的范围概念。硬性排名比例的存在使绩效考核成绩不佳的员工也能够提前做好心理准备，避免失控的情况发生。

↘ 员工绩效分数的二次平衡

这里所说的二次平衡实际上是对已经得出的绩效分数进行二次校正的过程。为什么部门员工的绩效分数需要进行二次平衡？第一个原因是初期目标值可能不准，部分指标没有历史及行业数据参考以及各主管管理风格不同；第二个原因是评分时可能不准确，数据收集不准、不到位，各主管评分宽松不一。

我们来看下面这个二次校正的示例（见表 7-20）。

表 7-20 二次校正表

公司部门绩效平均分		96.67	公司员工考核平均分		89.81			
A 部门评分			B 部门评分			C 部门评分		
100			110			80		
员工	评分	校正评分	员工	评分	校正评分	员工	评分	校正评分
A1	80	85.33	B1	75	98.33	C1	95.00	73.33
A2	90	95.48	B2	80	104.88	C2	98.00	75.65
A3	85	90.18	B3	70	91.77	C3	100.00	77.19
A4	87	92.30	B4	80	104.88	C4	90.00	69.47
A5	90	95.48	B5	75	98.33	C5	98.00	75.66
A6	88	93.36	B6	82	107.50	C6	97.00	74.87
A7	90	95.48	B7	85	111.44	C7	95.00	73.33
A8	91	96.54				C8	99.00	76.42
A9	85	90.18				C9	100.00	77.19
A10	85	90.18						
员工平均分	87.1		员工平均分	78.14		员工平均分	96.89	
部门绩效校正系数	1.03		部门绩效校正系数	1.14		部门绩效校正系数	0.83	
员工评分校正系数	1.03		员工评分校正系数	1.15		员工评分校正系数	0.93	

其中：

部门绩效校正系数 = 部门考核分 / 公司部门绩效平均分

员工评分校正系数 = 公司员工考核平均分 / 部门员工平均分

员工校正评分 = 员工评分 * 部门绩效校正系数 * 员工评分校正系数

综上所述，绩效管理是整个企业的共同责任。

对总经理而言，他是绩效管理的全面组织及推动者，领导、支持和推动公司绩效管理体系向深入开展。

对人力资源部而言，它是绩效管理制度、流程的制定者，绩效管理推行的具体组织者、技能的辅导者、监控者，绩效管理方案的改善者。

对部门经理而言，他是绩效管理的第一直接责任人，是目标的制定者、过程的管控者、员工能力的辅导者、绩效考核者、绩效改善方案的制定者。

对员工而言，他是绩效的主人、直接责任人，是计划的执行者、绩效的完善者、绩效的被考核者、绩效改善方案的执行者。

PART 8
建立以行为标准为基础的九段任职资格体系

在企业里有这样一种员工,他们对升职进入企业管理层没有兴趣,只是希望能够在本职工作岗位上得到能力的提升,练好内功,从而提升自我价值。尽管有一句俗话说:"不想当将军的士兵不是好士兵。"但如今的时代不同了,即使没有"管理梦",也不能说明这样的员工不是好员工,因为他们有"技术梦"。

可是,在大多数企业里,如果没有升迁,工资是很难涨的,也就是说如果一个员工没有"管理梦",那么他的"加薪梦"就很难实现。如果一家企业建立的是这种薪酬体系,那么对于这样的员工而言就是不公平的,难道不升职就不能涨工资吗?

企业的人力资源管理应当充分考虑这个问题,因为这会严重影响普通员工的个人发展与工作热情,本章我们就来看看不升职也能涨工资的方法。

8.1 何为九段？

任何职位其实都存在不同的等级，就像从前工厂里的一级工、二级工一样，这种对工人级别的划分实际上建立在工人技术水平的差异上，而不同级别的工人所拿到的工资是不一样的，这就体现了相同职位不同水平不同待遇。

随着社会经济形态的变化，工人的等级划分逐渐被职位划分所取代，更高水平的员工成为了管理者，以此来获得更高的工资回报。然而，对于前文我们提到的那类没有"管理梦"，只有"技术梦"的员工而言，实际上是变得不公平了。因为如果长期待在同一个岗位上，想要加薪是非常困难的，只有通过工龄的延长来获得很少的工资增加。

大多数企业都采用了这种方式，但这并不是最佳的方式，很显然它存在弊端。比如，对于技术获得提升的员工，如果岗位不变、工资不变，则不能体现出个人因技术提升而提升的贡献度与价值，这会挫伤员工的工作热情。于是我们看到人员流动成为了当今企业的代表特性。"我能力强了，既然你不认可，那么我就找一家认可我的企业。""涨工资靠升职，升职不了就跳槽！"这就是这类员工普遍的心声。

那么如何帮助企业留住这类员工呢？答案就是为职位划分段位。"九段"是一个泛指，可以在某个序列设计三段，也可以设计五段，当然也可以设计九段。

本书的主题既然是人力资源，那么根据目前企业人力资源管理的现状，我首先以企业人力资源管理岗位为例，把它划分为九个不同的段位，就像围棋界的九

8 建立以行为标准为基础的九段任职资格体系

段棋手一样。感兴趣的读者朋友们可以对号入座，看看自己企业的 HR 到底属于哪个段位（见图 8-1）。

九段 HR

| 一段 HR："发消息，等消息"。发了招聘信息，等待结果。 |
| 二段 HR："做跟踪，求质量"。跟踪招聘情况，务求确保质量。 |
| 三段 HR："凭经验，做判断"。用自己丰富的人生经验和标准做判断。 |
| 四段 HR："做标准，严考核"。用科学的标准与流程把招聘流程机制化。 |
| 五段 HR："做交底、给推荐"。给下道工序做交底，提供更佳客户价值。 |
| 六段 HR："做培训、做监督"。帮新员工做业务与文化训练，督促其成长。 |
| 七段 HR："做文化、做推动"。做文化与价值观推动，为团队注入灵魂。 |
| 八段 HR："做战略、做梯队"。结合公司战略，做战略 HR 梯队并执行。 |
| 九段 HR："做流程、做传承"。将工作流程机制化，为公司持续运营留下原则与财富。 |

图 8-1 人力资源岗位的"九段 HR"

一段 HR："发信息，等消息"。

一段 HR 的特点是把招聘信息发出去，然后等待应聘的简历或消息，发布的渠道也许是网站、人才市场或猎头公司，反正是发出去了，把发出去当成结果。

二段 HR："做跟踪，求质量"。

二段 HR 发出信息，还要收集接收到的招聘信息，确定数量的多少、质量的高低，并分析判断其招聘渠道的有效性，如有必要会及时做出调整，最大限度地获得高质量的应聘信息。因此二段 HR 经理不但跟踪分析，还将高质量的应聘量作为自己的结果。

三段 HR："凭经验，做判断"。

三段 HR 做好了前两段，求职者来了，但面试没有标准、没有流程，只是大致有个面试提纲或领导的要求，然后就去面试应聘者，其沟通内容与面试效果，凭的是自己丰富的经验。大多数招聘来的员工能够适岗，但质量却无法保证，面试方法也得不到传承。

四段HR："做标准，严考核"。

四段HR知道光有经验还不行，开始"做标准，严考核"。根据岗位要求，与用人部门共同制定岗位应试标准、招聘方法和流程，提出资格、文化与业务考核操作方案，将招聘机制化。这样的结果达到了底线，但对应聘者了解却并不一定深刻。

五段HR："做交底、给推荐"。

五段HR不但做好前面的四段工作，而且在提交面试报告之后，要向用人部门领导做"招聘交底"，对面试报告中记载的事实与数据，做一个细致的讲解，让部门领导对要参加复试的人员有一个更加深刻的了解，提高下一步招聘考核的质量。有必要的话，HR会在复试后结合初试结果提出参考意见。

六段HR："做培训、做监督"。

六段HR则不是把人送到部门就算完成工作，而是通过开展系统性的培训，让新员工尽快适应公司的文化、业务、工作节奏，帮助新员工经受住试用期的考验，努力成为正式员工。同时，他还要把培训当成重点的考核机制，监督新员工在各部门的表现，健全考核机制，给出合格与不合格的建议，以避免公司与员工出现双输的结果。

七段HR："做文化、做推动"。

七段HR不只是将自己定位于HR主管，而是要将自己定义为公司文化的主要推动者之一，协助主管领导做公司文化的建设与推动，把员工的成长放在首位，帮助员工做个人战略规划、提高职业化水平，树立公司提倡的价值观，为团队输入强大的精神动力等。所以对七段HR来说，让员工在公司中成长起来，为客户、为公司、为自己创造更大的价值才是结果。

八段HR："做战略、做梯队"。

八段HR首先要理解公司战略，并与其保持高度一致，根据公司战略，制定出符合企业要求的人才规划，并执行到底。为公司战略实施提供强大的人力资源支持。所以，做好战略性人才储备，完善公司人才竞争机制，优化员工队伍是八段 HR 追求的结果。

九段 HR："做流程、做传承"。

九段 HR 不仅是公司执行的标兵、职业化的表率，同时也是公司的文化推动者和人才战略的实施者，他从战略的角度考虑公司持续性发展。因此，九段 HR 要做招聘工作的工业化，就是将上面做的工作标准化、流程化、工具化、传承化，为公司持续运营留下原则与财富。

上述就是我对 HR 职位的段位划分，从这个划分我们可以看出，越接近九段，实际上企业的人力资源管理就越接近"战略人力资源管理"的要求；而段位越低，则表明企业的人力资源管理越"low"。因此，我们也可以把 HR 职位的九段晋升看作是普通人力资源管理向战略人力资源管理过渡的过程。

在这里我要强调，"九段 HR"是要让企业总裁与所有部门经理都来参与人力资源管理，并把自己的段位提升到"九段"，从而实现企业全员人力资源管理的目标。而对于职业段位设计而言，只有达到了"九段 HR"的标准，才能够设计出"九段岗位任职资格体系"。反过来看，如果一个企业的人力资源管理者能够达到"九段"标准，那么可以说这个企业的人力资源管理水平就相当高了。

企业的任何职位都存在着类似的段位划分。我所设计的专业九段员工标准其实就是在分析企业未来发展战略的基础上，提炼出企业核心能力，将这些能力植入员工成长机制中，进而将员工的能力要求划分成不同的级别，实现企业战略目标与员工成长的动力机制。在下文我将会逐一介绍各种类型岗位的九段任职标准。

专业九段员工标准是员工能力成长的阶梯，是衡量员工能力高低的标尺。因此，对于企业而言，如果能够引入类似的职位段位划分机制，将有助于企业提升员工黏性及员工的奋斗热情。

为了实现职位的段位划分，首先必须了解企业对不同类型人才能力的需求。这其中包含以下几个方面：

- 企业战略发展对人才能力的需求。
- 行业成功要素对人才能力的要求。
- 和竞争对手相比，企业能力的弱项在哪里？
- 企业核心竞争力对人才能力的要求。
- 企业业务链上的短板是什么？
- 文化对人才的要求。
- 各职位序列上的人才标杆是什么？

只有弄清了上述几方面问题，企业职位段位划分才能够有明确的依据与参照，而后才能逐步实施。

8.2　职位序列划分规则

建立九段任职资格体系是需逐步来实施的，首先需要完成的是职位序列划分。任何一家稍微有点规模的企业，其员工所从事的工作内容都会有所不同，我们将这些不同职位进行归类管理，就是所谓的"职位序列划分"，它是以工作性质及能力要求相似为原则，根据价值链分析来划分职位序列。

我们通常可以根据工作内容、工作性质不同，将常见的岗位分为以下几个序列。

↘ 管理职位序列

管理职位序列主要指从事管理工作并拥有一定职务的岗位，通俗的理解是"手下有兵"的人。企业以这类人所承担的计划、组织、领导、控制职责作为主要的付薪依据，比如在一般企业中常用的所谓"中层和高层"的概念。

8 建立以行为标准为基础的九段任职资格体系

↘ **职能职位序列**

职能职位序列包含职能管理、生产管理等不具备或不完全具备独立管理职责的职位。它与"管理职位序列"岗位的区别在于，这类岗位下可能有下级人员，但企业付薪的主要依据不是因为其承担的计划、组织、领导、控制职责，而是其指导、监督、督促执行、辅助、支持等方面的职责。

↘ **技术职位序列**

技术职位序列包含技术研发、设计等职位，表现为需要一定的技术含量，企业依据该职位所具备的专业技能来支付薪资，一般付薪的依据不会体现为计件形式，但不排除会有类似项目奖金的目标性激励。

↘ **营销职位序列**

营销职位序列包含销售或市场开拓等职位。这类职位一般工作场所不固定，甚至在外时间比在公司时间长。这些职位的管理绩效考核、薪酬激励的内容与其他岗位差异是最大的。

↘ **操作职位序列**

操作职位序列包含生产作业类或者最基础的决策层次职位。这类职位一般工作场所比较固定，岗位技能的专业化程度较高，工作内容重复性较强，创造性体现较少，在有些企业中是构成"基层员工"的主要群体。

当然，上述是职位序列划分中最常见的几种类型，并不能涵盖全部。根据企业性质的不同，职位序列划分的方式也不尽相同。比如在互联网性质的企业里，职位序列划分还可以包含服务支持序列、业务运营序列，而不需要设置操作职位序列。

不同职位序列的清晰界定与划分是建立九段任职资格体系的前提，同时它也能够帮助企业进行人力资源的差异化管理。这种差异化管理体现在绩效考核与薪酬激励两方面。不同岗位序列的考核方式不同，考核指标不同，薪酬结构不同，激励模式也不同。

8.3　确定九段任职资格的四个条件

在建立了明确的职位序列后,接下来就是确定职位的九段任职资格标准。想要确定这件事就必须遵循四个条件,即知识与经验、技能、素质、业绩。因此,九段任职资格的确定是依据完成一项工作所需要的知识、经验、技能、素质与业绩的总和进行评判的。

在知识与经验的评判条件里,包含任职者的知识结构与经验两部分。其中知识结构又包括学历背景和知识的广度与深度。学历背景很容易理解,它就是任职者曾经的学历情况是否与职位的要求相匹配,是否能够胜任职位对学历的基本要求。

知识的广度与深度则包含了三个层面的含义,即知识的广度、知识的深度以及广度与深度之间的关系(见图8-2)。

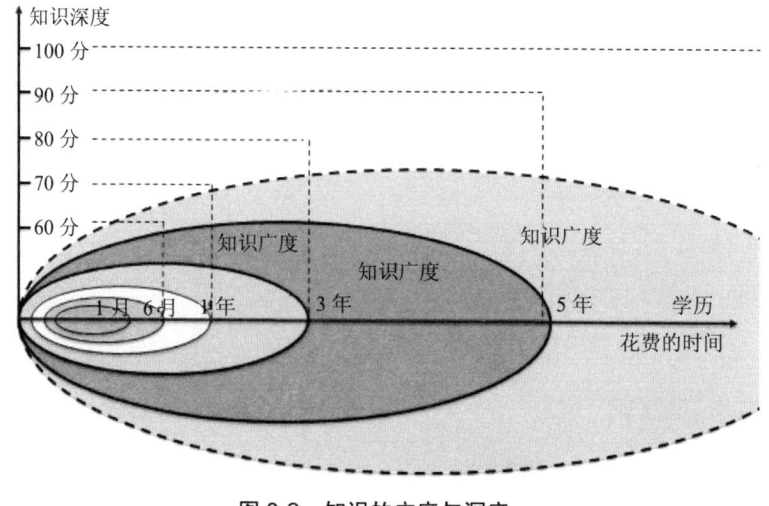

图8-2　知识的广度与深度

8 建立以行为标准为基础的九段任职资格体系

从图 8-2 中我们可以看到，纵向的坐标是知识的深度，这个深度决定了员工所掌握的专业知识最终能够创造出的价值。假设我们用具体能够取得的分数来表示知识的深度，即在一个专业领域如果一个人的知识深度能够达到 100 分，那么在这个专业领域里这个人就属于资深专家级别的人物。

横向坐标的设定为时间，即达到某一个知识深度所需要花费的学习和实践的时间。

而图中的椭圆型面积，就是要达到某个知识领域的深度所需要的知识广度的积累。我们可以看到，虽然知识的深度在均匀增长，但是为了支持知识深度的提升，知识广度的面积却呈现更大级别的增长。这说明，要想获得知识深度的提升，必须要在付出相应时间的基础上大幅度增加知识的广度才能够实现。

知识的深度、广度和达到某个深度广度需要耗费的时间，构成了九段任职资格的基础评定标准。因此，在考核一个职位的员工是否符合职位要求时，九段任职资格在知识层面的评判并不单一地把知识的广度与深度分割评判，而是需要在时间维度的基础上进行综合评判。

九段任职资格对职位经验的评判并不单纯看工作经验本身，而是主张关注员工知识与经验的互补性。比如一个员工能够具备超出职位要求的知识能力，那么即使他在经验上有所欠缺，也不会被判定没有胜任这个职位的能力，反之亦然。在这其中要看知识与经验是否能够形成互补并促进员工的成长。

在技能的评判条件里，九段任职资格把技能看成一种综合能力，它包括人际关系技能、解决问题的能力、协作能力、信息管理能力、学习能力以及其他特殊技能等。九段任职技能强调的是操作技能，也就是实际动手能力，比如外语的听说读写能力、计算机操作技能、实际营销能力、产品设计能力、设备维修能力等。

在个人素质的评判条件里，九段任职资格包含个性、价值观与内驱力三方面。

其中个性包含身体（生理）、心理和社会三种素质。

身体（生理）素质不仅仅是指一个人的身高、体重是否符合他这一年龄段的常规标准，还包括他是否经常、系统地进行锻炼。

心理素质则主要包括两方面，即人在社会活动（工作、学习、衣食住行、人际交往等方面)中所表现的心理素养。比如是否具有一定的心理、生理及医学知识；是否拥有科学的生活方式、养成良好的生活习惯；是否懂得劳逸结合，不嗜烟酒，不暴饮暴食，讲究饮食卫生……

社会素质可分为道德素质、管理素质、经济素质、哲学素质、知识素质、艺术素质。它还包括是否具有道德素养，懂得怎样做人；是否具有管理素养，懂得怎样管理人；是否具有经济素养，懂得怎样管理财富；是否具有哲学素养，懂得怎样从总体上认识宇宙(世界)和人生的本质；是否具有知识素养，懂得怎样探索自然物质和人类社会活动的本质；是否具有艺术素养，懂得怎样表达自然人文社会中视、听、形象等美的感受体验等。

个人的社会素质是通过他在社会环境中从事的学习、工作以及生活中的衣、食、住、行、人际交往等的心理活动表现出来的。九段任职资格评判需要根据员工所反映出的社会素质高低来判断他是否适合岗位。

在业绩的评判条件里，九段任职资格把 KPI 指标作为完成某一业务领域内工作活动的业绩标准，这一点非常直观。

8.4 专业九段实操手册

想要进行专业的九段任职资格管理，必须要掌握以下两方面的内容：第一是掌握专业九段基本理论；第二是掌握专业九段操作的整体流程。

↳ **专业九段基本理论**

专业九段基本理论包含以下几个方面内容：

- 专业九段员工设计的理论基础；

8 建立以行为标准为基础的九段任职资格体系

- 专业九段设计的出发点；
- 专业九段的核心思想；
- 与专业九段任职标准开发有关的概念；
- 专业九段的几种模式。

其中，专业九段员工设计的理论基础指的是对知识、技能及职业素养的整合。知识指的是员工为了顺利完成自己的工作所理解的东西，如专业知识、技术知识或商业知识等，它包括员工通过学习、以往的经验所掌握的事实、信息和对事物的看法。

技能指的是员工为实现工作目标，有效地利用自己掌握的知识而需要的技巧，这可以通过重复性的培训或其他形式的体验来逐步建立。

职业素养则是指组织在员工个人素质方面的要求。职业素养是可以被教授、被学习或被加强的。

除此之外，还必须明确的是，上述这些因素的整合引出的必须是可观察的和可测量的行为，并且这种行为是可以通过培训等手段得以提高的。还有一点不要忘了，九段任职资格管理必须要与绩效相关联，脱离了绩效考核的九段任职资格管理形同虚设，不能发挥其应有的作用。

专业九段设计的出发点，是目前人力资源管理体系中的任职资格管理体系，即以任职资格管理体系为基点将专业九段核心思想（做沉淀、做机制、做检查、做总结、做分享等管理思想）融入到各个级别中，实现员工成长的标准化、复制化，实现企业自身机体更新，企业的良性发展，让员工成长与企业发展互为推动和牵引。

专业九段的核心思想是在分析企业未来发展战略目标的基础上，提炼企业核心能力，将这些能力植入到员工成长机制中，进而将员工的能力要求划分成不同的级别，实现企业战略目标与员工成长的动力机制。

了解了上面这些专业九段的基本理论后，我们还必须掌握一些与专业九段任职标准开发有关的概念，它所包含的内容如下表所示（见表8-1）。

表 8-1　专业九段任职标准开发有关概念图例

用语	定义
职类	是一组职位的集合，这些职位要求任职者需具备的资格条件的种类、承担的职责、绩效标准、薪酬要素等管控激励方式，以及在组织中与其地职位的分工汇报关系相同或相似。
职种	对同职类职位进行细分归并而成，这些职位分别承担各业务板块功能实现的责任。
职层	将同职类职位按照任职者具备的资格条件以及承担职责大小的差异程度进行分层归并而成。这些职位在绩效标准、薪酬要素等管控激励方式，以及与其他职位的分工汇报关系存在差异。
职等	运用于薪酬体系中的概念，职等与职级区间的确定要根据人力资源战略、企业规模、支付能力、人力资源现状等因素确定。
职级	
职位	是一系列工作/任务的集合。职位强调的是以"事"为中心，而不是担任该职位的"人"。

上述是我所创建的专业九段体系内经常会用到的几个专业词汇，了解它们是建立九段体系操作的必要一环。

专业九段体系设计一共有两种模式，第一种模式是由级别角色定义、基本条件、技能标准、业绩标准、文化等几个部分组成，描述的是每个序列不同级别的员工应该知道什么，能够做到什么程度（见图 8-3）。

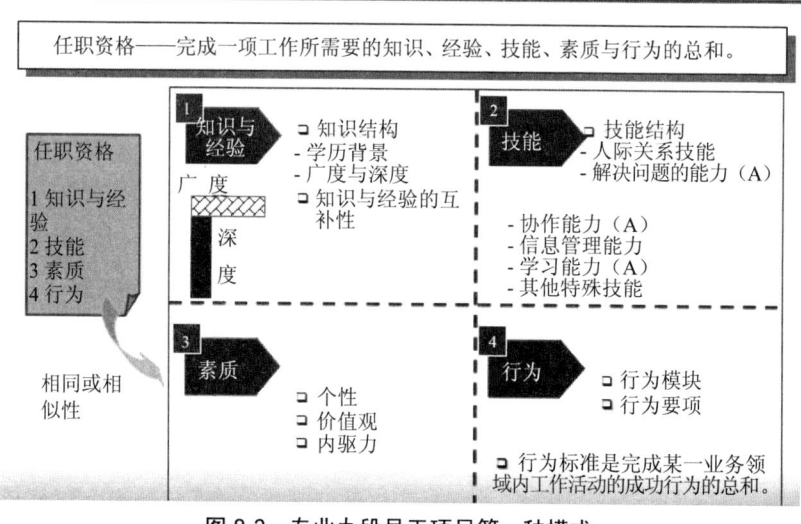

图 8-3　专业九段员工项目第一种模式

8 建立以行为标准为基础的九段任职资格体系

第二种模式是由级别角色定义、基本条件、行为标准、技能标准、知识标准、文化、专业化成果几个部分组成,描述的是每个序列不同级别的员工应该知道什么,能够做到什么程度(见图8-4)。

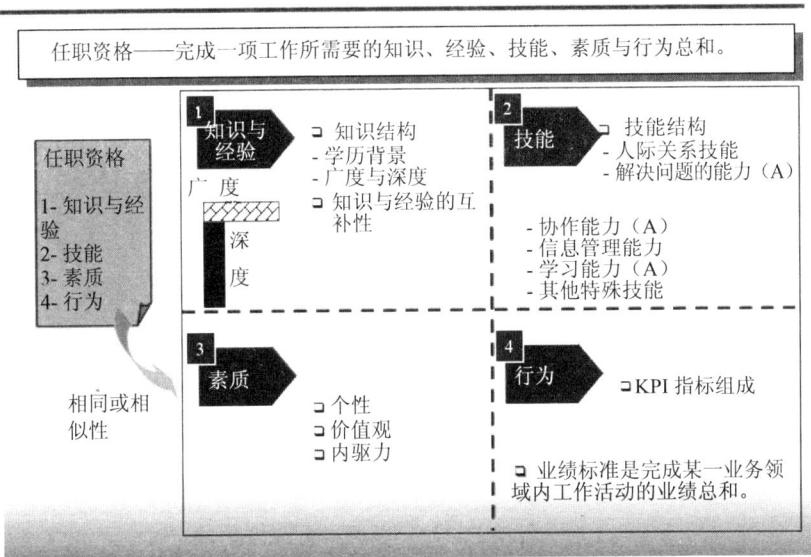

图8-4 专业九段员工项目第二种模式

最后,让我们再来看一下专业九段员工项目操作的总流程(见图8-5)。

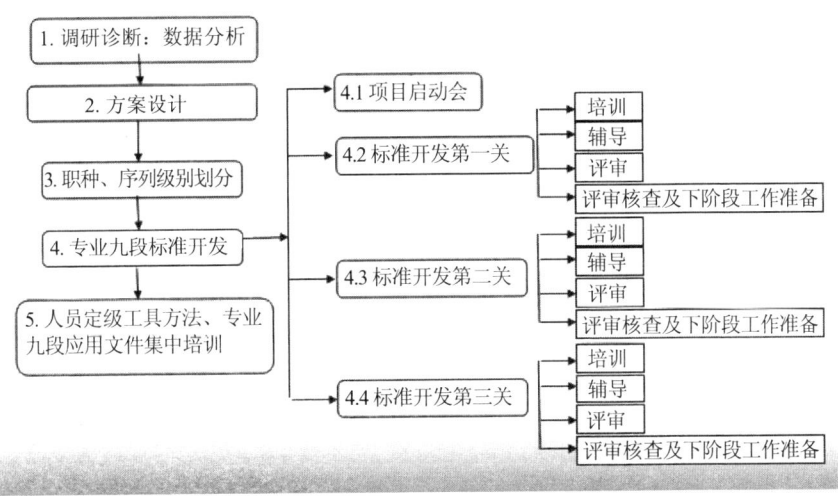

图8-5 专业九段员工项目操作总流程

↘ 专业九段操作的整体流程

在专业九段基本理论的辅助下，实施专业九段体系的核心环节就是设计专业九段操作的整体流程，它一共分为四个阶段（见图8-6）。

	第一阶段	第二阶段	第三阶段	第四阶段
内容	1. 了解企业战略发展方向。 2. 了解标杆企业管理。 3. 了解人才基本结构。	根据企业业务价值链划分职系和序列	根据序列划分特点划分级别	根据设计九段模型进行标准开发
时间	15天	3天	3天	20～60天
方法	深度访谈 定量调研	价值链分析 组织结构分析	人才成长五级模型	培训、辅导、训练、评审开发

图8-6　专业九段操作整体流程

专业九段操作整体流程的第一阶段是调研阶段。调研的目的是为职系划分、序列划分奠定基础；了解企业价值链条中的薄弱环节，将企业关注和企业欠缺的能力分解到相关序列中；提炼出各个序列撰写九段的标准的指导思想；为级别的划分奠定基础。

调研的内容包括了解企业运行所处的行业特征、产品特点、价值链；了解企业目前运行的组织结构和岗位的设置情况；了解企业未来发展的战略方向，从而推导出企业未来需要的人才特征；了解目前各个部门人才成长的规律及工作的难度和复杂程度；建立客户对你的信任。

调研阶段的主要工作包含以下几部分：

- 撰写项目调研计划；
- 客户相关资料收集；
- 召开项目沟通会；
- 调研访谈提纲准备；

8 建立以行为标准为基础的九段任职资格体系

- 定量调研问卷准备；
- 数据库分析与设计；
- 撰写调研分析报告；
- 调研分析报告汇报。

第一步你需要收集客户资料，制定资料清单并发给客户，要求客户在规定的时间内发给项目组。第二步在项目组内部进行消化和吸收。下面是资料清单的样例（见图8-7）。

附件一：XX专业九段项目资料清单

- XX公司发展介绍
- XX本年度及未来三年内公司发展战略相关的资料
- XX公司产品介绍
- XX行业及竞争对手的相关材料（如果有是最好的）
- XX公司企业文化相关资料
- XX公司人才观相关材料
- XX公司生产工艺相关资料
- XX公司最新的组织结构图
- XX公司各部门职能描述
- XX公司所有岗位的汇总表
- XX公司员工花名册
- XX公司各岗位最新的岗位说明书及各岗位任职资格基本条件
- XX公司相关的流程与程序文件
- XX公司人才选择标准与制度文件
- XX公司考核与激励制度文件
- XX公司现有的职称管理文件

备注说明：
1. 项目组对您提交的资料进行保密，项目结束后，如数归还。
2. 目前搜集的资料为项目初期所需，项目操作过程中需要的资料，需要贵公司继续提供。
3. 贵公司可根据实际情况，向顾问组提供对项目实施有帮助的其他资料。

图8-7 专业九段项目资料清单

接下来由项目经理制定调研计划并发给客户，与客户沟通是否有异议，并确定计划。

第三步准备深度访谈提纲，并安排深度访谈各事项。

第四步准备定量问卷调研，并安排问卷调研时间和注意事项。

第五步进行数据分析。

第六步撰写诊断报告。

专业九段操作整体流程的第二个阶段是职系、序列划分阶段。它是根据公司职位体系进行职系、序列划分，在划分职系序列过程中，秉承与企业的战略目标相符，以工作性质相似为原则，根据价值链分析确定职系划分，职系的种类包括管理职系、研发职系、市场营销职系、业务运营职系、服务支持职系等。

同时以专业九段要求相近为标准，通过业务类别和职责对比归类两种方法确定序列划分，序列的种类则包括综合管理序列、财务管理序列、服务序列、操作序列等。

专业九段操作整体流程的第三个阶段是序列级别划分阶段。因序列在组织中的重要性有所不同，所以必须实现序列的分类管理，在分类管理时主要依据以下两个原则：

- 战略契合度：序列所含职位对组织战略目标的实现所起到的作用，并与战略方向的一致性。
- 技术复杂度：序列所含职位对技能的要求，对技术要求越高则表明该序列技术复杂度越高。

具有很强的技术诀窍，需要具有很高的知识与技能水平，并与战略方向保持高度一致，属于双高的序列，我们把它定义为一类序列。

具有很强的技术诀窍，需要具有很高的知识与技能水平，或与战略方向保持高度一致，属于一高一低的序列，我们把它定义为二类序列。

通过培训能在较短时间内达到序列要求，远离战略核心的序列，我们把它定义为三类序列。

在设计职业序列时还必须涉及对员工进行能力分级。分级需考虑的因素主要包括：

- 人员能力现状（内部标杆人物的选择）；
- 人员数量与规模；
- 公司对该业务领域人员能力的发展要求；
- 外部标杆或业界标准的要求；
- 可区分度与可操作性；

8 建立以行为标准为基础的九段任职资格体系

- 工作难度和复杂性。

员工能力分级划分的依据是人才成长的五级模型。它是依据同一职类的从业人员承担职责的大小，所需知识的深度、广度，技能掌握的熟练程度，素质和行为标准的高度进行划分的（见图 8-8）。

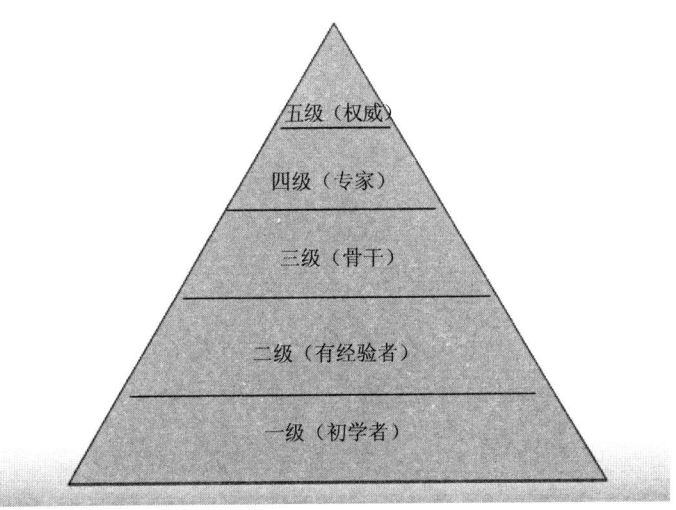

图 8-8　人才成长五级模型

在上图的人才成长五级模型中，第一级是初学者，即通过按指令做事而贡献于组织。初学者的特征是学习本岗位的专业经验和工作所需的知识及技能，具有基本的知识和胜任力，积极学习相关的专业经验和知识。

第二级是有经验者，即通过自己独立工作作出贡献。它的特征是具有独立完成工作所需的知识和技能，开始发展相关领域的知识。

第三级是骨干，即通过自己的技能专长作出贡献。它的特征是具有某一领域的技术专长，为他人提供一些专业支持，跟踪本行业发展动态，娴熟掌握相关知识。

第四级是专家阶段，即通过他人作出贡献。它的特征是对某领域有深刻而广泛的理解，具有创新思想和方法，作为资源为他人提供有效指导及业务增长机会。

第五级是资深权威，即领导创新研究，通过战略远见作出贡献。它的特征是具有系统全面的知识和技能，可根据专业判断制定战略，推动专业水平的发展，专业水准为同行认可。

在专业技术层面，一级的初学者只拥有有限的知识和技能，他们的经验仅仅是在工作中实践过，在本专业领域经验较少，只能在指导下从事一些单一的、局部的工作。在工作中遇到的许多问题是从未接触和解决过的，尚有待于学习利用现有的方法、程序解决问题。他们对整个体系的了解是局部的，对体系各个组成部分之间的关联关系不能清楚把握。

二级的有经验者具有本专业中某个领域必要的知识，并在工作中多次实践，能够运用现有的程序和方法解决问题，但这些问题不需要进行分析或仅需要进行不太复杂的分析，工作相对而言是程序化的。在适当指导下和给定的工作进度安排的情况下能完成例行工作。他们能够理解本专业领域中发生的改进和提高。

三级的骨干具有全面的、良好的知识和技能，在主要领域是精通的，并对相关领域的知识有一定的了解。他们能够发现本专业业务流程中的重大问题，并提出有效的解决方案，能够预计工作中的问题并能及时解决。他们对本专业有全面了解，并能准确把握各组成部分之间的相关性；能够对现有的方法、程序进行优化，并解决复杂问题；能够独立、熟练地胜任专业工作任务，并有效指导他人工作。

四级的专家精通本专业大多数领域知识，对本专业其他领域有相当程度的了解。他们深刻理解本专业业务流程，洞察其深层次问题并给出解决方案；在专业领域内，能够以缜密的分析给他人施加有效影响，推动本专业领域内重大变革的实施；通过改革现有程序、方法来解决本专业领域内较为重大、复杂的问题；可以指导本专业内的一个子系统有效地运行；能够把握本专业的发展趋势，并使组织的本专业发展规划与之相吻合。

五级的资深权威精通本专业的知识，他们是业务流程的建立者或重大流程的发起者，调查并解决需要大量复杂分析的全局性问题，其解决方法往往需要创造新的程序、技术和方法。他们可以指导某个体系的有效运作，能够洞悉和准确把握本专业的发展趋势，并提出具有前瞻性的思想。

专业九段操作整体流程的第四个阶段是标准开发阶段。它的工作方式是与各序列相关人员成立联合工作小组，通过技术培训、辅导完成专业九段标准的开发

8 建立以行为标准为基础的九段任职资格体系

（见图8-9）。

- 专业九段标准开发流程

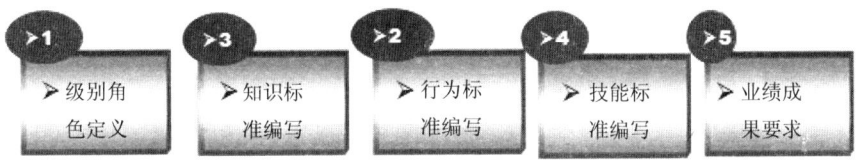

图8-9 专业九段标准开发流程

在进行标准开发之前，首先需要做一些准备工作，它们包括：

- 调研诊断报告汇报；
- 序列划分及级别划分沟通；
- 专业九段标准开发工作方式；
- 召开启动会；

　　（1）启动会培训内容沟通

　　（2）启动会培训课件

　　（3）启动会会议流程

　　（4）启动会各项工作安排（音乐、主持）

　　（5）启动会达到的目标

让我们来看下面这个案例：

《XXXX专业九段项目》启动会及第一次工具培训时间和流程安排如下：

一、时间：XXXX年X月X日　9：00—12：00

二、地点：待定

三、参加人员：全体员工

四、主讲老师：XXX

五、主要流程

（一）专业九段全员培训　9：00—11：30（中间休息10分钟）

1. 主持人宣布会场纪律、介绍主讲老师

2. 主讲老师进行授课

（二）专业九段项目启动会 11∶30—12∶00

1. 公布专业九段培训人员名单

2. 宣布专业九段过关规则

3. 领导发言

4. 全员宣誓

《专业九段项目操作工具使用》的第一次培训通知如下：

一、培训时间：XXXX 年 X 月 X 日　14∶30—17∶00

二、参与人员：每个序列 1 位负责人、每个序列 1 位接口人、每个序列 1 位业务骨干

三、地点：待定

四、主讲老师：XXX

五、主要流程：

1. 专业九段工具讲解（中间休息 10 分钟）

2. 培训人员现场训练

上述就是公司召开九段项目启动会的流程样例，完成了上述工作后，就要进入到专业九段标准开发的流程中了。

首先是角色级别定义

角色级别定义要依照三个维度的撰写顺序。第一是知识广度和深度，其次是解决问题的复杂程度和熟练程度，最后是影响的范围和程度（见图 8-10）。

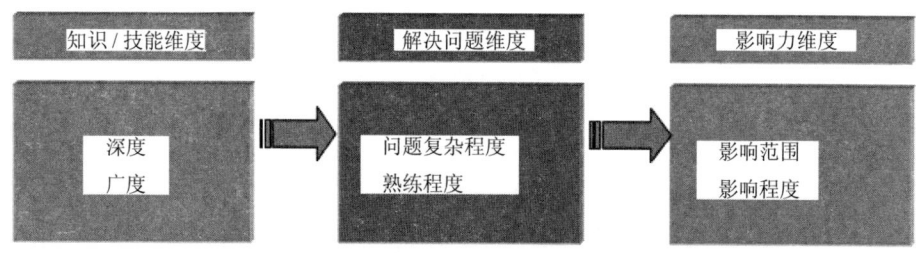

图 8-10　角色级别定义的三个维度

在描写完知识的深度之后，再描写知识的广度，其中不同级别之间使用了解、熟悉、掌握、精通等词语，以表示知识的深度之间的差异。

了解：即能够对所需要的知识有所认识，但这种认识可能是局部或点状的，当谈及这些知识时，能意识到自己知道。

熟悉：即对所需要的知识有系统性的认识，能够找到知识之间的联系，把点状的认识连成线，且可以运用相关知识解决部分实际问题。

掌握：即对所需要的知识有全局性的认识，能在将各个知识点串成线的基础上，认清整个知识网络，且可以在实际工作中自由运用。

精通：即对所需要的知识能够做到融会贯通，不仅对知识网络有清晰的认识，而且能够将其与其他相关领域的知识相融合，能够在灵活运用知识的同时不断创新。

在解决问题的复杂程度和熟练程度部分，由于各序列差异比较大，在撰写过程中，可以参考以下标准：

- 日常例行工作；
- 复杂业务；
- 能够指导本领域内业务有效运作；
- 能够指导本领域内多个子业务运作；
- 能够指导整个体系有效运作；
- 能够洞悉某一领域的发展，并提出具有战略性的指导思想。

对于影响范围和程度的定义可以参考以下标准：

- 能够完成日常例行工作；
- 能够在适当的指导下完成复杂工作；
- 在某一方面精通、可独当一面的，能有效指导他人工作的；
- 能够指导本领域业务有效运行；
- 能够准确把握领域的发展趋势，指导整个体系；
- 能够发现某一产品知识或重大市场领域的发展方向，并提出具有战略性的指导思想。

让我们来看表8-2，这是某企业拓展类角色级别定义。

表 8-2　角色级别通用定义

级别	角色级别定义描述
初级	在指导下开展例行工作，完成本领域单项或局部业务，如市场分析、需求分析、需求管道建设、产品品牌实施、营销资料撰写、市场支持。
一级	具有营销拓展基础和必要的知识以及有限的专业经验，在适当指导的情况下能够完成多项或复杂的业务，在例行情况下能够独立运作。
二级	具有营销拓展某一领域良好的知识和技能，在某一方面精通、可独当一面，能有效指导他人完成例行工作。
三级	掌握营销拓展某一领域全面的知识和技能，熟悉其他领域知识和技能，能够指导营销拓展子业务有效运行，如重大需求分析、对于本业务内较复杂的问题。
四级	掌握营销拓展某一领域全面的知识和技能，精通本专业某一领域的知识和技能，能够指导本领域内的多个子业务有效地运作，解决本领域内比较复杂、重大的问题。
五级	精通本领域全面、深入的知识和技能，把握本领域业界的发展趋势。掌握营销拓展专业全面的知识和技能，精通本专业多个领域的知识和技能，能够准确把握领域的发展趋势，指导整个体系，能够指导本领域内重大、复杂的问题。
六级	精通营销拓展专业全面、深入的知识和技能，能够洞悉某一产品知识或重大市场领域的发展方向，并提出具有战略性的指导思想。

除此之外，承担职责可以参照如下角色进行定位：项目组织者、项目参与者、项目主持人，基本条件要包含学历、专业、行业经验、本职位工作经验、其他方面特殊要求等内容。

其次是知识标准编写

知识标准是对角色级别定义的知识深度和广度的具体化拆分，这种拆分主要从三个方面进行：专业知识、公司知识、周边知识。其中，专业知识为完成本职工作所必须具备的知识，比如人力资源的专业知识等；公司知识是为更好完成工作必须要了解的公司相关制度与政策、工作流程、工艺、生产、政策、工作手册、公司的产品知识、行业基础知识、组织架构、企业文化等；周边知识则不是核心工作需要，但是对核心工作提升可能有帮助或者在实际工作中某项技能需要掌握的知识，如人力资源工作需要懂财务基本知识、竞争对手情况、国际惯例、国家法规和政策等。

编写知识标准必须要有一个标准的模板（见表 8-3）。

8 建立以行为标准为基础的九段任职资格体系

表 8-3 知识标准模版

级别	知识模块	必备知识	出处	考查方式	合格标准

在上表中关于"出处",对专业知识而言,指的是该项知识从哪个材料中可以学到,写明知识的来源。如书籍要写明书籍的名称、光盘要写明光盘的名称、网站要写明网站的名称,总之要写明具体的出处。对公司知识而言,也同样要指出制度、政策、工作流程、标准规范的具体名称。周边知识出处也要写明具体的名称。

在上表中关于知识标准的"考查方式",包括培训记录、发出培训总结、参加考试、上级评价、能够给本部门人员进行培训等几种(见表 8-4)。

表 8-4 考查方式

级别			必备知识	出处	考查方式	合格标准
中级	2级	公司知识	熟悉公司产品相关知识	冲孔网、防滑板、防风抑尘网样册、公司三大网站、金材料分类,专业名词,产品分类,应用领域,公司地址、电话及各种材质分类	笔试	考试题60分
			掌握公司各项规章制度	《XX公司员工手册》		
			熟悉公司战略、组织架构、人员结构表	《公司战略规划》《公司组织结构》《XX公司员工档案》		
			熟悉公司各部门职责及操作流程	《XX公司各部门职责》《XX公司内贸流程》《XX公司外贸流程》《XX公司数控流程》《XX公司钣金流程》		
			了解XX公司质询体系	4R质询课件		
			了解XX公司文化体系	文化课件		
			熟悉XX公司5S管理标准	5S管理标准		

（续表）

中级	2级	公司知识	熟悉个人职业生涯规划内容	《职业生涯规划》课件	笔试	考试题60分
			培养良好心态	《羊皮卷》《请给我结果》《你在为谁工作》《团队执行力大纲》《没有任何借口》	分享沉淀	部门经理审核通过
			了解医疗知识	《简单医疗急救措施》	考试	考试题85分
			了解消防知识	《消防安全知识》		
		专业知识	熟悉人力资源各个职能模块内容	《人力资源规划实务》《招聘与配置》《培训与开发》《考核与评价》《薪酬与福利管理》《劳动关系》《组织行为学》	参加培训-笔试	考试题80分
			熟悉人力资源常用法规	《劳动关系管理》《劳动合同法实务操作与案例解析》《劳动合同法》		
			熟悉XX公司人力资源体系	《XX公司九段员工手册》《XX公司人财学校流程及制度》《XX公司招聘流程》		
			熟悉机制建设	机制课件		
		周边知识	熟悉常用办公常用软件	《电脑操作基础》	参加培训	培训记录无缺勤

第三是行为标准开发

所谓行为标准就是完成某一业务范围工作的成功行为的总和，强调的是任职者做了什么，怎么做的。行为标准开发的基本原则是源于现实工作，但又必须高于现实工作。因此在开发行为标准时，既要体现对员工现实工作的能力要求，又要兼顾对员工长远工作能力的要求。

实施行为标准开发的基本步骤是从行为模块出发，到行为要项，再到行为要项描述（见图8-11）。

其中，行为模块是该序列中最为关键的若干业务模块或工作领域，一般不超过8个行为模块。行为要项是有效完成该行为模块的关键步骤和内容；行为要项描述是有效完成行为要项的关键行为。

首先，行为模块开发部分包含以下几个步骤（见图8-12）：

第一步：罗列工作内容，将该序列所包含的所有职位的工作内容罗列出来。

8 建立以行为标准为基础的九段任职资格体系

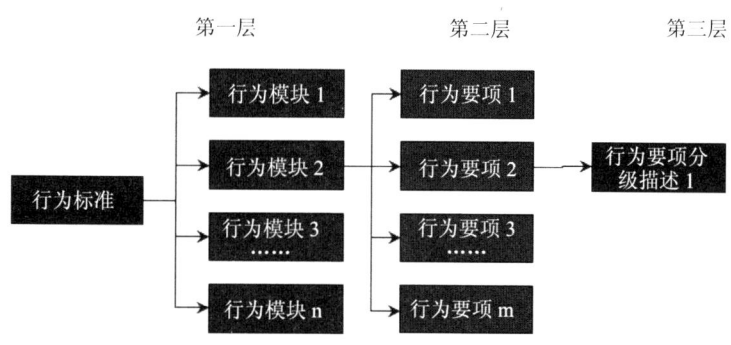

图 8-11 行为标准开发流程图例

第二步：归纳行为模块，总结归纳该序列的各职位工作内容为若干工作项目。

第三步：筛选关键行为模块，确定哪些是关键模块，哪些是非关键模块。保证关键行为模块恰当反映业务运作的运行情况。

确定关键行为模块的主要依据包括：

- 是否对相关部门与人员的关键业绩指标有重要影响；
- 是否为开展工作的最短板；
- 是否对业务持续发展有重要意义。

示例：人力资源类

关键行为模块	
行为模块一	人力资源规划
行为模块二	组织体系管理
行为模块三	人力资源管理流程与制度
行为模块四	员工发展管理
行为模块五	人事事务管理

图 8-12 人力资源类行为模块

其次，行为要项设计部分，实际上就是要明确成功完成行为模块所必须采取的若干关键活动或关键步骤。因此，我们第一可以从行为开展的内在逻辑关系进行分析，例如研发技术序列"产品设计"模块可以分解为可行性分析、概要设计、详细设计、集成设计等行为要项；管理者序列"工作任务管理"模块可以分解为制定工作计划、组织实施计划、指导与监控计划的实施过程等行为要项。销售序列模块可以分解为市场策划、策划方案调整、运用效果评估等行为要项（见表8-5）。

第三，我们还可以从行为范围进行分析。例如影响和促进决策行为模块可以分解为进行决策、促进上级决策、参与同级决策；团队氛围建设模块可以分解为建立并维护部门内良好的工作关系、与相关部门建立良好的关系等。

第四，我们还可以从行为内容本身的组成部分进行分析。比如信息处理模块可以分解为接听电话、收发邮件包裹、处理传真与电子邮件等行为要项。

表8-5 销售序列行为要项

示例：销售序列

行为模块	行为要项1	行为要项2	行为要项3	行为要项4
市场策划	市场策划	策划方案调整	运用效果评估	……
客户关系	公关策划	策略实施	公关总结	……
项目运作	项目策划	业务谈判	项目过程监控	合同执行

最后，是行为要项描述的撰写部分，每一条行为要项尽可能从以下四个方面进行描述，即行为内容（做什么）、行为方式（怎么做）、行为结果（输出什么）以及衡量标准（输出结果的质量和形式/载体要求）（见图8-13）。

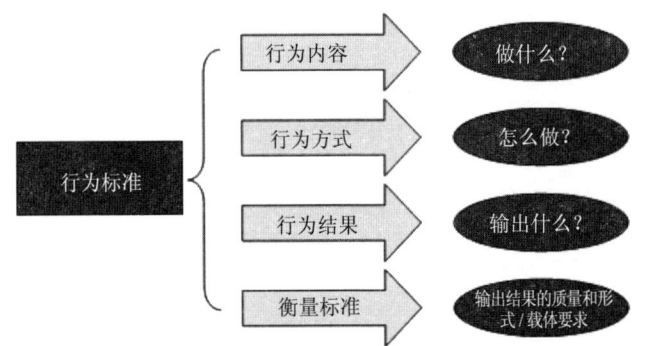

图8-13 行为要项描述的四个方面

比如，与产品设计、生产人员密切协作，完成课题成果与具体产品的结合，确定课题转化是否可实现。其中"与产品设计、生产人员密切协作"是行为过程，

"完成课题成果与具体产品的结合"是行为目标,"确定课题转化是否可实现"是行为结果。

在撰写行为要项时要特别注意两个问题,一是不要将行为标准写成工作职责,行为标准描述的是行为动作,告诉别人的是怎么做;二是不要拘泥于员工现有的工作方式,而是从如何让工作更为有效的角度来考虑,吸收优秀员工的做法。

第四是技能标准开发

技能标准开发主要来源于两个方面:角色段位定义和行为标准。其中从行为要项描述中总结和提炼出来实际能力(见表8-6)。

表8-6 技能提炼图例

行为标准	专业技能要素
设立并组建收购站 为收购站选择合适的地点; 建立收购站组织结构并配置相应的人员; 建立收购管理制度,给予采购员工指导。	组织建设能力 员工指导能力
收购烟叶 向烟农发布收购信息; 接收烟叶并初步确定等级; 称重; 记录并付款;	工作策划能力 烟叶质量鉴别力 使称的能力

撰写技能标准同样需要设计固定的模板(见表8-7)。

表8-7 技能标准模版

段位	技能项目	技能描述	达标关键点

其中"段位"一栏是对技能段位的划分,一般分为以下五个段位:

- 不做要求;
- 实践过的,在有协助的情况下运作;

- 无需协助的运作，可以成功完成大多数任务；
- 独立运作，可以带领和指导其他人有效运作；
- 可以给出专家级的意见，能领导其他人成功运作，被其他人当作磋商者和领袖。具有正确的评判能力，能够总结出有用的改进意见。

"达标关键点"则包括直接证据与间接证据。直接证据是指员工在工作过程中的工作记录、工作成果等方面的证据；间接证据是指除直接证据之外的能反映员工工作行为的其他有关证据，如第三方证据等。

第五是业绩成果要求

业绩成果一般是定量的要求，是达到某个段位所需要的最低专业要求，是企业员工专业知识与专业技能的集中反映，是企业员工在公司内或公司外从事本专业工作取得的工作业绩。比如对于研发人员来说，业绩成果就包括申请技术专利数、发表学术论文数、完成技术攻关项目数量、新产品开发数量等。

九段任职资格管理是我把多年从事人力资源管理的经验与创新的管理方法融合之后，创造出的有效提升企业员工素质水平的一种切实可行的方案，希望能够对读者朋友们起到参考与借鉴的作用。

附录一 九段任职标准管理制度

第一章 总 则

第一条 宗 旨

通过建立专业九段标准管理体系,打破"千军万马挤独木桥"的现象,为员工开辟多元化的职业发展通道,在公司内部形成动态的员工职业生涯发展机制,促进员工能力素质持续增强,从而逐步构建公司持续发展的核心优势。

第二条 目 的

1. 以专业九段任职标准管理体系作为公司人力资源管理系统的基础管理平台,为招聘、考核、培训、晋升、薪酬、职业生涯规划等人力资源管理工作提供依据;

2. 公司肯定每一位员工在公司价值创造过程中的贡献,但同时也认为不同专业能力水平与不同业绩表现的员工对公司的贡献大小是不同的。根据专业九段任职资格标准区分员工的专业能力,并通过差异化的薪酬待遇,对不同专业九段任职等级的员工实施科学的激励;

3. 为员工设立明确的职业发展目标,形成动态的员工职业生涯发展机制和牵引机制,建立优胜劣汰的竞争机制,促进员工能力素质持续增强,逐步建立多支高素质的、职业化的核心人才队伍。

第三条 管理原则

1. 系统设计原则:把握并正确处理专业九段任职标准与企业战略及人力资源

管理其他功能模块之间的关系，确保专业九段任职标准系统结构合理；

2．简洁操作原则：要充分考虑公司的管理实际，尽量利用企业已有的管理手段和工具，力求任职资格管理操作简洁、方便、有效，最大限度地降低运行成本；

3．持续改进原则：专业九段任职资格管理体系要随着业务模式和企业管理环境的变化而不断优化。

第四条　适用范围

九段任职标准管理制度适用于公司已进行专业九段任职标准开发的各序列员工。

第二章　管理体制

第一条　专业九段任职标准模式

专业九段任职标准的最高决策机构为公司专业九段任职标准执行委员会，之下成立各序列专业九段任职标准资格评价小组，在公司人力资源部的职能支持下实施专业九段任职标准管理。

第二条　专业九段执行委员会在专业九段任职标准方面的职责

专业九段执行委员会是公司专业九段任职标准的最高决策机构，其主要职责是：

确定公司专业九段任职标准的指导思想和原则；

审批专业九段任职标准的政策和制度；

审批、任命各序列专业九段任职标准小组成员；

审批各序列专业九段任职标准和评价方法；

审批公司各序列员工专业九段任职标准评价结果、专业九段任职标准晋升评审结果；

审批各序列专业九段任职标准调整方案；

对专业九段任职标准管理过程中的特殊问题进行决策。

第三条　人力资源部的职责

人力资源部是公司专业九段任职标准执行委员会在专业九段任职标准方面的

秘书机构，其主要职责有：

制订公司专业九段任职标准的制度与细则；

建立健全公司的专业九段任职标准体系；

组织和指导公司专业九段任职标准工作；

监督、审核专业九段任职标准评审程序的合法性；

在各序列专业九段任职标准评价过程中，审查员工申报表中有关项目的真实性；

组织制订各序列专业九段任职标准调整方案、晋升方案，提交公司专业九段任职标准执行委员会审批；

受理各序列专业九段任职标准评价结果的申诉，提交公司专业九段任职标准执行委员会讨论确定；

组织员工的专业九段任职标准评定、绩效考核、培训等相关工作。

第四条　各序列专业九段任职标准小组的成立及职责

根据专业分类管理原则，成立各序列专业九段任职标准小组，对本小组内各序列专业九段任职标准进行制定、评价等工作，是专业九段任职标准的具体执行机构。

各序列专业九段任职标准小组为公司专业九段任职标准等级评价的临时组织，其组成人选在专业九段任职标准等级评价工作开始前进行调整，工作周期为一年，制定各专业九段任职标准小组的管理程序；

各部门对本序列小组成员进行提名，人力资源部进行初审并报执行委员会审议；

专业九段任职标准执行委员会审议确定并任命；

公司人力资源部正式发文公布；

专业九段任职标准小组成员与被评价人中有直系亲属关系时，均应主动申请回避，执行委员会将视情况对该成员的评委身份做出裁定；

专业九段任职标准小组成员发生人事异动（如降职、免职、离职、转岗等）后，由公司人力资源部组织各专业九段任职标准小组提出成员变更名单，报公司执行委员会审批并任命，再正式发文公布。

主要职责：

对本序列专业九段任职标准进行开发及修订；

指导并实施本序列低级别员工的专业九段任职标准评价；

提出本小组内各专业九段任职标准调整建议、员工晋升建议。

原则上，各专业九段任职标准小组成员一般由相关部门经理、主管等担任。同时，建议公司根据实际情况聘请外部相关专业的专家为专业九段任职标准小组成员。各专业九段任职标准小组成员数量一般为 3~5 人。

第五条　各部门的职责

贯彻、执行公司专业九段任职标准的有关制度和政策；

推荐各专业九段任职标准小组成员；

参与部门内各序列任职资格标准的开发及修订；

参与部门内各序列任职资格评价方法的设计；

协助开展部门内员工绩效考核、培训等相关工作。

第三章　专业九段任职标准开发与维护

第一条　专业九段任职标准定义

专业九段任职标准是某一序列专业人员业务能力的标尺，由级别角色定义、基本条件、知识标准、行为标准、技能标准、专业化成果六部分组成，描述的是每个序列不同级别的员工应该知道什么，能够做到什么程度。

第二条　专业九段任职标准开发的权责

各序列任职资格小组承担本序列专业九段任职标准开发和完善具体工作。在标准开发的过程中，由人力资源部组织各有关部门共同编写。专业九段任职标准开发完毕后，提交公司专业九段执行委员会审批。

第三条　专业九段任职标准修订与维护

专业九段任职标准建立在企业战略需要的基础之上。当企业发展到不同阶段或企业战略发生变化时，对人才的要求也会随之发生变化。因此，专业九段任职标准一经开发，并非一成不变，需要根据企业的内外部实际情况进行维护和修订。

人力资源部每年收集汇总专业九段任职标准的修订意见，组织各专业九段任职标准小组评估专业九段任职标准的适应性，如有修订的必要，由各专业九段任职标准小组提出修订方案，报公司专业九段执行委员会审批。

第四章 专业九段任职标准套入

第一条 专业九段任职标准套入定义

专业九段任职标准套入是指将员工套入到专业九段任职标准体系的过程。专业九段任职标准套入一般包括初始套入和新员工套入两大类。

第二条 初始套入的步骤

人力资源部根据公司各业务系统实现正常运行的需要，同各序列专业九段任职标准小组协商，确定各序列专业九段任职标准等级的人员数量，报执行委员会审批。

第三条 在岗员工专业九段任职标准的初始套入操作思路

1．初始定级依据

（1）依据专业九段任职标准中各级别的"基本条件""专业成果""专业技能"，三个维度的符合性进行综合判断，确定员工初始定级的级别。

（2）针对人数比较多的部门，如服务员，为确保初始定级的科学性，公司暂定各级别初始定级员工的比例分布如下：

级别＼比例	资深级	高级	中级	初级
比例	5%	20%	45%	30%

2．初始定级操作形式

（1）部门经理级别初始定级操作形式

部门经理根据专业九段任职标准进行自我定级，并对自我定级进行评价（填写初始定级审批表）及提供相关支持性材料，主管领导对其自我定级评价结果、提供的相关材料、日常工作中的表现与对应角色级别的级别进行综合审核，提出审核意见，最终提交公司专业九段执行委员会综合评审。

(2) 普通员工级别初始定级操作形式

根据专业九段任职标准进行自我定级，并对自我定级进行评价（填写初始定级审批表）及提供相关支持性材料。首先由其直接上级审核定级评价合理性，其次由部门负责人根据员工自我定级评价结果及提供的相关材料，同时参照公司给定的比例数字进行审核，审核后部门负责人将本部门内各序列定级分布情况，进行汇总分析（填写部门级别分布表），最终提交公司专业九段执行委员会综合评审。

第四条　新员工任职资格等级套入

1．社会招聘新员工

（1）社会招聘员工由于有工作经验，因此在招聘时根据招聘部门所需要招聘人员的级别，新员工试用期满考核合格后，可以申请专业九段任职标准定级。新员工定级由所在部门提出初步方案，经部门经理批准后报人力资源部。

（2）定级重点考核基本条件的符合性、试用期的考评结果，同时对该级别的知识标准考核合格后，根据考核得分对照标准进行综合评价定级。

2．校园招聘新员工

（1）校园招聘员工由于没有工作经验，所以新员工试用期满考核合格后，可以申请专业九段任职标准定级。新员工定级由所在部门提出初步方案，经部门经理批准后报人力资源部。

（2）定级重点考核基本条件的符合性、试用期的考评结果，同时对应初级的知识标准考核合格后，确定级别。

第五章　专业九段任职标准评价

第一条　专业九段任职标准评价定义

专业九段任职标准评价是组织对员工是否具备专业九段任职标准等级的要求进行评价。专业九段任职标准的晋级过程，包括个人申请、小组评定两部分。

第二条　专业九段任职标准评价的周期

公司每两年实施一次专业九段任职标准评价。符合条件的员工可以参加所在序列的专业九段任职标准评价，评价时间一般为每年的一月份（避开年底工作繁忙阶段）。

第三条 专业九段任职标准评价的步骤

1. 成立评价小组

根据各序列的专业性质、专业九段任职标准等级要求等，由人力资源部组织成立相应的专业九段任职标准评价小组，成员包括各序列专业九段任职标准小组成员、外部专家等，成立后在公司内部进行公示。

2. 制定评价方案

专业九段任职标准评价小组成员根据《专业九段任职标准》制定评价方案，由人力资源部报公司专业九段执行委员会审批。

3. 公布评价方案

人力资源部将经公司专业九段任职标准执行委员会审批后的评价方案下发各部门。

4. 人员申请

符合下列条件之一的可申请专业九段任职标准晋级：

（1）年度绩效评价结果全部为 C 级或以上。

（2）上次评价至本次评价期间有符合要求且比较突出的专业成果或表现。

专业九段任职标准符合申报条件的员工按评价方案要求，提交以下能够证明自身专业技能发展状况的各种证据，材料涉及其他人员、部门或机构的应经过其书面确认真实性。

1）职称与证书复印件；

2）年度绩效考核结果；

3）专业九段任职标准申请表；

4）员工实际工作文档资料，如工作计划、报告等；

5）员工实际工作案例等关键事件描述；

6）与员工有业务往来的单位或个人的意见等第三方评价；

7）其他能证明专业技能发展状况的各种证据。

根据专业九段任职标准中的考查方式和达标关键点提供相应的证据和资料。

5．材料审查

（1）申请材料审查

在各部门的协助下，人力资源部负责所有材料的审查。主要审查材料真实性以及是否符合专业九段任职标准晋级要求。

（2）材料公示

人力资源部将候选人名单及相关材料通过一定方式公示。公示期为3个工作日，公示期内没有异议的申请者进入推荐程序。凡是材料真实性存在问题的，一经查实，取消2年专业九段任职标准评定申请资格，对于连带责任者（对材料真实性签字确认的责任人）罚扣两个月绩效工资。

（3）评分

评价小组成员根据申请者提供的材料，对公示无异议的申请者材料汇总相应的计分。

6．专家小组评审

对于申报初级专业九段任职标准等级的员工，需要经过专家小组评审阶段。专家小组评审由述职和答辩两部分组成：

（1）述职：申请者就工作表现、经验心得等方面进行阐述。

（2）答辩：答辩采用半结构化方式，评价小组根据申请者专业九段任职资格标准所要求的工作基本条件、行为标准、知识、技能、经验、成果等要素进行提问。

（3）评委打分：评委根据晋级者的述职和答辩情况，当场评分。

7．评审大会

对于申报高级别专业九段任职标准等级的员工，需要经过评选大会阶段，评选大会工作程序如下：

（1）晋级者根据专业九段任职标准的要求晋级，限时晋级演讲，陈述晋级理由、工作思路和工作方法的改进与提高、工作目标等。

（2）申请者回答评审组现场提问。

（3）评委根据晋级者演讲和答辩情况，当场评分。

8．程序审核

由专业九段任职标准评价小组对每个员工的得分进行汇总，并结合所申请等级的专业九段任职标准，确定员工专业九段任职标准评价的等级，评价小组将评价结果提交人力资源部，人力资源部对其评价程序进行审核，确认其是否符合要求。

（1）如果评价程序不符合要求，人力资源部可以否决晋级结果，并上报公司专业九段执行委员会进行相关处理。

（2）如果评价程序符合要求，人力资源部将评价结果上报公司执行委员会审批。

9．公示

人力资源部将经公司专业九段任职标准执行委员会审批的专业九段任职标准评价结果通过一定方式在公司内进行公示，公示期为一周。

（1）如公示期间无异议，由人力资源部以公司正式文件形式宣布员工专业九段任职标准评价结果。

（2）如公示期间有异议，持有异议的员工可以在名单公布后一周内，向人力资源部提出申诉。

第四条　专业九段任职标准评价结果申诉

1．员工对专业九段任职标准评价结果如有异议，可以向人力资源部提出书面申诉。

2．人力资源部接到员工申诉后，与员工所在序列的专业九段任职标准小组及部门沟通，共同确认处理意见并于5个工作日之内给予申诉员工回复处理意见。

3．员工如对处理意见仍有异议，可直接向公司专业九段执行委员会提出申诉，专业九段执行委员会的意见为最终裁决。

第六章　专业九段任职标准调整

第一条　专业九段任职标准等级调整办法

1．公司原则上每两年实施一次专业九段任职标准评价。届时，对已经开发的专业九段任职标准职等需整体调整，员工均重新参加专业九段任职标准评价。员工最近连续两年的平均绩效得分在 C 级（含）以上的，保留原来的级别。

2．根据组织结构变化、员工引进与退出、职称资质提升等因素，公司每年进行一次任职资格等级局部微调。

3．专业九段任职标准晋级申报，原则上不允许越级申报，确有突出贡献或突出能力表现的，履行破格申请程序。

第二条　序列变更

1．由于组织结构调整或工作需要，员工岗位发生变化时，人力资源部经与员工本人沟通后，进行序列变更；

2．由于个人意愿希望变更序列时，由员工本人向人力资源部提出申请，审批通过后可以进行序列变更；

3．由于员工个性等因素不适应业务要求，造成员工业绩经常达不到要求时，在与员工本人沟通后，由直接主管向人力资源部提出申请，审批通过后可以进行序列变更；

4．其他人事异动造成的序列变更，由人力资源部根据具体情况处理。

第三条　专业九段任职标准破格晋升

专业九段任职标准破格晋升，是指不受规定工作经验、学历和职称与证书、业绩考核等限制，经过一定程序，由相关专业九段任职标准小组评议通过，公司专业九段任职标准执行委员会审批生效的专业九段任职标准升级。破格晋升只调整专业九段任职标准等级，不改变序列。

1．以下人员可以向人力资源部申请专业九段任职标准破格升级：

（1）在专业业务发展、新业务开拓等方面取得特殊成就或给企业带来巨大经济效益者；

（2）非职务内合理化建议被采纳后，取得显著经济效益者；

（3）其他由公司专业九段任职标准执行委员会提出的人选。

2．破格提拔具体操作办法由各专业九段任职标准小组制订，报公司专业九段任职标准执行委员会审批。

3．申请专业九段任职标准破格升级的员工要提供真实有效的证据，人力资源部接到申请后,应组织员工所属序列的专业九段任职标准小组进行破格晋升资格的审查,并提出初步的意见,报公司专业九段任职标准执行委员会审核批准。

4．在专业领域内迅速成长并取得相应业绩者,可以向人力资源部提出跨级申请,由人力资源部报执行委员会审批。审批通过后,则按照相应程序参加高等级的专业九段任职标准评审。

第四条　专业九段任职标准等级保级

对于在一个专业九段晋级周期内,两年的年度绩效评价结果不低于C级,所在级别不进行调整,员工可进行申请晋级。

第五条　专业九段任职标准等级晋升资格取消或降级

1．对于对企业重大事故负有直接责任的员工及对企业造成重大经济损失的员工,实行"一票否决制",取消其当期专业九段任职标准等级晋升资格,并解除现期专业九段任职标准等级。专业九段任职标准等级晋升资格取消事宜由人力资源部提出,由各序列专业九段任职标准小组审核,报公司专业九段任职标准执行委员会审批。流程如下：

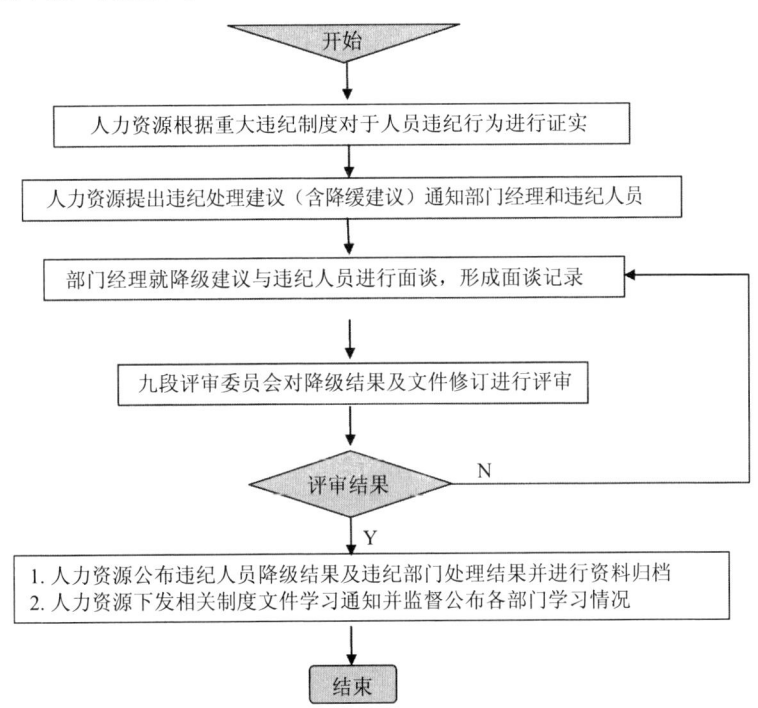

2. 年度绩效考核未达标人员降级流程

对于在一个专业九段晋级周期内，有一年的年度绩效评价结果低于C级（不含C），人力资源部进行汇总，报专业九段委员会进行审核。流程如下：

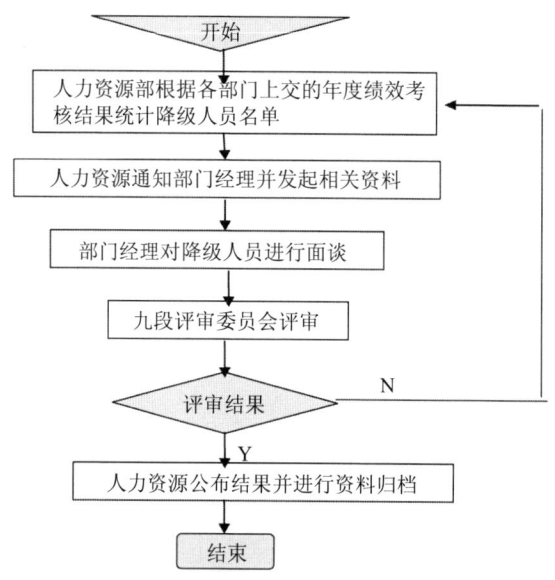

第七章　附　则

第一条　审批权、解释权

本制度的最终审批权与废改权归企业专业九段任职标准执行委员会，解释权归人力资源部。

第二条　实施时间

本制度自_____年_____月_____日正式实施。

附录二　某餐饮企业的部门经理序列九段任职资格标准

第一部分　概　述

一、标准名称：管理类—部门经理序列专业九段任职标准

二、标准适用范围：各部门经理

三、标准级别：共设 3 个级别，分别为一级标准、二级标准、三级标准

四、标准的结构：包括级别角色定义、基本条件、必备知识、行为标准、技能标准、专业化成果、职业化标准，其中必备知识、行为标准、技能标准、专业化成果、职业化素质为标准的核心内容。

第二部分　角色级别定义和基本条件

一、角色级别定义

关于各级别可承担角色的描述，包括掌握本领域内知识技能的宽度和深度，能够解决问题的难易程度和宽度，在本领域内的地位、影响力，在业务变革、战略规划中的作用，能够承担的职责。

级别		角色级别描述
初级	1级	1、了解连锁及餐饮行业通用的法律、法规、标准、政策，能够熟练查询并能提取相关条款。 2、了解连锁及餐饮行业运营的相关知识和常态操作方法，能够持续学习与改进。 3、熟悉连锁及火锅餐饮运作相关领域的专业知识，能够熟练运用并能带动、指导团队工作。

级别		角色级别描述
初级	1级	4、熟悉计算机办公软件操作，了解公司 ERP 软件操作的相关知识，不断提高办公效率。 5、熟悉企业的管理体系、组织协作要求、产品特点、赢利模式，清楚本单位或部门的职能，能够带动团队履行职能并按要求完成工作任务。 6、了解企业文化及要求，主动内部宣讲并为丰富企业文化建言献策。 7、掌握火锅餐饮运作流程及标准，带领团队执行并能指导下属工作。 8、了解公司关于团队建设的要求及团队建设的相关知识，积极进行单位或部门团队建设，带领团队践行企业文化。 9、能够独立制定本单位或部门的培训计划，并能组织培训实施。 10、熟悉中长期发展规划与目标，合理制订本单位（部门）目标，分解落实，并按要求保证完成。根据公司战略规划制定本单位（部门）的战略规划、措施和项目策划。 11、了解公司关于成本管理和财务管理的相关要求，有效控制成本。 12、在上级指导下完成本单位或部门机制流程等的建设，并在运营管理过程中持续优化。
中级	2级	1、了解连锁及餐饮行业通用的法律、法规、标准、政策，能够运用法律法规进行经营管理工作。 2、了解连锁及餐饮行业运营的相关知识和常态操作方法，在运用中发现行业亮点并能提出合理化建议。 3、掌握连锁及火锅餐饮运作的某领域或多领域的专业知识，能够运用并能带动、指导团队工作。 4、熟悉计算机办公软件及公司 ERP 软件操作的相关知识，不断提高办公效率。 5、熟悉企业的管理体系、组织协作要求、产品特点、赢利模式，掌握本单位或部门的职能，能够带动团队履行职能并完成管理要求和工作任务。 6、掌握企业文化及要求，主动内部宣讲并为丰富企业文化建言献策。带领团队践行企业文化，能在此基础上建设本单位或部门的文化导向。 7、掌握火锅餐饮运作流程及标准，带领团队执行并能指导下属工作。 8、掌握公司关于团队建设的要求及团队建设的相关知识，积极进行单位或部门团队建设。 9、能够建设本单位或部门的培训体系，并能组织培训实施。 10、掌握企业中长期发展规划与目标，合理制订本单位（部门）目标，分解落实，并按要求保证完成。根据公司战略规划制定本单位（部门）的战略规划、措施和项目策划，能够提出对公司战略规划与目标的建议。 11、掌握公司关于成本管理和财务管理的要求，有效控制成本。 12、能够独立完成所负责领域内机制流程等的建设，并在运营管理过程中持续优化。

附录二 某餐饮企业的部门经理序列九段任职资格标准

（续表）

级别		角色级别描述
高级	3级	1、熟悉连锁及餐饮行业通用的法律、法规、标准、政策，能够运用法律法规进行经营管理工作。 2、熟悉连锁及餐饮行业运营的相关知识和常态操作方法，在运用中发现行业亮点并能提出合理化建议。 3、掌握连锁及火锅餐饮运作的某领域或多领域的专业知识，能够独立运用并能带动、指导团队工作。 4、熟悉计算机办公软件及公司 ERP 软件操作的相关知识，能够提出改进方案。 5、熟悉企业的管理体系、组织协作要求、产品特点、赢利模式，掌握本单位或部门的职能，能够独立带领团队履行职能并完成管理要求和工作任务。 6、掌握、认同企业文化及要求，主动内部宣讲并为丰富企业文化建言献策，并能够将文化落实到团队的言行，能在此基础上建设本单位或部门的文化导向。 7、掌握火锅餐饮运作流程及标准，带领团队执行并能指导下属工作。 8、掌握公司关于团队建设的要求及团队建设的相关知识，积极进行单位或部门团队建设，带领团队践行企业文化。 9、能够独立建设本单位或部门的培训体系，并能组织培训实施。 10、掌握中长期发展规划与目标，合理制订本单位（部门）目标，分解落实，并按要求保证完成。根据公司战略规划能够独立制定本单位（部门）的战略规划、措施和进行项目策划，能够提出对公司战略规划的建议，能够参与公司战略规划的制订。 11、掌握公司关于成本管理和财务管理的要求，有效控制成本，能够提出改进方案。 12、独立完成本单位或部门所负责领域内机制流程等的建设，并在运营管理过程中持续优化，并能够指导下属进行机制流程的建设与优化。

二、基本条件

包括以下内容：关于教育背景的要求，关于相关培训的要求，关于从业经验的要求，关于某方面特殊经验的要求，英语水平以及其他相关要求。

级别		基本条件				
要求		教育背景及专业	行业经验	本职位从业经验	特殊要求	其他要求
	1级	大专以上学历，餐饮、酒店或经济管理类相关专业	3年以上餐饮工作经验	无	无	有良好的语言表达、沟通能力，较强的人员组织协调能力，认真细致，具备高度的责任心和敬业精神

（续表）

级别	基本条件			
2级	大专以上学历，餐饮、酒店或经济管理类相关专业	5年以上连锁餐饮相关工作经验	1年相应管理岗位工作经验	无	有较强的组织、沟通、统筹和协调能力，具备高度的责任心和敬业精神
3级	大专以上学历，餐饮、酒店或经济管理类相关专业	7年以上连锁餐饮相关工作经验	2年相应管理岗位工作经验	无	有较强的组织、沟通、统筹、协调和规划能力，具备高度的责任心和敬业精神

第三部分 专业九段晋级标准核心内容描述

一、基础知识标准

【必备知识项填写说明】：拥有所在专业领域知识和相关专业领域知识要求；分为专业知识、公司知识、周边知识；可以从精通、掌握、熟悉、了解几个层面进行深度和广度的描述。

【出处项填写说明】：相关知识内容的来源。

级别	知识模块	必备知识	出处	考查方式	合格标准
初级	1级	公司知识	了解企业的战略规划、目标	《战略规划》	参加培训	无缺勤
			熟悉企业管理模式、管理流程、管理制度	《公司管理手册》及人事、行政、财务、运营管理制度	参加培训	培训记录完整
			熟悉企业运营模式、业务流程	《店面运营手册》	参加培训	无缺勤
			了解企业产品知识	《产品手册》	参加培训	无缺勤
			了解集团整体目标	《年度目标责任书》	上级评价	评价通过
			熟悉企业文化知识	《企业文化手册》《企业宣传片》	提交心得	1篇1000字以上心得并审核通过

附录二　某餐饮企业的部门经理序列九段任职资格标准

（续表）

级别	知识模块	必备知识	出处	考查方式	合格标准
初级 1级	专业知识	了解计算机办公应用知识和企业专用软件知识	《公司专用软件操作实务》《计算机基础与应用》	实操考核	考核通过
		了解连锁经营与管理知识	《连锁与特许》	提交心得	1篇1000字以上心得并审核通过
		了解餐饮经营管理知识	《餐饮管理实务》《细节决定成败》	提交心得	1篇1000字以上心得并审核通过
		了解企业运营相关知识	《公司管理手册》《店面运营手册》	参加培训	记录完整
		熟悉人力资源管理相关知识	《非HR部门的HR管理》《转型》《人力资源管理全案》	提交心得	1篇1000字以上心得并审核通过
		了解成本管理和财务相关知识	《餐饮企业财务管理》投资分析操作、店面成本控制	参加培训	记录完整
		了解管理学知识	《管理学》、《组织行为学》	提交心得	1篇1000字以上心得并审核通过
	周边知识	法律、法规、标准、政策知识	国家及地方关于连锁、餐饮、食品卫生、食品安全、安全生产、消防、防疫、特许、餐饮建筑、广告、商标、合同及许可类法律、法规、司法解释、主要食品标准及原材料标准。	笔试	70分以上
		了解各个部门的职责、管理流程	《公司管理手册》	参加培训	无缺勤 记录完整
		了解培养良好心态的知识	《羊皮卷》《请给我结果》《你在为谁工作》《团队执行力大纲》《没有任何借口》《执行智慧》等书籍	总结	1篇1000字以上总结，上级审核通过

（续表）

级别	知识模块	必备知识	出处	考查方式	合格标准
中级 2 级	公司知识	掌握企业的战略规划、目标	《战略规划》	参加培训	无缺勤 记录完整
		掌握企业管理模式、管理流程、管理制度	《公司管理手册》及人事、行政、财务、运营管理制度	内部宣讲	学员满意率80%以上
		掌握企业运营模式、业务流程	《店面运营手册》	内部宣讲	学员满意率80%以上
		掌握企业产品知识	《产品手册》	参加培训	无缺勤
		掌握集团整体目标	《发展规划》《年度目标书》	上级评价	评价通过
		掌握企业文化知识	《企业文化手册》《企业宣传片》	内部宣讲	学员满意率80%以上
	专业知识	掌握计算机办公应用知识和企业专用软件知识	《公司专用软件操作实务》《计算机基础与应用》	实操考核	考核通过
		掌握连锁经营与管理知识	《连锁与特许》	内部宣讲	学员满意率80%以上
		掌握餐饮经营管理知识	《餐饮管理实务》《细节决定成败》	内部宣讲	学员满意率80%以上
		掌握企业运营相关知识	《公司管理手册》《店面运营手册》	内部宣讲	学员满意率80%以上
		熟悉人力资源管理相关知识	《非HR部门的HR管理》《转型》《人力资源管理全案》	提交心得	1篇1000字以上心得并审核通过
		熟悉成本管理和财务相关知识	《餐饮企业财务管理》投资分析操作、店面成本控制	参加培训	无缺勤 记录完整
		熟悉管理学知识	《管理学》《组织行为学》	提交心得	2篇1000字以上心得并审核通过

附录二 某餐饮企业的部门经理序列九段任职资格标准

（续表）

级别	知识模块	必备知识	出处	考查方式	合格标准
中级	2级 周边知识	法律、法规、标准、政策知识	国家及地方关于连锁、餐饮、食品卫生、食品安全、安全生产、消防、防疫、特许、餐饮建筑、广告、商标、合同及许可类法律、法规、司法解释、主要食品标准及原材料标准。	笔试	达到80分以上
		掌握各个部门的职责、管理流程	《公司管理手册》	参加培训	无缺勤 记录完整
		了解培养良好心态的知识	《羊皮卷》《请给我结果》《你在为谁工作》《团队执行力大纲》《没有任何借口》《执行智慧》等书籍	总结	1篇1000字以上总结，上级审核通过
高级	3级 公司知识	掌握企业的战略规划、目标	《战略规划》	参加培训	无缺勤 记录完整
		掌握企业管理模式、管理流程、管理制度	《公司管理手册》及人事、行政、财务、运营管理制度	内部宣讲	学员满意率80%以上
		掌握企业运营模式、业务流程	《店面运营手册》	内部宣讲	学员满意率80%以上
		掌握企业产品知识	《产品手册》	参加培训	无缺勤 记录完整
		掌握集团整体目标	《年度目标责任书》	上级评价	评价通过
		掌握企业文化知识	《企业文化手册》《企业宣传片》	内部宣讲	学员满意率80%以上

（续表）

级别	知识模块	必备知识	出处	考查方式	合格标准
高级	3级				
	专业知识	掌握计算机办公应用知识和企业专用软件知识	《公司专用软件操作实务》《计算机基础与应用》	实操考核	考核通过
		掌握连锁经营与管理知识	《连锁与特许》	编写培训教材	上级审核通过
		掌握餐饮经营管理知识	《餐饮管理实务》《细节决定成败》	编写培训教材	上级审核通过
		掌握企业运营相关知识	《公司管理手册》《店面运营手册》	编写培训教材	上级审核通过
		熟悉人力资源管理相关知识	《转型》《人力资源管理全案》	提交心得	2篇1000字以上心得并审核通过
		熟悉成本管理和财务相关知识	《餐饮企业财务管理》投资分析操作、店面成本控制。	提交建议方案	1份建议方案并被采纳
		掌握管理学知识	《管理学》《组织行为学》	编写培训教材	上级审核通过
	周边知识	掌握法律、法规、标准、政策知识	国家及地方关于连锁、餐饮、食品卫生、食品安全、安全生产、消防、防疫、特许、餐饮建筑、广告、商标、合同及许可类法律、法规、司法解释、主要食品标准及原材料标准。	编写培训教材	上级审核通过
		掌握各个部门的职责、管理流程	《公司管理手册》	编写培训教材	上级审核通过
		掌握培养良好心态的知识	《羊皮卷》《请给我结果》《你在为谁工作》《团队执行力大纲》《没有任何借口》《执行智慧》	总结	1篇1000字以上总结，上级审核通过

附录二 某餐饮企业的部门经理序列九段任职资格标准

行为标准

1. 行为模块划分

部门经理序列九段任职标准行为标准分为六个模块，包括一级、二级、三级，共3级行为标准。

行为模块一	计划与目标管理	行为模块五	战略支持
行为模块二	人力资源管理	行为模块六	对外沟通协调
行为模块三	流程优化与体系建设		
行为模块四	品牌建设		

2. 行为模块对比表

行为模块	行为要项		
	1级	2级	3级
计划与目标管理	计划与目标编制	计划与目标编制	计划与目标编制
	实施情况监控	实施情况监控	实施情况监控
	实施效果评价	实施效果评价	实施效果评价
	总结改进	总结改进	总结改进
人力资源管理	人才培养与团队建设	人才培养与团队建设	人才培养与团队建设
	绩效管理	绩效管理	绩效管理
	人员配置与优化	人员配置与优化	人员配置与优化
	---	文化建设	文化建设
流程优化与体系建设	管理与业务流程优化	管理与业务流程优化	管理与业务流程优化
	管理体系建设	管理体系建设	管理体系建设
品牌建设	品牌宣传	品牌宣传	品牌宣传
	品牌维护	品牌维护	品牌维护
	---	品牌提升	品牌提升
战略支持	战略规划分解与执行	战略规划分解与执行	战略规划分解与执行
	---	参与公司战略制订	参与公司战略制订
对外沟通协调	建立沟通渠道	建立沟通渠道	建立沟通渠道
	关系维护	关系维护	关系维护
	合作与交流	合作与交流	合作与交流
	---	参与社会活动与公益事业	参与社会活动与公益事业

3. 各行为模块描述

行为模块一：（计划与目标管理）

级别	行为要项 [填写说明]：有效完成该行为模块的关键步骤和内容。	行为要项描述 [填写说明]：有效完成行为要项的关键行为，用分步骤、分级别描述。	考查方式 [填写说明]：提供证据、上级评价、关键事件法	达标关键点 [填写说明]：需要体现质量与数量方面的要求
1级	计划与目标编制	根据公司战略规划与目标，结合部门职能，在他人指导下制订工作计划，以满足、支撑公司发展需要。	提供证据	至少提交1份部门工作计划，上级审核通过
1级	实施情况监控	根据工作计划、目标，检查、指导各项工作任务进展与完成情况，通过资源协调与内部沟通，确保计划顺利实施和目标的完成。	上级评价	评价通过
1级	实施效果评价	根据工作计划与目标完成情况，在他人指导下对流程中的相关环节及绩效进行分析，形成实施效果评价报告，以保证存在的问题得到及时发现。	提供证据	至少提交2份实施效果评价报告，上级审核通过
1级	总结改进	根据工作计划与目标实施评估结果，分析计划与目标制订中的不足，在他人指导下形成改进方案并实施，以提高工作计划与目标的合理性。	提供证据	至少提交2份改进方案，上级审核通过
2级	计划与目标编制	根据公司战略规划、目标和本部门工作任务，结合现实条件与相关部门沟通的结果，独立完成工作计划与目标编制。	提供证据	至少提交1份部门工作计划，上级审核通过
2级	实施情况监控	根据工作计划、目标，检查、指导各项工作任务进展与完成情况，通过资源协调与内部沟通，确保计划顺利实施和目标的完成。	上级评价	评价通过
2级	实施效果评价	根据工作计划与目标完成情况，对流程中的相关环节及绩效进行分析，独立形成实施效果评价报告，使过程中存在问题得到及时发现。	提供证据	至少提交2份实施效果评价报告，上级审核通过
2级	总结改进	根据工作计划与目标实施评估结果，分析计划与目标制订中的不足，独立形成改进方案并实施，以提高工作计划与目标的合理性。	提供证据	至少提交2份改进方案，上级审核通过

附录二 某餐饮企业的部门经理序列九段任职资格标准

(续表)

级别	行为要项 [填写说明]：有效完成该行为模块的关键步骤和内容。	行为要项描述 [填写说明]：有效完成行为要项的关键行为，用分步骤、分级别描述。	考查方式 [填写说明]：提供证据、上级评价、关键事件法	达标关键点 [填写说明]：需要体现质量与数量方面的要求
3级	计划与目标编制	根据公司战略规划、目标和本部门工作任务，结合现实条件与相关部门沟通的结果，指导他人完成工作计划与目标编制。	间接证据	至少提交1份部门工作计划，上级审核通过
	实施情况监控	指导他人根据工作计划、目标，检查、指导各项工作任务进展与完成情况，通过资源协调与内部沟通，确保计划顺利实施和目标的完成。	上级评价	评价通过
	实施效果评价	指导他人根据工作计划与目标完成情况，对流程中的相关环节及绩效进行分析，指导他人完成实施效果评价报告，使存在的问题被及时发现。	间接证据	至少提交2份实施效果分析报告，上级审核通过
	总结改进	指导他人根据工作计划与目标实施评估结果，分析改进计划与目标制订中的不足，指导他人形成改进方案并实施，以提高工作计划与目标的合理性。	间接证据	至少提交2份改进方案，上级审核通过

行为模块二：（人力资源管理）

级别	行为要项 [填写说明]：有效完成该行为模块的关键步骤和内容。	行为要项描述 [填写说明]：有效完成行为要项的关键行为，用分步骤、分级别描述。	考查方式 [填写说明]：提供证据、上级评价、关键事件法	达标关键点 [填写说明]：需要体现质量与数量方面的要求
1级	人才培养与团队建设	根据公司发展规划和部门职能，分析部门内人才队伍的素质和能力，在他人指导下确定人才队伍培养方向并制订人才队伍培养方案。	提供证据	至少提交1份培养方案，上级审核通过
		根据人才培养方案，通过问卷、访谈、讨论等沟通方式，收集培训需求信息，对培训需求进行分类汇总、统计和分析，在他人指导下制定培训需求方案。	提供证据	至少提交1份培训需求方案，上级审核通过
		依据培训需求方案，明确培训资料汇编目的，收集相关信息，在他人指导下组织编写素质能力提升、流程管理、产品培训等相关培训教材、考核材料。	提供证据	至少提交2套课程体系及2份培训教材，上级审核通过

（续表）

级别	行为要项 [填写说明]：有效完成该行为模块的关键步骤和内容。	行为要项描述 [填写说明]：有效完成行为要项的关键行为，用分步骤、分级别描述。	考查方式 [填写说明]：提供证据、上级评价、关键事件法	达标关键点 [填写说明]：需要体现质量与数量方面的要求
1级	人才培养与团队建设	根据培训计划和培训内容，在他人指导下制订具体的培训活动计划，确定培训方式、时间、地点、经费、师资等资源状况，确保培训方案顺利实施。	上级评价	评价通过
		根据培训实施情况和效果，在他人指导下制订并实施改进措施方案，跟踪改进效果。	提供证据	至少提交2份改进方案，上级审核通过
	绩效管理	根据公司绩效目标，在他人指导下将本部门绩效目标转化为员工绩效考核目标，制订本部门有效的绩效考核方案。	提供证据	至少提交1份绩效考核方案，上级审核通过
		依据公司运行的绩效考核制度及部门绩效考核方案，在他人指导下对部门员工工作进行月度考核。	提供证据	至少提交3份绩效考核记录，上级审核通过
		根据考核结果及各岗位工作要求和能力状况，在他人指导下制订绩效改进方案，以完成绩效目标。	提供证据	至少提交2份绩效改进方案，上级审核通过
	人员配置与优化	按公司发展规划、部门职能、人员编制现状，在他人指导下确定部门人员配置方案，合理配置各发展阶段所需人才，以支持规划与目标的实现。	提供证据	至少提交1份人员配置方案，上级审核通过
		根据各岗位工作性质和各岗位人员的能力和素质要求，在他人指导下提出人才优化方案。	提供证据	至少提交1份部门人员优化方案，上级审核通过
		根据优化方案在他人指导下实施部门员工的能力素质优化组合，以最大限度地实现能力互补并保持优化状态。	上级评价	评价通过

附录二 某餐饮企业的部门经理序列九段任职资格标准

续表

级别	行为要项 [填写说明]：有效完成该行为模块的关键步骤和内容。	行为要项描述 [填写说明]：有效完成行为要项的关键行为，用分步骤、分级别描述。	考查方式 [填写说明]：提供证据、上级评价、关键事件法	达标关键点 [填写说明]：需要体现质量与数量方面的要求
2级	人才培养与团队建设	根据部门目标达成、培训体系运行情况，分析和总结存在的问题，完善培训管理制度流程，独立完成人才培养体系及团队建设方案。	提供证据	至少制定1份人才队伍培养方案，上级审核通过
		根据人才培养方案，通过问卷、访谈、讨论等沟通方式，收集培训需求信息，对培训需求进行分类汇总、统计和分析，独立制定培训需求方案。	提供证据	至少提交2份培训需求方案，上级审核通过
		依据人才培养方案和培训需求方案，独立制订具体的培训活动实施计划。	提供证据	至少制订2份培训活动计划，上级审核通过
		根据培训活动计划独立落实培训准备工作并实施，监控培训实施过程，确保培训方案顺利实施，出现异常能及时处理。	上级评价	评价通过
		依据培训方案，明确培训资料汇编目的，收集相关信息，独立组织编写素质能力提升、流程管理、产品培训等相关培训教材、考核材料。	提供证据	至少提交2份培训方案，上级审核通过
		根据培训效果评估目标，独立制定培训效果评估方案并实施。	提供证据	至少提交1份培训效果评估方案，上级审核通过
		根据考核结果及各岗位工作要求和能力状况，独立制订绩效改进方案，以完成绩效目标。	提供证据	至少提交1份改进方案，上级审核通过
	绩效管理	根据公司绩效目标，将本部门绩效目标转化为员工绩效考核目标，独立制订本部门绩效考核方案。	提供证据	至少提交1份绩效考核方案，上级审核通过
		依据公司运行的绩效考核制度及部门绩效考核方案，独立实施对部门员工工作的月度考核。	提供证据	至少提交3份绩效考核记录，上级审核通过

（续表）

级别	行为要项 [填写说明]：有效完成该行为模块的关键步骤和内容。	行为要项描述 [填写说明]：有效完成行为要项的关键行为，用分步骤、分级别描述。	考查方式 [填写说明]：提供证据、上级评价、关键事件法	达标关键点 [填写说明]：需要体现质量与数量方面的要求
2级	绩效管理	根据考核结果及各岗位工作要求、能力状况、员工对目标改进的需求，独立制订绩效改进方案并落实，以完成绩效目标。	提供证据	至少提交2份绩效改进方案，上级审核通过
	人员配置与优化	按公司发展规划、部门职能、人员编制现状，合理配置各发展阶段所需人才，独立制订部门人员配置方案，以支持规划与目标的实现。	提供证据	至少提交1份人员配置方案，上级审核通过
		根据各岗位工作性质和各岗位人员的能力和素质要求，独立提出人才优化方案。	提供证据	至少提交1份部门人员优化方案，上级审核通过
		根据优化方案独立实施部门员工的能力素质优化组合，以最大限度实现能力互补并保持优化状态。	上级评价	评价通过
	文化建设	根据公司企业文化要求，在本部门落实企业文化，独立制订企业文化培训与执行方案并落实。	提供证据	至少提交1份培训计划，上级审核通过
		根据公司文化活动要求在部门内执行，并与部门人员进行沟通，独立制订本部门文化建设方案。	提供证据	至少提交1份文化建设方案，上级审核通过
		根据部门文化建设方案，独立组织激励员工、增强团队凝聚力的文化活动，塑造团队文化氛围，鼓励互相协助，达到以目标回报鼓励团队成员，使员工为实现目标持续付出努力，独立撰写文化建设总结报告。	提供证据	至少提交1份总结报告，上级审核通过

附录二 某餐饮企业的部门经理序列九段任职资格标准

（续表）

级别	行为要项 [填写说明]：有效完成该行为模块的关键步骤和内容。	行为要项描述 [填写说明]：有效完成行为要项的关键行为，用分步骤、分级别描述。	考查方式 [填写说明]：提供证据、上级评价、关键事件法	达标关键点 [填写说明]：需要体现质量与数量方面的要求
3级	人才培养与团队建设	根据公司规划和愿景，完善部门人才培养制度、方法和流程，独立制订部门人才规划方案，以支持整体中长期目标达成。	提供证据	至少提交1份人才规划方案，上级审核通过
		通过访谈或测评的方式，了解部门管理人才队伍的能力和素质，指导他人制订培训需求方案，为员工开辟职业发展道路。	提供证据	至少提交2份人才培训需求方案，上级审核通过
		根据人才培养方案和培训需求方案，指导他人组织制订具体的培训活动实施计划。	间接证据	至少提交2份培训活动计划，上级审核通过
		根据培训活动计划指导他人落实培训准备工作并实施，监控培训实施过程，确保培训方案顺利实施，出现异常能及时处理。	上级评价	评价通过
		依据培训方案，明确培训资料汇编目的，收集相关信息，指导他人编写素质能力提升、流程管理、产品培训等相关培训教材、考核材料。	间接证据	至少提交2份培训方案，上级审核通过
		根据培训效果评估目标，指导他人制定培训效果改进计划和培训效果评估方案。	间接证据	至少提交2份培训效果评估方案，上级审核通过
		根据考核结果及各岗位工作要求和能力状况，指导他人制订绩效改进方案，以完成绩效目标。	间接证据	至少提交1份改进方案，上级审核通过
	绩效管理	根据公司绩效目标，将本部门绩效目标转化为员工绩效考核目标，指导他人制订本部门绩效考核方案。	间接证据	至少提交1份绩效考核方案，上级审核通过
		依据公司运行的绩效考核制度及部门绩效考核方案，指导他人实施对部门员工工作的月度考核。	间接证据	至少提交3份绩效考核记录，审核通过

续表

级别	行为要项 [填写说明]：有效完成该行为模块的关键步骤和内容。	行为要项描述 [填写说明]：有效完成行为要项的关键行为，用分步骤、分级别描述。	考查方式 [填写说明]：提供证据、上级评价、关键事件法	达标关键点 [填写说明]：需要体现质量与数量方面要求
3级	绩效管理	根据考核结果及各岗位工作要求、能力状况、员工对目标改进的需求，指导他人制订绩效改进方案并落实，以完成绩效目标。	间接证据	至少提交2份本部门员工绩效改进方案，上级审核通过
	人员配置与优化	按公司发展规划、部门职能、人员编制现状，合理配置各发展阶段所需人才，指导他人制订部门人员配置方案，以支持规划与目标的实现。	间接证据	至少提交1份人员配置方案，上级审核通过
		根据各岗位工作性质和各岗位人员的能力和素质要求，指导他人提出人才优化方案。	间接证据	至少提交1份部门人员优化方案，上级审核通过
		根据优化方案指导他人实施部门员工的能力素质优化组合，以最大限度地实现能力互补并保持优化状态。	上级评价	评价通过
	文化建设	根据公司企业文化要求，在本部门落实企业文化，指导他人制订企业文化培训与执行方案并落实。	间接证据	至少提交1份培训计划，上级审核通过
		根据公司文化活动要求在部门内执行，并与部门人员进行沟通，指导他人制订本部门文化建设方案。	间接证据	至少提交1份文化建设方案，上级审核通过
		根据部门文化建设方案，指导他人组织激励员工、增强团队凝聚力的文化活动，塑造团队文化氛围，鼓励互相协助，达到以目标回报鼓励团队成员，使员工为实现目标持续付出努力，指导他人撰写文化建设总结报告。	间接证据	至少提交1份总结报告，上级审核通过

附录二 某餐饮企业的部门经理序列九段任职资格标准

行为模块三：（流程优化与体系建设）

级别	行为要项 [填写说明]：有效完成该行为模块的关键步骤和内容。	行为要项描述 [填写说明]：有效完成行为要项的关键行为，用分步骤、分级别描述。	考查方式 [填写说明]：提供证据、上级评价、关键事件法	达标关键点 [填写说明]：需要体现质量与数量方面要求
1级	管理业务流程优化	依据既定的管理及业务流程和资源条件，通过分析，在他人指导下提出流程优化方案并组织实施。	提供证据	至少提交1份管理或业务流程优化方案，上级审核通过
1级	管理业务流程优化	依据具体项目计划和项目经验，在他人指导下独立完成具体项目实施和过程关键点控制与问题解决。	上级评价	评价通过
1级	管理体系建设	根据实际工作中存在的问题和工作分析，在他人指导下提出管理体系建设方案并组织实施。	提供证据	至少提交1份体系建设方案，上级审核通过
2级	管理业务流程优化	依据既定的管理及业务流程和资源条件，通过分析，独立提出流程优化方案并组织实施。	提供证据	至少提交1份管理或业务流程优化方案，上级审核通过
2级	管理业务流程优化	依据具体项目计划和项目经验，独立完成重大项目实施和过程关键点控制与问题解决。	上级评价	评价通过
2级	管理体系建设	根据实际工作中存在的问题和工作分析，独立提出管理体系建设方案并组织实施。	提供证据	至少提交1份体系建设方案，上级审核通过
3级	管理业务流程优化	根据公司发展目标、管理及业务流程，指导他人完成效率、效益提升及资源配置优化方案并落实。	间接证据	至少提交1份管理或业务流程优化方案，上级审核通过
3级	管理业务流程优化	依据具体项目计划和项目经验，指导他人完成具体项目实施和过程关键点控制与问题解决。	上级评价	评价通过
3级	管理体系建设	根据专业知识、工作经验和行业发展趋势的理解，指导他人提出管理体系建设、完善与更新方案并实施。	间接证据	至少提交1份体系建设方案，上级审核通过

行为模块四：（品牌建设）

级别	行为要项 [填写说明]：有效完成该行为模块的关键步骤和内容。	行为要项描述 [填写说明]：有效完成行为要项的关键行为，用分步骤、分级别描述。	考查方式 [填写说明]：提供证据、上级评价、关键事件法	达标关键点 [填写说明]：需要体现质量与数量方面要求
1级	品牌宣传	根据公司品牌发展和品牌传播的要求，结合部门职能、管理及业务流程特点，在他人指导下制订品牌宣传方案并实施。	提供证据	至少提交1份品牌宣传方案，上级审核通过
1级	品牌维护	根据公司品牌发展和品牌传播的要求，结合部门职能、管理及业务流程特点，在他人指导下制订针对性品牌维护方案并实施。	提供证据	至少提交1份品牌维护方案，上级审核通过
2级	品牌宣传	根据公司品牌发展和品牌传播的要求，结合部门职能、管理及业务流程特点，独立制订品牌宣传方案并实施。	提供证据	至少提交1份品牌宣传方案，上级审核通过
2级	品牌维护	根据公司品牌发展和品牌传播的要求，结合部门职能、管理及业务流程特点，独立制订针对性品牌维护方案并实施。	提供证据	至少提交1份品牌维护方案，上级审核通过
2级	品牌提升	根据公司品牌发展和品牌传播的要求，以及工作中发现的品牌宣传与维护方面的问题分析，独立提出品牌提升的建议方案并实施。	提供证据	至少提交1份品牌提升建议方案，上级审核通过
3级	品牌宣传	根据公司品牌发展和品牌传播的要求，结合部门职能、管理及业务流程特点，指导他人制订品牌宣传方案并实施。	间接证据	至少提交1份品牌宣传方案，上级审核通过
3级	品牌维护	根据公司品牌发展和品牌传播的要求，以及部门职能、管理及业务流程特点，指导他人制订针对性品牌维护方案并实施。	间接证据	至少提交1份品牌宣传方案，上级审核通过
3级	品牌提升	根据工作中发现的品牌宣传与维护方面的问题分析，结合自己的专业知识、工作经验和对同行业信息的掌握，指导他人制订品牌提升方案并实施。	提供证据	至少提交1份品牌提升方案，上级审核通过

附录二 某餐饮企业的部门经理序列九段任职资格标准

行为模块五：（战略支持）

级别	行为要项 [填写说明]： 有效完成该行为模块的关键步骤和内容。	行为要项描述 [填写说明]：有效完成行为要项的关键行为，用分步骤、分级别描述。	考查方式 [填写说明]： 提供证据、上级评价、关键事件法	达标关键点 [填写说明]： 需要体现质量与数量方面要求
1级	战略规划分解与执行	根据公司发展战略规划和部门职能，在他人指导下制订本部门战略措施分解方案并对下属员工进行培训、沟通。	提供证据	至少提交1份规划分解方案，上级审核通过
2级	战略规划分解与执行	根据公司发展战略规划，结合部门职能，独立制订部门战略措施分解方案，并对下属员工进行培训，确保分解方案执行并完成发展目标。	提供证据	至少提交1份规划分解方案，上级审核通过
2级	参与公司战略制订	根据部门职能和流程状况，结合自己的知识与经验，独立提出部门发展规划合理化建议。	提供证据	至少提交1份规划建议方案，上级审核通过
3级	战略规划分解与执行	根据公司发展战略规划，结合部门职能，指导他人制订部门战略措施分解方案，并对下属员工进行培训，确保分解方案执行并完成发展目标。	间接证据	至少提交1份规划分解方案，上级审核通过
3级	参与公司战略制订	根据部门职能和流程状况，结合自己的知识与经验，独立制订本部门发展战略规划方案。	提供证据	至少提交1份部门规划方案，上级审核通过

行为模块六：（对外沟通协调）

级别	行为要项 [填写说明]： 有效完成该行为模块的关键步骤和内容。	行为要项描述 [填写说明]：有效完成行为要项的关键行为，用分步骤、分级别描述。	考查方式 [填写说明]： 提供证据、上级评价、关键事件法	达标关键点
1级	建立沟通渠道	根据公司所处行业及部门业务特点，在上级指导下建立与政府、行业协会、企事业单位良好的互动关系渠道。	上级评价	评价通过

（续表）

1级	关系维护	根据关系渠道和关系维护程度要求，在上级指导下建立持续交往的机制文件并实施。	提供证据	至少提交1份关系维护机制文本，上级审核通过
	合作与交流	积极参与对外交流活动，促进管理、技术、信息等方面的互补，形成合作共赢局面，为公司战略制定提供参考。	上级评价	评价通过
2级	建立沟通渠道	根据公司所处行业及部门业务特点，在上级指导下建立与政府、行业协会、企事业单位良好的互动关系渠道。	上级评价	评价通过
	关系维护	根据关系渠道和关系维护程度要求，在上级指导下建立持续交往的机制文件并实施，监督执行情况。	提供证据	至少提交1份关系维护机制文本，上级审核通过
	合作与交流	独立组织和参与对外交流活动，促进技术、信息等方面的互补，形成合作共赢局面，为公司战略制定提供依据。	上级评价	评价通过
	参与社会活动与公益事业	独立组织参与社会活动与公益事业，拓宽宣传渠道，提升知名度，树立企业公众形象和良好口碑。	上级评价	评价通过
3级	建立沟通渠道	根据公司所处行业及部门业务特点，指导他人与政府、行业协会、企事业单位建立良好的互动关系渠道。	上级评价	评价通过
	关系维护	根据关系渠道和关系维护程度要求，指导他人建立持续交往的机制文件并实施。	间接证据	至少提交1份关系维护机制文本，上级审核通过
	合作与交流	组织和参与对外交流活动，促进技术、信息等方面的互补，形成合作共赢局面，为公司战略制定提供依据，独立提出经验总结材料。	提供证据	至少提交1份经验材料，上级审核通过
	参与社会活动与公益事业	指导他人组织或参与社会活动与公益事业，拓宽宣传渠道，提升知名度，树立企业公众形象和良好口碑，独立提出经验总结材料。	提供证据	至少提交1份经验材料，上级审核通过

附录二 某餐饮企业的部门经理序列九段任职资格标准

技能标准

专业技能共包含 9 项：办公软件的运用能力、策划组织协调能力、团队管理能力、持续改进能力、品牌建设能力、战略规划能力、对外协调能力、指导培训能力、项目管理能力。

级别	技能项目	技能描述	达标关键点
1级	办公软件运用能力	熟练应用 WORD、EXCEL 等常用办公软件，正确运用企业邮箱、飞信，打字速度不少于 30 字/分钟。	上级评价通过
	策划组织协调能力	在工作中能够区分轻重缓急和主次，合理制定辖区工作计划目标并分解后执行，保持工作环境秩序并确保工作有效进行。	定期制定工作计划，提交上级评价通过
	团队管理能力	合理安排人员，保障部门人员工作高效；能够使用绩效考核的方法合理激励、评价员工工作；树立良好的管理风气。	人力资源部评价认可
	持续改进能力	根据集团整体目标、指导思想和管理权限制定本部门的工作流程、管理流程，并在实际运用中不断总结优化，使整体工作节能、顺畅。	至少有 1 份流程优化报告，领导确认通过
	品牌建设能力	利用各种渠道做好品牌推广工作，培训员工掌握品牌维护的能力、责任和话术，保障品牌的美誉度。	至少抽查 2 次，合格率 100%
	战略规划能力	了解集团的战略规划并在部门工作中开展，确保整体规划的实现。	至少有 1 份规划实施报告，领导确认通过
	对外协调能力	了解公关策略并实施，妥善处理好和各级政府部门、同行业的关系，保障工作顺利开展。	行政部评价通过
	指导培训能力	能够培训员工掌握工作技能和要领，使其能胜任工作并遵守企业规章制度。	人力资源部考核合格
	项目管理能力	能够独立完成新项目的实施运作，并达到预期效果。	上级评价通过
2级	办公软件运用能力	熟练应用 WORD、EXCEL 等常用办公软件，正确运用企业邮箱、飞信，打字速度不少于 30 字/分钟。	上级评价通过
	策划组织协调能力	在工作中能够区分轻重缓急和主次，合理制定辖区工作计划目标并分解后执行，保持工作环境秩序并确保工作有效进行；有预见能力，提前协调工作接口，保障步调一致和整体效率。	定期制定工作计划，提交上级评价通过
	团队管理能力	熟练使用绩效考核的方法激励、评价员工工作；不断优化、提升团队工作能力，保障工作高效、激情、向上。	人力资源部评价认可
	持续改进能力	根据集团整体目标、指导思想和管理权限制定本部门的工作流程、管理流程，并在实际运用中不断总结优化，使整体工作节能、顺畅。	至少有 1 份流程优化报告，领导确认通过

（续表）

级别	技能项目	技能描述	达标关键点
2级	品牌建设能力	利用各种渠道做好品牌推广工作，培训员工掌握品牌维护的能力、责任和话术，保障品牌的美誉度；总结并提出提升品牌的建议。	至少有1份品牌管理报告，领导确认通过
	战略支持能力	了解战略规划并实施、总结，为集团战略制定提供依据。	至少有1份规划实施总结和建议报告，领导确认通过
	对外协调能力	了解公关策略并实施，妥善处理和各级政府部门、同行业的关系，保障工作顺利开展；定期总结，提出改进建议。	至少有1份改进建议行政部评价通过
	指导培训能力	能够指导他人培训员工胜任工作并遵守企业规章制度、融入并弘扬企业文化。	人力资源部考核合格
	项目管理能力	能够参与重大项目的策划并构建体系实施，并达到预期效果。	上级评价通过
3级	办公软件运用能力	熟练应用WORD、EXCEL等常用办公软件，正确运用企业邮箱、飞信，打字速度不少于30字/分钟。	上级评价通过
	策划组织协调能力	在工作中能够区分轻重缓急和主次，合理制定辖区工作计划目标并分解后执行，保持工作环境秩序并确保工作有效进行；有预见能力，提前协调工作接口，保障步调一致和整体效率；积极协助其他部门的工作。	定期制定工作计划，提交上级评价通过
	团队管理能力	能够指导他人使用绩效考核的方法激励、评价员工工作；不断优化、提升团队工作能力，保障整体工作高效并持续改进。	人力资源部评价认可
	持续改进能力	根据集团整体目标、指导思想和管理权限制定本部门的工作流程、管理流程，并在实际运用中不断总结优化，使整体工作节能、顺畅。	至少有1份流程优化报告。领导确认通过
	品牌建设能力	利用各种渠道做好品牌推广工作，培训员工掌握品牌维护的能力、责任和话术，保障品牌的美誉度；总结并提出提升品牌的建议和实施方案。	至少有1份品牌提升报告，领导确认通过
	战略支持能力	了解战略规划并实施、总结，收集各方建议并分析汇总，参与集团战略规划的制定。	上级评价通过
	对外协调能力	参与制定集团公关策略并组织实施，妥善处理好和各级政府部门、同行业的关系，保障工作顺利开展；使对外有形、无形投资回报最大化。	至少有1份评审报告，上级审阅通过
	指导培训能力	能够指导他人培训员工胜任工作并遵守企业规章制度、融入并弘扬企业文化；培训员工创造性思维，创新工作方法。	人力资源部考核合格
	项目管理能力	能够参与重大项目的策划并构建体系实施，并达到预期效果。	上级评价通过

附录二 某餐饮企业的部门经理序列九段任职资格标准

职业化标准

职业化标准共包含 11 项：责任心、工作积极主动性、内部客户价值、外部顾客价值、诚实守信、经验开放性、工作进取性、成就导向、执行能力、廉洁自律、团队合作。

级别		项目	敬业描述	表现频度
初级	1级	责任心	充分了解自己的工作职责，喜爱并能高质量的完成本职工作，能够参照既定的绩效目标，对自己的绩效进行客观地监督和检查，若未能达到目标时，能够勇于面对并采取行动，对本职工作范围内的经营结果担负责任。	经常
		工作积极主动性	工作积极主动，自觉独立完成本职工作，并及时向上级进行反馈。积极参与本职外的其他相关工作，并能够在其中尽到自己所能，及时提出良好建议。尤其在公司内部分工尚不明确的情况下，能够尽自己的力量多做些事情或主动承担一些责任。	经常
		内部客户价值	在做好本职工作的基础上，能够为内部客户，如对上级和平级能给提前量，给选择题，给决策依据；对下级能给方法，给指导。	有时
		外部客户价值	能将公司的产品与客户需求进行有效结合，为客户提供解决方案和非业务价值，做到高价值、低成本、可体验、能持续。	有时
		诚实守信	为人很正直，有着健康良好的心态，对他人尊重、真诚；较严格的遵守公司的制度，不因个人情绪而影响组织利益；有较好的社会公德意识。	一贯
		经验开放性	很愿意与他人交流，分享结果与实践过程；很愿意接受新知识，思路比较开阔；努力使用各方面途径获得新鲜信息。	经常
		工作进取性	有较强烈的好胜心，对事业有一定的追求，有比较强烈的求知欲与好奇心，会及时学习，更新自己的知识提高职业素养。	经常
		成就导向	个人希望较好的完成任务，在工作中有表现自己能力的愿望，不断为自己设立更高的标准，追求事业上的进步。	经常
		执行能力	能够领悟公司战略意图，勇于执行，自觉按要求完成预定目标任务；能够带领和影响团队形成高效的执行力和战斗力，努力完成企业赋予的团队战略目标。	经常
		廉洁自律	自觉遵守相关国家的法律、法规和规章制度，工作中洁身自好，不以工作之便谋取个人私利，不得收受贿赂；严格执行公司各项规定。	一贯
		团队合作	有一定的团队合作意识，能与团队成员配合好；意识到自己是团队中不可或缺的成员，能在自己的范围承担起责任；与团队成员沟通较好，与成员有较好的协作性；以团队利益为重，以作为团队的一员而骄傲。	经常

（续表）

级别		项目	敬业描述	表现频度
中级	2级	责任心	充分认识自己的工作职责，能够从工作投入中获得一些成就感或者满足感，对某个群体或者部门的工作负责，长期持续地提高个人绩效目标，对实现团队目标负责，对结果负责，对团队成员的成长负责，把绩效与奖励机制联系起来。	一贯
		工作积极主动性	工作积极主动，在工作中敏感度较高，能够及时发现新情况（如发现某种机遇或问题，获知公司发展有关的事件或新政策），及时做出反应，并快速行动。当意识到公司内存在某种生产和发展阻碍后，能够迅速提出合理建议采取措施及时纠正，或者通过某种安排，使其阻碍作用降低到最低程度。	经常
		内部客户价值	在做好本职工作的基础上，能够为内部客户，如对上级和平级能给提前量，给选择题，给决策依据；对下级给指导，给激励，给成长机会，给原则，给方法。	经常
		外部客户价值	有非常强烈的客户意识，以客户为导向，追踪加工与服务过程，能够满足客户的服务、质量、安全、价值等相关要求。	经常
		诚实守信	能够做到诚实守信，言行一致；能够以人为师，谦逊有礼，虚心向他们学习；能够以认真负责的态度对待各项工作，从而赢得大家的信任，为人正直，有是非观念和社会公德意识。	一贯
		经验开放性	善于与他人一起进行钻研探讨，分享结果与实践过程；勇于接受新知识，工作思路开阔；不怕失败，勇于尝试；利用多种途径采纳新鲜信息，并使之很快融入自己的工作，把自己的经验与大家分享。	经常
		工作进取性	能够虚心求教，主动从多种渠道吸收信息；能够迅速提高业务素质，并成为业务骨干；有好胜心，有必胜的信心，主动去学习各方面知识，提高本领域的专业技能；能很快地吸收新知识，新技能。	经常
		成就导向	能够为自己所管理的组织设立目标，提高工作效率和绩效，希望能出色地完成任务，愿意从事具有挑战性的任务。	经常
		执行能力	能够领悟公司战略意图，勇于执行，自觉按要求完成预定目标任务，不断提高执行效率和效果；能够带领和影响团队形成高效的执行力和战斗力，向往第一时间按既定要求将企业战略、规划转化成为效益、成果。	经常
		廉洁自律	自觉遵守相关国家的法律、法规和规章制度，工作中洁身自好，不以工作之便谋取个人私利，不得收受贿赂；严格执行公司各项规定。	一贯
		团队合作	尽可能的彼此支援与配合，认为自己所在的团队是一个充满战斗力与活力的集体；在团队中扮演重要角色，能够利用自己的特长为团队做出贡献；能够以欣赏、信任和支持的心态对待工作伙伴，尊重每个人为团队所做的努力。	经常

附录二 某餐饮企业的部门经理序列九段任职资格标准

（续表）

级别		项目	敬业描述	表现频度
高级	3级	责任心	能够充分深入的认识自己的工作职责，对工作全身心投入，能够从工作中获得很强的成就感或者满足感，对整个团体或者企业的工作负责，能够实现公司利益与个人发展有效结合，个人绩效目标往往能够和企业的发展有很大关系，不因为个人的得失而损失公司的利益。	一贯
		工作积极主动性	能够根据企业和行业相关情况对发展趋势和问题进行预测，能够对相关业务部门和公司高层提供合理化建议或方案，并能组织及时实施，以便创造机会或避免问题发生。	经常
		内部客户价值	在做好本职工作的基础上，能够为内部客户，如对上级和平级能给提前量，给选择题，给决策依据；对下级给指导，给激励，给成长机会，给原则，给方法。	经常
		外部客户价值	具有非常强烈的客户意识，能够以外部客户为导向，根据客户需求对内部各项流程和制度提出改善建议，进而采取措施满足并超出客户需求；能够推行客户价值导向的文化工具，形成客户价值的文化氛围。	一贯
		诚实守信	随时随地以诚信展开业务，拥有积极向上的人生观与价值观，对人非常真诚；遵守公司制度规定和社会道德规范并对他人形成良好影响，对工作具有极强的责任心。	一贯
		经验开放性	善于与他人一起进行钻研探讨，分享结果与实践过程；勇于接受新知识，工作思路开阔；不怕失败，勇于尝试；利用多种途径采纳新鲜信息，并使之很快融入自己的工作，把自己的经验与大家分享。	经常
		工作进取性	工作中制订高目标，不断地追求完美；具有充沛的精力，对待各项工作都有良好的工作面貌，谦虚、积极、进取、好学；勇于接受挑战，要求自己工作成绩出色；对新事物有强烈的求知欲，并学以致用。	经常
		成就导向	有为自己所管理的组织设立目标，提高工作效率和绩效的愿望，希望能出色地完成任务，愿意从事具有挑战性的任务。在工作中有强烈地表现自己能力的愿望，不断为自己设立更高的标准，努力不懈地追求事业上的进步。	一贯
		执行能力	有深入领悟公司战略意图的愿望，勇于执行，致力于团队执行力建设并不断提高执行效率和效果；愿意带领和影响团队形成高效的执行力和战斗力，追求第一时间按既定要求将企业战略、规划转化成为效益、成果。	一贯

（续表）

级别		项目	敬业描述	表现频度
高级	3级	廉洁自律	自觉遵守相关国家的法律、法规和规章制度，工作中洁身自好，不以工作之便谋取个人私利，不得收受贿赂；严格执行公司各项规定。	一贯
		团队合作	能够以自己的专业知识与素养建立信任，优秀的团队沟通能力与协作能力；角色适应能力极强，能够在最短时间找到自己对团队的最佳贡献区，调整并承担相应的责任；有强烈的集体荣誉感与责任感。	一贯

专业化成果

级别	项目	描述
1级	年度绩效考核	年度绩效考核良好以上
	流程机制改进	至少参与实施过1次管理流程改进工作
		至少参与建立1个管理制度、标准、规范或作业标准文件
	工作成果	至少参与实施过1个店面开发项目或公司级项目
	培训	年度累计培训5课时
	团队培养	至少传授、帮助、带领过1人
2级	年度绩效考核	年度绩效考核良好以上
	流程机制改进	至少参与实施过2次管理流程改进工作
		至少主持建立2个管理制度、标准、规范或作业标准文件
	工作成果	至少参与实施过2个店面开发项目或公司级项目
	培训	年度累计培训10课时
	团队培养	至少传授、帮助、带领过2人
3级	年度绩效考核	年度绩效考核良好以上
	流程机制改进	至少主持实施过2次管理流程改进工作
		至少主持建立2个管理制度、标准、规范或作业标准文件
	工作成果	至少主持过1个公司级项目
	培训	年度累计培训15课时
	团队培养	至少传授、帮助、带领过3人

附录三　某餐饮企业的营销类职位九段任职资格标准

第一部分　概　述

一、标准名称：营销类—市场拓展序列专业九段任职标准

二、标准适用范围：市场开发部市场拓展人员

三、标准级别：共设 5 个级别，分别为一级标准、二级标准、三级标准、四级标准、五级标准

四、标准的结构：包括级别角色定义、基本条件、必备知识、行为标准、技能标准、专业化成果、职业化标准，其中必备知识、行为标准、技能标准、专业化成果、职业化素质为标准的核心内容。

第二部分　角色级别定义和基本条件

一、角色级别定义

关于各级别可承担角色的描述，包括掌握本领域内知识技能的宽度和深度，能够解决问题的难易程度和宽度，在本领域内的地位、影响力，在业务变革、战略规划中的作用，能够承担的职责。

级别		角色级别描述
初级	1级	1、了解公司文化、管理制度、组织架构、公司产品及企业发展规划 2、了解相关部门职责，熟悉本岗位工作流程 3、了解集团加盟政策、发展战略及计划、配送产品价格、配送流程等信息 4、熟悉直营店与加盟店的地理分布情况，了解各区域特点

（续表）

级别		角色级别描述
初级	1级	5、熟悉餐饮行业和火锅行业，熟悉传统火锅服务模式 6、熟悉伊斯兰教基础知识 7、了解商务谈判、连锁经营、市场营销基础知识 8、熟悉office办公软件和统计业务，了解ERP企业管理系统软件，熟悉常用相机的使用方法 9、能在指导下完成店面简单营销活动策划 10、能够独立指导加盟商办理相关开业证照 11、能在指导下完成区域行情、客户口味等信息调查 12、了解开店流程、选址及相关的手续流程，能在指导下完成加盟政策咨询服务、加盟合同中条款解释、加盟手续办理等日常的例行工作 13、能在指导下处理加盟商提出的常见问题，如产品质量、服务及时性等
中级	2级	1、熟悉公司文化、管理制度、组织构架、公司产品及企业发展规划 2、熟悉相关部门职责，了解其他部门工作流程 3、熟悉集团加盟政策、发展战略及计划、配送产品价格、配送流程等信息 4、熟悉区域饮食文化、成本核算与控制、心理学、市场开发战略等相关基础知识 5、了解行业发展趋势与动态，了解食品业国家标准及政府对少数民族优惠政策 6、熟悉office办公软件操作及ERP企业管理系统软件，掌握常用相机的使用方法 7、熟悉餐饮市场营销基础知识，能独立完成店面简单营销策划 8、熟悉开店流程、选址及相关的手续流程，了解店面选址的基本要素，能够在他人指导下完成店面前期选址、考察报告撰写等工作 9、能独立完成区域行情、客户口味等信息调查，形成报告反馈给相关部门 10、能独立处理加盟商提出的常见问题，如产品质量、服务及时性等 11、能在指导下完成店面布局规划、采购单制定、人员编制配备等方案 12、根据加盟商的介绍，能够独立分析出核心问题点，并提出解决方案 13、能够在他人指导下完成连锁拓展营销与品牌活动组织的现场协调工作
中级	3级	1、熟悉公司文化、管理制度、组织构架、公司产品及企业发展规划 2、熟悉相关部门职责及工作流程 3、熟悉集团加盟政策、发展战略及计划、配送产品价格、配送流程等信息 4、熟悉区域饮食文化、成本核算与控制、心理学、市场开发战略等相关基础知识 5、熟悉行业发展趋势与动态，了解食品业国家标准及政府对少数民族优惠政策 6、熟悉office办公软件操作及ERP企业管理系统软件，掌握常用相机的使用方法 7、熟悉店面选址的基本要素，能够独立完成店面前期选址、考察报告撰写等工作 8、能独立与加盟商进行业务沟通，并能解答对方提出的较复杂问题 9、能独立完成店面布局规划、采购单制定、人员编制配备等方案 10、能够在指导下进行消费者需求研究，提出消费者口味等需求及发展趋势报告，为公司新产品开发提供市场依据 11、结合加盟商区域特点，能够在指导下完成店面竞争策略的确定、店面风格的定位及产品定价策略的应用，能在指导下完成对加盟商的投资预算 12、能够在他人指导下完成连锁拓展营销与品牌活动组织的现场主持、管控等工作 13、根据日常工作，对市场拓展机制及流程提出优化建议

附录三　某餐饮企业的营销类职位九段任职资格标准

（续表）

级别		角色级别描述
高级	4级	1、熟悉公司文化、管理制度、组织构架、公司产品及企业发展规划 2、熟悉相关部门职责及工作流程 3、掌握集团加盟政策、发展战略及计划、配送产品价格、配送流程等信息 4、熟悉区域饮食文化、成本核算与控制、心理学、市场开发战略等相关基础知识 5、熟悉行业发展趋势与动态，熟悉食品业国家标准及政府对少数民族优惠政策 6、熟悉office办公软件操作及ERP企业管理系统软件，掌握常用相机的使用方法 7、能够独立组织加盟商的评估与甄选，完成对加盟商的投资预算 8、结合加盟商区域特点，能够独立指导店方进行竞争策略的确定、店面风格的定位及产品定价策略的应用 9、结合集团要求，能够独立挖掘潜在加盟商，进行业务谈判 10、能够独立筹备区域分公司或直营店，完成经营风险分析报告 11、能够独立编写营销话术、市场开发培训教材及作业标准书 12、能够独立进行消费者需求研究，提出消费者口味等需求及发展趋势报告，为公司未来产品线规划提供市场依据 13、根据公司长期发展战略，能够在指导下分解短期战略目标并组织团队实施 14、能够在指导下完成店面品牌活动策划方案 15、能够在指导下完成市场拓展机制及流程优化方案
高级	5级	1、熟悉公司文化、管理制度、组织构架、公司产品及企业发展规划 2、熟悉相关部门职责及工作流程 3、掌握集团加盟政策、发展战略及计划、配送产品价格、配送流程等信息 4、掌握区域饮食文化、成本核算与控制、心理学、市场开发战略等相关基础知识 5、掌握行业发展趋势与动态，熟悉食品业国家标准及政府对少数民族优惠政策 6、熟悉office办公软件操作及ERP企业管理系统软件，掌握常用相机的使用方法 7、能够指导他人组织加盟商的评估与甄选，完成对加盟商的投资预算 8、能够独立制定竞争策略、店面风格定位及产品定价策略等标准作业书 9、结合集团要求，能够指导他人挖掘潜在加盟商，进行业务谈判 10、能够指导他人编写营销话术、市场开发培训教材及作业标准书 11、能够指导他人进行消费者需求研究，提出消费者口味等需求分析及发展趋势报告，为公司未来产品线规划提供市场依据 12、能够指导他人筹备区域分公司或直营店，完成经营风险分析报告 13、根据公司长期发展战略，能够独立分解短期战略目标并组织团队实施 14、能够独立完成店面品牌活动策划方案 15、能够独立完成市场拓展机制及流程优化方案

二、基本条件

包括以下内容：关于教育背景的要求，关于相关培训的要求，关于从业经验的要求，关于某方面特殊经验的要求，英语水平以及其他相关要求。

级别		基本条件				
要求		学历及专业	行业经验	本职位从业经验	特殊要求	其他要求
初级	1级	中专及以上学历	无	无	无	沟通协调能力好，有较强的事业心、团队意识及协作精神。能熟练操作office办公软件。
中级	2级	大专及以上学历	无	1年以上市场开发相关职位从业经验	无	沟通协调能力好，有较强的事业心、团队意识及协作精神，有市场拓展基础。熟悉office办公软件操作及ERP企业管理系统软件。
中级	3级	大专及以上学历	1年以上餐饮业工作经验	2年以上市场开发相关职位从业经验	无	沟通协调能力好，有较强的事业心、团队意识及协作精神，市场拓展能力强，有商务谈判素养，能熟练操作办公软件及电脑日常系统维护。熟悉office办公软件操作及ERP企业管理系统软件。
高级	4级	本科及以上学历	2年以上餐饮业工作经验	3年以上市场开发相关职位从业经验	无	沟通协调能力强，有较强的事业心、团队意识及协作精神，市场拓展能力强，商务谈判能力强。熟悉office办公软件操作及ERP企业管理系统软件。
高级	5级	本科及以上学历	3年以上餐饮业工作经验	5年以上市场开发相关职位从业经验	无	沟通协调能力强，有较强的事业心、团队意识及协作精神，市场拓展能力强，商务谈判能力强，有团队能力。熟悉office办公软件操作及ERP企业管理系统软件。

第三部分　专业九段晋级标准核心内容描述

一、知识标准

【必备知识项填写说明】：拥有所在专业领域知识和相关专业领域知识要求；分为专业知识、公司知识、周边知识；可以从精通、掌握、熟悉、了解几个层面进行深度和广度的描述。

【出处项填写说明】：相关知识内容的来源。

附录三 某餐饮企业的营销类职位九段任职资格标准

级别	知识模块	必备知识	出处	考查方式	合格标准
初级 1级	公司知识	了解企业管理制度	《员工手册》《集团制度汇编》	笔试	考试题80分以上
		了解企业文化和组织结构	《员工手册》《集团组织结构图》《新员工入职统一培训教材》《组织机构设置与职能》	参加培训	无缺勤
		了解相关部门职责及工作流程	《岗位说明书》《店面操作流程手册》	参加培训	无缺勤
		了解连锁发展政策及连锁发展战略计划	《连锁店年度发展方案》《连锁战略发展规划书》	参加培训	无缺勤
		了解配送产品价格、配送流程	《配送报价单》《配送流程》	参加培训	无缺勤
		熟悉直营店与加盟店的地理分布情况	《连锁店一览表》《百度电子地图》	参加培训	无缺勤
	专业知识	熟悉传统火锅服务模式及简单营销活动知识	《前厅与后厨培训教材》《餐饮市场营销基础》《连锁营销话术集锦》	笔试	60分以上
		熟悉开店流程、选址、相关的手续流程	《加盟手册》《开店流程图》	参加培训	无缺勤
		了解商务谈判基础知识	《商务谈判》《谈判技巧》	笔试	60分以上
		了解市场调研基础知识	《市场调研方法及技巧》	笔试	60分以上
		了解连锁经营基础知识	《连锁经营》《餐饮行业连锁经营模式探索》	笔试	60分以上
		熟悉餐饮和火锅行业的区域特点	中国烹饪协会网站	参加培训	无缺勤
	周边知识	熟悉常用相机使用方法	《数码相机使用手册》	参加培训	无缺勤
		熟悉伊斯兰教基础知识	《前厅培训教材》	参加培训	无缺勤
		了解商务礼仪相关知识	《现代商务礼仪》	参加培训	无缺勤
		了解广告策划相关知识	《广告策划基础》	参加培训	无缺勤
		熟悉office办公软件和统计业务，了解ERP企业管理系统软件	《计算机基础》	参加培训	无缺勤

(续表)

级别	知识模块		必备知识	出处	考查方式	合格标准
初级	1级	周边知识	了解培养良好心态方面的相关知识	《心态决定人生》《请给我结果》《你在为谁工作》《心态的力量》《没有任何借口》《执行智慧》	参加培训	无缺勤
中级	2级	公司知识	熟悉企业管理制度	《员工手册》《集团制度汇编》	上级评价	评价通过
			熟悉企业文化和组织结构	《员工手册》《集团组织结构》《新员工入职统一培训教材》《组织机构设置与职能》	上级评价	评价通过
			熟悉相关部门职责及工作流程	《岗位说明书》《店面操作流程手册》	上级评价	评价通过
			熟悉连锁发展政策及连锁发展战略计划	《连锁店年度发展方案》《连锁战略发展规划书》	上级评价	评价通过
			熟悉配送产品价格、配送流程	《配送报价单》《配送流程》	上级评价	评价通过
			熟悉连锁业务处理流程与方法	《连锁业务流程表》	上级评价	评价通过
			熟悉直营店与加盟店的地理分布情况	《连锁店一览表》《百度电子地图》	上级评价	评价通过
		专业知识	熟悉传统火锅服务模式及简单营销活动知识	《前厅与后厨培训教材》《餐饮市场营销基础》《连锁营销话术集锦》	笔试	70分以上
			熟悉开店流程、选址、相关的手续流程	《加盟手册》《开店流程图》《加盟店开店作业标准书》	上级评价	评价通过
			熟悉餐饮和火锅行业的区域特点	中国烹饪协会网站	上级评价	评价通过
			熟悉商务谈判基础知识	《商务谈判》《谈判技巧》	笔试	70分以上
			熟悉市场调研基础知识	《市场调研方法及技巧》	笔试	70分以上
			熟悉连锁经营基础知识	《连锁经营》《餐饮行业连锁经营模式探索》	笔试	70分以上
			了解行业动态报告	《年度餐饮业发展报告》	参加培训	无缺勤

附录三 某餐饮企业的营销类职位九段任职资格标准

（续表）

级别	知识模块	必备知识	出处	考查方式	合格标准
中级 2 级	周边知识	熟悉心理学相关知识	《现代心理学》	笔试	60 分以上
		熟悉相关法律法规	《食品法》《税法》《工商行政管理》	笔试	60 分以上
		熟悉伊斯兰教基础知识	《前厅培训教材》	笔试	60 分以上
		了解民族政策相关知识	《民族政策规定》	笔试	60 分以上
		熟悉公文写作相关知识	《公文写作范文》	笔试	60 分以上
		熟练使用 office 办公软件和统计业务及 ERP 企业管理系统软件	《计算机应用技巧》	参加培训	无缺勤
		培养良好心态方面的相关知识	《心态决定人生》《请给我结果》《你在为谁工作》《心态的力量》《没有任何借口》《执行智慧》、参加训练营	发出分享	1500 字以上
中级 3 级	公司知识	熟悉企业管理制度	《员工手册》《集团制度汇编》	上级评价	评价通过
		熟悉企业文化和组织结构	《员工手册》《集团组织结构图》《新员工入职统一培训教材》《组织机构设置与职能》	上级评价	评价通过
		熟悉各部门职责及工作流程	《岗位说明书》《店面操作流程手册》	上级评价	评价通过
		熟悉连锁发展政策及连锁发展战略计划	《连锁店年度发展方案》《连锁战略发展规划书》	上级评价	评价通过
		熟悉配送产品价格、配送流程	《配送报价单》《配送流程》	上级评价	评价通过
		熟悉直营店与加盟店的地理分布情况	《连锁店一览表》《百度电子地图》	上级评价	评价通过
		熟悉开店流程、选址、相关的手续流程	《加盟手册》《开店流程图》	上级评价	评价通过
	专业知识	熟悉传统火锅服务模式及简单营销活动知识	《前厅与后厨培训教材》《餐饮市场营销基础》《连锁营销话术集锦》	笔试	80 分以上
		熟悉餐饮和火锅行业的区域特点	中国烹饪协会网站	上级评价	评价通过
		熟悉商务谈判基础知识	《商务谈判》《谈判技巧》	笔试	80 分以上
		熟悉市场调研基础知识	《市场调研方法及技巧》	笔试	80 分以上
		熟悉连锁经营基础知识	《连锁经营》《餐饮行业连锁经营模式探索》	笔试	80 分以上

（续表）

级别	知识模块	必备知识	出处	考查方式	合格标准
中级	3级 周边知识	熟悉培养良好心态方面的相关知识	《请给我结果》《你在为谁工作》《心态的力量》《没有任何借口》《执行智慧》，参加执行力、营销工业化训练营	发出分享	至少1500字以上分享，上级审核通过
		熟悉伊斯兰教基础知识	《前厅培训教材》	笔试	70分以上
		熟悉心理学相关知识	《现代心理学》	笔试	70分以上
		熟练使用office办公软件和统计业务及ERP企业管理系统软件	《计算机应用与管理》	上级评价	评价通过
高级	4级 公司知识	熟悉企业管理制度	《员工手册》《集团制度汇编》	内部宣讲	员工满意度80%
		熟悉企业文化和组织结构	《员工手册》《集团组织结构图》《新员工入职统一培训教材》《组织机构设置与职能》	内部宣讲	员工满意度80%
		熟悉各部门职责及工作流程	《岗位说明书》《店面操作流程手册》	内部宣讲	员工满意度80%
		熟悉连锁发展政策及连锁发展战略计划	《连锁店年度发展方案》《连锁战略发展规划书》	内部宣讲	员工满意度80%
		熟悉配送产品价格、配送流程	《配送报价单》《配送流程》	内部宣讲	员工满意度80%
		熟悉直营店与加盟店的地理分布情况	《连锁店一览表》《百度电子地图》	内部宣讲	员工满意度80%
		熟悉开店流程、选址、相关的手续流程	《加盟手册》《开店流程图》	内部宣讲	员工满意度80%
		熟悉各个部门的职责、组织结构	《组织机构设置与职能》	内部宣讲	员工满意度80%
		熟悉各部门的工作流程	《订货流程》《发货流程》《麻酱生产流程》《花生酱生产流程》《资金申请手续办理流程》等	内部宣讲	员工满意度80%

附录三　某餐饮企业的营销类职位九段任职资格标准

（续表）

级别	知识模块	必备知识	出处	考查方式	合格标准
高级 4 级	专业知识	熟悉餐饮管理、店面流程管理、店面整体运作策划	《酒店管理》	内部宣讲	员工满意度 80%
		熟悉餐饮和火锅行业的区域特点	中国烹饪协会网站	内部宣讲	员工满意度 80%
		熟悉商务谈判基础知识	《商务谈判》《谈判技巧》	笔试	80 分以上
		熟悉市场调研基础知识	《市场调研方法及技巧》	笔试	80 分以上
		熟悉连锁经营基础知识	《连锁经营》《餐饮行业连锁经营模式探索》	笔试	80 分以上
	周边知识	熟悉心态方面的知识	《请给我结果》《你在为谁工作》《心态的力量》《没有任何借口》《执行智慧》，参加执行力、营销工业化训练营，年度学习计划	发出分享	至少 1500 字以上分享，上级审核通过
		熟悉心理学相关知识	《心理学》	笔试	70 分以上
		熟悉人力资源管理相关知识	《人力资源管理》《非人力资源的人力资源管理》	笔试	70 分以上
		熟悉投资管理相关知识	《投资与管理控制》	笔试	70 分以上
		熟悉伊斯兰教基础知识	《前厅培训教材》	笔试	70 分以上
		熟悉区域饮食文化	《中烹网》	发出分享	至少 1500 字以上分享，上级审核通过
		熟练使用 office 办公软件和统计业务及 ERP 企业管理系统软件	《计算机应用与管理》	发出分享	至少 1500 字以上分享，上级审核通过
高级 5 级	公司知识	熟悉企业管理制度	《员工手册》《集团制度汇编》	内部宣讲	员工满意度 80%
		熟悉企业文化和组织结构	《员工手册》《集团组织结构图》《新员工入职统一培训教材》《组织机构设置与职能》	内部宣讲	员工满意度 80%
		熟悉各部门职责及工作流程	《岗位说明书》《店面操作流程手册》	内部宣讲	员工满意度 80%

（续表）

级别	知识模块	必备知识	出处	考查方式	合格标准
高级	5级	熟悉连锁发展政策及连锁发展战略计划	《连锁店年度发展方案》《连锁战略发展规划书》	内部宣讲	员工满意度80%
		熟悉直营店与加盟店的地理分布情况	《连锁店一览表》《百度电子地图》	内部宣讲	员工满意度80%
		熟悉开店流程、选址、相关的手续流程	《加盟手册》《开店流程图》	内部宣讲	员工满意度80%
		熟悉各个部门的职责、组织结构	《组织机构设置与职能》	内部宣讲	员工满意度80%
		熟悉各部门的工作流程	《订货流程》《发货流程》《麻酱生产流程》《花生酱生产流程》《资金申请手续办理流程》等	内部宣讲	员工满意度80%
		掌握餐饮连锁经营与管理	《餐饮连锁经营与管理》	内部宣讲	员工满意度80%
		掌握市场开发战略管理相关知识	《餐饮战略管理》	笔试	85分以上
		熟悉商务谈判基础知识	《商务谈判》《谈判技巧》	笔试	85分以上
		熟悉市场调研基础知识	《市场调研方法及技巧》	笔试	85分以上
		熟悉连锁经营基础知识	《连锁经营》《餐饮行业连锁经营模式探索》	笔试	85分以上
		熟悉酒店管理相关知识	《现代酒店管理》	笔试	85分以上
		熟悉餐饮和火锅行业的区域特点	中国烹饪协会网站	内部宣讲	员工满意度80%
		熟悉培养良好心态方面的相关知识	《请给我结果》《你在为谁工作》《心态的力量》《没有任何借口》《执行智慧》，参加执行力、营销工业化训练营，年度学习计划	发出分享	1500字以上
		熟悉人力资源管理相关知识	《人力资源管理》《非人力资源的人力资源管理》	内部宣讲	员工满意度80%
		熟悉伊斯兰教基础知识	《前厅培训教材》	内部宣讲	员工满意度80%
		熟练使用office办公软件和统计业务及ERP企业管理系统软件	《计算机应用与管理》《ERP使用指南》	内部宣讲	员工满意度80%

附录三 某餐饮企业的营销类职位九段任职资格标准

一、行为标准

行为模块划分

市场拓展专业九段任职标准行为标准分为三个模块,包括一级、二级、三级、四级、五级,共5级行为标准。

行为模块一	店址开发	行为模块三	合作谈判
行为模块二	市场调研		

各级别行为模块对比表

行为模块	行为要项				
	1级	2级	3级	4级	5级
店址开发	…	…	建立开发渠道	建立开发渠道	建立开发渠道
	寻找加盟商、直营店铺	寻找加盟商、直营店铺	寻找加盟商、直营店铺	寻找加盟商、直营店铺	寻找加盟商、直营店铺
	初选加盟商、直营店铺	初选加盟商、直营店铺	甄选加盟商、直营店铺	甄选加盟商、直营店铺	甄选加盟商、直营店铺
	…	…	评估确定加盟商及直营店址	评估确定加盟商及直营店址	评估确定加盟商及直营店址
	…	…	…	渠道评估	渠道评估
	…	…	流程优化	流程优化	制定标准作业书
市场调研	协助店址考察	店址考察	店址考察及产品定位	店址考察及产品定位	店址考察及产品定位
	协助考察加盟商	协助考察加盟商	考察加盟商	评价加盟商	评价加盟商
	提供考察结果	提供考察结果	完成调研报告	完成调研报告	完成调研报告
	…	…	…	流程优化	流程优化
合作谈判	协助加盟签约	协助加盟签约	合同条款解释	合同条款解释	…
	提供直营店址合作条件	提供直营店址合作条件	协助加盟签约	协助加盟签约	店址签约准备
	…	…	谈判店址合作	谈判店址合作	谈判签约加盟
	…	…	…	加盟流程优化	加盟流程优化

各级别行为模块描述

行为模块一：店址开发

级别	行为要项	行为要项描述	考查方式	达标关键点
1级	寻找加盟商、直营店铺	了解公司加盟政策、经营模式和产品特色，熟悉销售要点。	上级评价	审核通过
		按照《连锁营销话术》，在他人指导下通过《中国加盟网》《地纬商机网》《连锁中国》、加盟手册、公司网站、400电话等渠道回复加盟商政策咨询问题，解答加盟所具备的条件、合同期限、加盟费用等简单问题。	提供证据	至少提交1份政策咨询记录表，审核通过
		按开发渠道及公司要求寻找加盟商和直营店、合作店址。	提供证据	至少提交1份寻找店址记录表，审核通过
	初选加盟商、直营店铺	按照《加盟手册》中的要求，在他人指导下采取与加盟商进行电话、面对面、共同就餐等形式进行沟通，了解加盟商的经济实力、投资经验、行业经验等相关信息，形成加盟商基本信息表。	提供证据	至少提交1份加盟商基本信息表，确认符合
		通过对加盟商的了解在他人指导下可初步确定加盟商的加盟资格，报上级领导审核。	提供证据	至少提交1份加盟信息表等，审核通过
		根据公司要求，在他人指导下采取实地考察的方式，寻找直营店店址。	上级评价	审核通过
2级	寻找加盟商、直营店铺	熟悉公司加盟政策、经营模式和产品特色，熟悉销售要点。	上级评价	审核通过
		按照《连锁营销话术》，独立通过《中国加盟网》《地纬商机网》《连锁中国》加盟手册、公司网站、400电话等渠道回复加盟商政策咨询问题，解答加盟所具备的条件、合同期限、加盟费用等简单问题。	提供证据	至少提交1份政策咨询记录表，审核通过
		按开发渠道及公司要求寻找加盟商和直营店、合作店址。	提供证据	至少提交1份寻找店址记录表，审核通过
	初选加盟商、直营店铺	按照《加盟手册》中的要求，独立与加盟商进行电话、面对面、共同就餐等形式进行沟通，了解加盟商的经济实力、投资经验、行业经验等相关信息，形成加盟商基本信息表。	提供证据	至少提交1份加盟商基本信息表，确认符合
		通过对加盟商的了解，独立初步确定加盟商的加盟资格，报上级领导审核。	提供证据	至少提交1份加盟信息表，审核通过
		根据公司要求，独立采取实地考察的方式，寻找直营店店址。	上级评价	审核通过

附录三 某餐饮企业的营销类职位九段任职资格标准

(续表)

级别	行为要项	行为要项描述	考查方式	达标关键点
3级	建立开发渠道	在他人指导下建立网络、电话、中介等各种有效信息渠道。	提供证据	至少提交1份渠道信息,确认符合
	寻找加盟商、直营店铺	根据公司加盟信息,指导他人解答加盟所具备的条件、合同期限、加盟费用等简单问题。	上级评价	审核通过
		按开发渠道及工作经验,指导他人寻找加盟商和直营店、合作店店址。	提供证据	至少提交1份指导记录,确认符合
	甄选加盟商、直营店铺	根据工作经验及加盟商信息,按照公司的要求指导他人对加盟商、直营店进行甄选,确定符合资格的加盟商及直营店。	提供证据	至少提交1份加盟商基本信息表,确认符合
		指导他人采取与加盟商进行电话、面对面、共同就餐等形式获得加盟商的经济实力、投资经验、行业经验等信息,指导他人甄选要领和方法。	提供证据	至少提交1份沟通纪要,审核通过
		通过对加盟商的了解,独立确定加盟商的加盟资格,报上级领导审核。	提供证据	至少提交1份加盟审批表等,审核通过
	评估确定加盟商及直营店址	在他人指导下完成对加盟店址、商圈消费、人流量等信息进行前期考察及评估工作,完成加盟商店面初步筛选。	提供证据	至少提交1份加盟店面初筛报告,审核通过
		在他人指导下到加盟商所在地进行店的面积、结构、租金、所在商圈等情况考察,形成加盟商评估报告。	提供证据	至少提交1份加盟商评估报告,审核通过
		根据初步筛选及后期考察,组织公司相关人员进行直营店铺实地考察,确定直营店铺地址。	上级评价	审核通过
	流程优化	根据工作经验,就店址开发过程中各操作环节提出优化建议。	提供证据	至少提交1份流程优化建议,确认符合
4级	建立开发渠道	根据企业经营计划及市场布点,独立建立网络、电话、中介等各种有效信息渠道。	提供证据	至少提交1份渠道信息,确认符合
	寻找加盟商、直营店铺	根据公司加盟信息,指导他人解答加盟所具备的条件、合同期限、加盟费用等简单问题。	上级评价	审核通过
		按开发渠道及工作经验,指导他人寻找加盟商和直营店、合作店店址。	提供证据	至少提交1份指导记录,确认符合

（续表）

级别	行为要项	行为要项描述	考查方式	达标关键点
4级	甄选加盟商、直营店铺	根据工作经验及加盟商信息，按照公司的要求指导他人对加盟商、直营店进行甄选，确定符合资格的加盟商及直营店。	提供证据	至少提交1份加盟商基本信息表，确认符合
		指导他人采取与加盟商进行电话、面对面、共同就餐等形式获得加盟商的经济实力、投资经验、行业经验等信息，指导他人甄选要领和方法	提供证据	至少提交1份沟通纪要，审核通过
		通过对加盟商的了解，独立确定加盟商的加盟资格，报上级领导审核。	提供证据	至少提交1份加盟审批表等，审核通过
	评估确定加盟商及直营店址	独立完成对加盟店址、商圈消费、人流量等信息进行前期考察及评估工作，完成加盟商店面初步筛选。	提供证据	至少提交1份加盟店面初筛报告，审核通过
		独立完成加盟商所在地店的面积、结构、租金、所在商圈等情况考察，形成加盟商评估报告。	提供证据	至少提交1份加盟商评估报告，审核通过
		根据初步筛选及后期考察，组织公司相关人员进行直营店铺实地考察，确定直营店铺地址。	上级评价	审核通过
	渠道评估	根据加盟商开发进度，评估现有开发渠道的有效性。	上级评价	审核通过
	流程优化	根据工作经验，就店址开发过程中各操作环节提出优化建议，形成流程优化报告。	提供证据	至少提交1份流程优化报告，确认符合
5级	建立开发渠道	根据企业经营计划、市场布点及开发进度，指导他人建立网络、电话、中介等多种有效信息渠道。	提供证据	至少提交1份渠道信息，确认符合
	寻找加盟商、直营店铺	根据公司加盟信息，指导他人解答加盟所具备的条件、合同期限、加盟费用等简单问题。	上级评价	审核通过
		按开发渠道及工作经验，指导他人寻找加盟商和直营店、合作店店址。	提供证据	至少提交1份指导记录，确认符合
	甄选加盟商、直营店铺	根据工作经验及加盟商信息，按照公司的要求指导他人对加盟商、直营店进行甄选，确定符合资格的加盟商及直营店。	提供证据	至少提交1份加盟商基本信息表，确认符合
		指导他人采取与加盟商进行电话、面对面、共同就餐等形式获得加盟商的经济实力、投资经验、行业经验等信息，指导他人甄选要领和方法。	提供证据	至少提交1份沟通纪要，审核通过

附录三 某餐饮企业的营销类职位九段任职资格标准

（续表）

级别	行为要项	行为要项描述	考查方式	达标关键点
5级	甄选加盟商、直营店铺	通过对加盟商的了解，指导他人确定加盟商的加盟资格，报上级领导审核。	提供证据	至少提交1份加盟审批表等，审核通过
	评估确定加盟商及直营店址	指导他人完成对加盟店址、商圈消费、人流量等信息进行前期考察及评估工作，完成加盟商店面初步筛选。	提供证据	至少提交1份加盟店面初筛报告，审核通过
		指导他人完成加盟商所在地店的面积、结构、租金、所在商圈等情况考察，形成加盟商评估报告。	提供证据	至少提交1份加盟商评估报告，审核通过
		根据初步筛选及后期考察，组织公司相关人员进行直营店铺实地考察，确定直营店铺地址。	上级评价	审核通过
	渠道评估	根据加盟商开发进度，评估现有开发渠道的有效性。	上级评价	审核通过
	制定标准作业书	根据工作经验，就店址开发过程中各操作环节，制定标准作业书，并开发培训教材。	提供证据	至少提交标准作业书及培训教材各1份，审核通过

行为模块二：市场调研

级别	行为要项	行为要项描述	考查方式	达标关键点
1级	协助店址考察	掌握店铺考察常识和要素。	上级评价	审核通过
		在他人协助下确定店铺产权清晰且能开办餐饮（位置、消防、水电、排污排烟、证照办理、房屋结构、租期等合格）。	上级评价	审核通过
		在他人协助下做好目标店铺所处商圈特点、当地消费习惯、就餐口味、档次、民风民俗等要素考察。	上级评价	审核通过
	协助考察加盟商	熟悉集团的企业文化和经营理念。	上级评价	审核通过
		按照《加盟手册》要求，在他人的协助下对加盟者情况进行调查了解，掌握其加盟信息来源、开店愿望、个人爱好、管理经验、经济实力、家庭背景、社会地位、店铺来源、拟定店长等重要信息。	上级评价	审核通过
	提供考察结果	总结汇报个人考察结果并提出建议。	提供证据	至少提交1份考察汇报，上级确认

（续表）

级别	行为要项	行为要项描述	考查方式	达标关键点
2级	店址考察	掌握店铺考察常识和要素。	上级评价	审核通过
		独立完成初步考察，确定店铺产权清晰且能开办餐饮（位置、消防、水电、排污排烟、证照办理、房屋结构、租期等合格），形成店铺考察报告。	提供证据	至少提交1份店铺考察报告，审核通过
		做好目标店铺所处商圈特点、当地消费习惯、就餐口味、档次、民风民俗等要素考察，形成商圈分析考察报告。	提供证据	至少提交1份商圈分析报告，审核通过
	协助考察加盟商	熟悉集团的企业文化和经营理念	上级评价	审核通过
		按照《加盟手册》要求，独立完成对加盟者情况的调查了解，掌握其加盟信息来源、开店愿望、个人爱好、管理经验、经济实力、家庭背景、社会地位、店铺来源、拟定店长等重要信息。	提供证据	至少提交1份加盟商情况表，审核通过
	提供考察结果	总结汇报个人考察结果并提出建议。	提供证据	至少提交1份考察汇报，上级确认
3级	店址考察及产品定位	掌握店铺考察常识和要素。	上级评价	审核通过
		指导他人进行店铺产权及店铺考察，并调查我品牌餐饮在当地的认知度，找出立足点。	提供证据	至少提交1份指导报告及考察建议记录，审核通过
		做好目标店铺所处商圈特点、当地消费习惯、就餐口味、档次、民风民俗等要素考察，提出开店产品定位建议。	提供证据	至少提交1份商圈定位报告，审核通过
	考察加盟商	熟悉集团的企业文化和经营理念。	上级评价	审核通过
		按照《加盟手册》要求，指导他人对加盟者情况进行调查了解，提出适合度建议。	上级评价	审核通过
	完成调研报告	根据考察情况，在他人指导下按要求标准完成调研报告（图文并茂）。	提供证据	至少提交1份调研报告，审核通过
4级	店址考察及产品定位	掌握店铺考察常识和要素。	上级评价	审核通过
		指导他人进行店铺产权及店铺考察，并调查我品牌餐饮在当地的认知度，找出立足点。	提供证据	至少提交1份指导记录及考察建议记录，审核通过
		指导他人做好目标店铺所处商圈特点、当地消费习惯、就餐口味、档次、民风民俗等要素考察，提出开店产品定位建议。	提供证据	至少提交1份指导记录及商圈定位报告，审核通过

附录三　某餐饮企业的营销类职位九段任职资格标准

（续表）

级别	行为要项	行为要项描述	考查方式	达标关键点
4级	考察加盟商	熟悉集团的企业文化和经营理念。	上级评价	审核通过
		按照《加盟手册》要求，指导他人对加盟者情况进行调查了解。掌握其加盟信息来源、开店愿望、个人爱好、管理经验、经济实力、家庭背景、社会地位、店铺来源、拟定店长等重要信息，提出适合度建议。	提供证据	至少提交1份加盟商情况及指导记录，审核通过
	完成调研报告	根据考察情况，按要求标准独立完成调研报告（图文并茂）。	提供证据	至少提交1份调研报告，审核通过
	流程优化	根据工作经验，就市场调研各环节及操作步骤，提出优化建议。	提供证据	至少提交1份流程优化建议，审核通过
5级	店址考察及产品定位	指导他人考察店铺产权，要求清晰且能开办餐饮；指导他人调查我品牌餐饮在当地的认知度，找出立足点。	提供证据	至少提交1份考察建议和指导记录，审核通过
		指导他人做好目标店铺所处商圈特点、当地消费习惯、就餐口味、档次、民风民俗等要素考察，提出开店产品定位建议。	提供证据	至少提交1份指导记录和商圈定位报告，审核通过
		根据市场调研，预测我品牌餐饮在区域的发展方向，形成品牌发展规划。	提供证据	至少提交1份品牌发展规划，确认通过
	考察加盟商	掌握集团的企业文化和经营理念。	上级评价	审核通过
		指导他人对加盟者情况进行调查了解。掌握其加盟信息来源、开店愿望、个人爱好、管理经验、经济实力、家庭背景、社会地位、店铺来源、拟定店长等重要信息；并做出适合度考评分析。	提供证据	至少提交1份指导记录及加盟商考评结果，确认符合
	完成调研报告	根据考察情况，按要求标准指导他人完成调研报告（图文并茂）。	提供证据	至少提交1份指导记录及调研报告，审核通过
	流程优化	根据工作经验，就市场调研各环节及操作步骤提出优化方案。	提供证据	至少提交1份流程优化报告，审核通过

行为模块三：合作谈判

级别	行为要项	行为要项描述	考查方式	达标关键点
1级	协助加盟签约	根据《加盟手册》要求，按流程办理加盟相关合法手续。	上级评价	确认符合
	协助加盟签约	在他人指导下完成合同书与保证金收取、协议书的准备、签字盖章、协议书约定信息填写、存档等相关手续的办理，做好加盟签约的前期准备工作。	上级评价	审核通过
	提供直营店址合作条件	根据公司政策，在他人指导下核准直营店址的状况和租赁、购买、合作等条件并形成文字，为签订合同做好准备工作。	提供证据	至少提交1份直营店址考察报告，审核通过
2级	协助加盟签约	独立完成合同书与保证金收取、协议书的准备、签字盖章、协议书约定信息填写、存档等相关手续的办理，做好加盟签约的前期准备工作。	提供证据	至少提交1份手续完善的协议书，审核通过
	提供直营店址合作条件	根据公司政策，独立核准直营店址的状况和租赁、购买、合作等条件并形成文字，为签订合同做好准备工作。	提供证据	至少提交1份直营店址考察报告，审核通过
3级	合同条款解释	熟知加盟合同和相关协议内容，并随时给客户规范解释。	上级评价	审核通过
	协助加盟签约	指导他人完成合同书与保证金收取、协议书的准备、签字盖章、协议书约定信息填写、存档等相关手续的办理，做好加盟签约的前期准备工作。	提供证据	至少提交1份指导记录及手续完善的协议书，审核通过
	谈判店址合作	按照租赁、购买、合作等方式进行店面谈判，确保企业利益最大化，并协助上级做好合同签订前的准备工作（起草合同，送律师审核）。	上级评价	确认符合
4级	合同条款解释	熟知加盟合同和相关协议内容，并随时给客户规范解释。	上级评价	审核通过
	协助加盟签约	指导他人完成合同书与保证金收取、协议书的准备、签字盖章、协议书约定信息填写、存档等相关手续的办理，做好加盟签约的前期准备工作。	提供证据	至少提交1份指导记录及手续完善的协议书，审核通过
	谈判店址合作	按照租赁、购买、合作等方式进行店面谈判，确保企业利益最大化，独立做好合同签订前的准备工作（起草合同，送律师审核）。	上级评价	确认符合
	加盟流程优化	根据工作经验及现有加盟流程，对加盟流程提出优化建议。	提供证据	提出优化建议，审核通过

附录三 某餐饮企业的营销类职位九段任职资格标准

续表

级别	行为要项	行为要项描述	考查方式	达标关键点
5级	店址签约准备	按照租赁、购买、合作等方式进行店面谈判，确保企业利益最大化，指导他人做好合同签订前的准备工作（起草合同，送律师审核）。	上级评价	确认符合
	谈判签约加盟	认真复核各项考察结果并面谈加盟商，签订加盟合同。	提供证据	至少提交1份合同，审核通过
	加盟流程优化	根据工作经验及现有加盟流程，对加盟流程进行优化，形成流程优化报告。	提供证据	至少提交1份流程优化报告，审核通过

二、技能标准

专业技能共包含11项：办公软件运用能力、数码相机使用能力、指导能力、相关知识运用能力、组织协调能力、店址考察能力、市场调研能力、问题处理能力、培训能力、谈判与沟通能力、流程再造能力等。

级别	技能项目	技能描述	达标关键点
1级	办公软件运用能力	熟悉office、ERP等常用办公软件，打字速度不少于30字/分钟。	上级评价通过
	数码相机使用能力	熟练使用常用数码相机的简单调焦距、取景等功能。	上级评价通过
	相关知识运用能力	了解商务谈判基础技巧、市场营销基础知识等，配合他人完成加盟谈判相关工作。	加盟商评价认可
	组织协调能力	在工作中能够区分轻重缓急和主次，合理安排工作；能够联系组织店面前期考察相关准备等。	上级评价通过
2级	办公软件运用能力	熟练使用office、ERP等常用办公软件，打字速度不少于30字/分钟。	上级评价通过
	数码相机使用能力	熟练使用常用数码相机的简单调焦距、取景等拍照工作。	上级评价通过
	相关知识运用能力	熟悉商务谈判基础技巧、市场营销基础知识等，配合他人完成加盟谈判相关工作。	加盟商评价认可
	组织协调能力	在工作中能够区分轻重缓急和主次，合理安排工作；能够组织店面前期考察相关准备等。	上级评价通过
	店址考察能力	具备初级店址前期考察工作能力。	上级评价通过
	市场调研能力	能够独立完成区域市场行情等相关信息的收集、整理、分析等并形成报告。	至少提供1份调研报告书，上级评价通过
	问题处理能力	能够解决加盟商提出的常见问题。	加盟商评价认可

（续表）

级别	技能项目	技能描述	达标关键点
3级	办公软件运用能力	熟练使用office、ERP等常用办公软件，打字速度不少于30字/分钟	上级评价通过
	数码相机使用能力	熟练使用常用数码相机的简单调焦距、取景等功能。	上级评价通过
	相关知识运用能力	熟悉商务谈判基础技巧、市场营销基础知识等，完成加盟谈判相关工作。	加盟商评价认可
	组织协调能力	在工作中能够区分轻重缓急和主次，合理安排工作；能够组织店面前期考察相关准备等。	上级评价通过
	店址考察能力	能够独立完成店址前期考察工作。	至少提供1份考察报告书，上级评价通过
	市场调研能力	能够独立完成区域市场行情等相关信息的收集、整理、分析，并形成报告。	至少提供1份调研报告书，上级评价通过
	问题处理能力	能够解决加盟商提出的常见问题。	加盟商评价认可
4级	办公软件运用能力	熟练使用office、ERP等常用办公软件，打字速度不少于30字/分钟	上级评价通过
	数码相机使用能力	熟练使用常用数码相机的简单调焦距、取景等功能。	上级评价通过
	相关知识运用能力	熟悉商务谈判基础技巧、市场营销基础知识等，完成加盟谈判相关工作。	加盟商评价认可
	组织协调能力	在工作中能够区分轻重缓急和主次，合理安排工作；能够组织店面前期考察相关准备等。	上级评价通过
	店址考察能力	能够独立完成店址前期考察工作。	至少提供1份考察报告书，上级评价通过
	市场调研能力	能够独立完成区域市场行情等相关信息的收集、整理、分析，并形成报告。	至少提供1份调研报告书，上级评价通过
	问题处理能力	能够独立处理加盟商提出的各种问题。	加盟商评价认可
	谈判与沟通能力	能够独立完成与加盟商合作的谈判与沟通工作。	加盟商评价认可
5级	办公软件运用能力	熟练使用office、ERP等常用办公软件，打字速度不少于30字/分钟	上级评价通过
	数码相机使用能力	熟练使用常用数码相机的简单调焦距、取景等功能。	上级评价通过
	指导能力	能够独立指导加盟商证照办理、竞争策略、产品定价、投资预算等工作。	加盟商评价认可

(续表)

级别	技能项目	技能描述	达标关键点
5级	相关知识运用能力	熟悉商务谈判基础技巧、市场营销基础知识等，完成加盟谈判相关工作。	加盟商评价认可
	组织协调能力	在工作中能够区分轻重缓急和主次，合理安排工作；能够组织店面前期考察相关准备等。	上级评价通过
	店址考察能力	能够独立完成店址前期考察工作。	至少提供1份考察报告书，上级评价通过
	市场调研能力	能够独立完成区域市场行情等相关信息的收集、整理、分析，并形成报告。	至少提供1份调研报告书，上级评价通过
	问题处理能力	能够独立处理加盟商提出的各种问题。	加盟商评价认可
	培训能力	能够独立完成前厅的服务流程培训工作或后厨各岗位工作流程的培训工作；能独立完成团队业务等培训工作。	加盟商评价认可
	谈判与沟通能力	能够独立完成与加盟商合作的谈判与沟通工作。	至少提供1份调研报告书，上级评价通过
	流程再造能力	能够独立完成工业化流程的提高与完善工作。	上级评价通过

三、职业化标准

职业化标准共包含13项：责任心、工作积极主动性、内部客户价值、外部客户价值、诚实守信、经验开放性、关注细节、工作进取性、成就导向、市场导向、执行能力、团队合作、廉洁自律。

级别	项目	描述	表现频度
1级	责任心	了解自己的工作职责，对工作没有厌倦感，能够按要求完成本职工作，能够承担工作中需要承担的责任，希望自己的工作对整体目标的达成起到一定作用。	经常
	工作积极主动性	能够根据岗位要求，虚心学习，提升本岗位的专业水平，有追求。	经常
	内部客户价值	在做好本职工作的基础上，能够为内部客户，如流程的上下游客户，提供工作建议。	经常
	外部客户价值	有客户需求敏感度，能有意识的去了解客户的需求，并保持与客户的长期接触。	经常
	诚实守信	为人正直，待人真诚；尊重他人，对同事或客户信守承诺，遵守规范与社会公德。	一贯

（续表）

级别	项目	描述	表现频度
1级	经验开放性	愿意与同事一起交流探讨工作经验与心得，知识结构单一。	经常
	关注细节	对细小问题不够重视；在工作中粗心、马虎，经常由于细小的问题而影响工作的顺利进行；对细小问题处理不及时、不妥善，导致客户的抱怨和投诉，更严重的还需要返工。	经常
	工作进取性	能够根据岗位要求，虚心学习，提升本岗位的专业水平，有追求。	经常
	成就导向	努力将工作做得更好或使自己的工作达到某种程度的标准。在没有他人要求的情况下，能够自觉地将工作做好，如果发现工作中存在的不足和缺点，会体验到比较强烈的不满足感，这种感觉驱使个体去改正工作中的缺点。	有时
	市场导向	市场意识淡薄，很少关注市场情况；以自己的主观臆测作为工作的方向标；市场洞察力差，对影响市场各要素理解不深刻；决策时，较少考虑市场要素，而以自身经验为主。	经常
	执行能力	遵从上级的命令，按照预定计划完成工作任务，至少提交1份底线结果。	经常
	团队合作	团队合作意识淡薄，不懂得以开放的心态对待合作者，不懂得欣赏他人、信任他人；认为自己是团队中可有可无的一员，与团队中成员沟通不畅达，配合不够默契；缺乏集体责任感、荣誉感。	经常
	廉洁自律	自觉遵守相关国家的法律、法规和规章制度，工作中洁身自好，不以工作之便谋取个人私利，不得收受贿赂。严格执行部门制定的《廉洁自律八项规定》。	一贯
2级	责任心	充分了解自己的工作职责，喜爱并能高质量的完成本职工作，能够参照既定的绩效目标，对自己的绩效进行客观地监督和检查，若未能达到目标时，能够勇于面对并采取行动，对本职工作范围内的经营结果担负责任。	经常
	工作积极主动性	工作积极主动，自觉独立完成本职工作，并及时对上级进行反馈。积极承担领导交办的其他工作，并尽其所能，及时提出良好建议。尤其是当公司内部分工不明确的情况下，能够尽自己的力量多做些事情或主动承担一些责任。	经常
	内部客户价值	在做好本职工作的基础上，能够为内部客户，如对上级和平级能给提前量，给选择题，给决策依据；对下级能给方法，给指导。	经常
	外部客户价值	能将公司的产品与客户需求进行有效结合，为客户提供解决方案和非业务价值，做到高价值、低成本、可体验、能持续。	经常
	诚实守信	为人很正直，有着健康良好的心态，对他人尊重与真诚；较严格的遵守公司的制度，对同事或客户信守承诺；有较好的社会公德。	一贯

附录三　某餐饮企业的营销类职位九段任职资格标准

（续表）

级别	项目	描述	表现频度
2级	经验开放性	很愿意与同事交流，分享结果与实践过程；很愿意接受新知识，思路比较开阔；努力使用各方面途径获得新鲜信息。	经常
	关注细节	重视工作中的细节问题；能妥善处理工作中的细节问题从而使工作顺利进行，令客户满意。	经常
	工作进取性	有较强烈的好胜心，对事业有一定的追求，有比较强烈的求知欲与好奇心，会及时学习，更新自己的知识，提高职业素养。	经常
	成就导向	在工作中能够不断想方设法提高本职工作效率，以便成功地完成任务（如提高产品质量、加快产品开发速度）；为自己设立富有挑战性的目标，并为达到这些目标而付诸行动。	经常
	市场导向	有一定的市场意识，会经常性地关注市场动向。能以一部分市场因素作为自己工作的方向标；具备一定的市场洞察力，对影响市场的各潜在要素有一定的了解与把握；决策时会考虑到市场因素。	经常
	执行能力	准确理解上级交代的工作，主动思考如何完成任务，至少提交1份合格结果。	经常
	团队合作	有一定的团队合作意识，能与团队成员配合好；意识到自己是团队中不可或缺的成员，能在自己的范围承担起责任；与团队成员沟通较好，与成员有较好的协作性；以团队利益为重，以作为团队的一员而骄傲。	经常
	廉洁自律	自觉遵守相关国家的法律、法规和规章制度，工作中洁身自好，不以工作之便谋取个人私利，不得收受贿赂。严格执行部门制定的《廉洁自律八项规定》。	一贯
3级	责任心	充分认识自己的工作职责，能够从工作投入中获得一些成就感或者满足感，对某个群体或者部门的工作负责，长期持续地提高个人绩效目标，对实现团队目标负责，对结果负责，对团队成员的成长负责，把绩效与奖励机制联系起来。	经常
	工作积极主动性	工作积极主动，在工作中敏感度较高，能够及时发现新情况（如发现某种机遇或问题，获知公司或部门发展有关的事件或新政策），及时反应，快速行动。当意识到公司或部门内存在某种生产和发展阻碍后，能够迅速提出合理建议采取措施及时纠正，或使其阻碍作用降低到最低程度。	经常
	内部客户价值	在做好本职工作的基础上，能够为内部客户，如对上级和平级能给提前量，给选择题，给决策依据；对下级给指导，给激励，给成长机会，给原则，给方法。	经常
	外部客户价值	有非常强烈的客户意识，以客户为导向，追踪订单生产过程，能够满足客户的生产工期、质量、安全等交货相关要求。	经常

（续表）

级别	项目	描述	表现频度
3级	诚实守信	待人真诚，谦逊有礼，能够以人为师，虚心向他人学习；对同事或客户信守承诺，以认真负责的态度对待各项工作，从而赢得大家的信任，为人正直，有是非观念和社会公德意识。	一贯
	经验开放性	善于与同事一起钻研探讨，分享结果与实践过程；勇于接受新知识，工作思路开拓；善于学习，勇于尝试；利用多种途径采纳新鲜信息，并使之快速融入自己的工作，把自己的经验与大家分享。	有时
	关注细节	对工作中细微的方面具有很敏锐的感觉能力，随时了解事情发展的细微动态，能及时并妥善处理工作中的细节问题，能够圆满地完成工作、令客户非常满意。	经常
	工作进取性	能够虚心求教，主动从多种渠道吸收信息；能够迅速提高业务素质，并成为业务骨干；有好胜心，有必胜的信心，主动去学习各方面知识，提高本领域的专业技能；能很快地吸收新知识，新技能。	经常
	成就导向	在仔细权衡代价和收益、利与弊的基础上作出某种决策，为了使公司获得较大利益，甘愿冒险。在做出产品开发的决策时，考虑成本、利润和风险。如果认定某项产品能够为公司带来利润，即便存在较大的困难和风险，只要有一定的把握完成开发任务，也要坚持做下去。	经常
	市场导向	有明确的市场意识，能够保持对市场的密切关注，持续思考应对策略；以客户需求、技术发展等市场因素作为自己工作的方向标；具备高度的市场洞察力，对影响市场的各潜在因素有深刻的了解与把握；在决策前，总要寻找市场分析依据。	经常
	执行能力	面对困难，积极寻求解决办法并采取必要行动，按照计划很好地完成工作任务，至少提交1份满意结果。	经常
	团队合作	尽可能的彼此支援与配合，认为自己所在的团队是一个充满战斗力与活力的集体；在团队中扮演重要角色，能够利用自己的特长为团队做出贡献；能够以欣赏、信任和支持的心态对待工作伙伴，尊重每个人为团队所做的努力。	经常
	廉洁自律	自觉遵守相关国家的法律、法规和规章制度，工作中洁身自好，不以工作之便谋取个人私利，不得收受贿赂。严格执行部门制定的《廉洁自律八项规定》。	一贯
4级	责任心	能够充分深入的认识自己的工作职责，对工作全身心投入，能够从工作中获得很强的成就感或者满足感，对整个团体或者企业的工作负责，能够实现公司利益与个人发展有效结合，不因为个人的得失而损害公司的利益。	经常

附录三 某餐饮企业的营销类职位九段任职资格标准

（续表）

级别	项目	描述	表现频度
4级	工作积极主动性	能够根据企业和行业相关情况对发展趋势和问题进行预测，能够对相关业务部门和公司高层提供合理化建议或方案，并安排组织提前实施，以便创造机会或避免问题发生。（如生产研发部门，在研究和开发过程中，提前意识到别人没有想到的产品问题，并能够有计划地开发具有更优性能、更高质量或更具竞争力的产品推向市场。）	经常
	内部客户价值	在做好本职工作的基础上，能够为内部客户，如对上级和平级能给提前量，给选择题，给决策依据；对下级给指导，给激励，给成长机会，给原则，给方法。	经常
	外部客户价值	具有非常强烈的客户意识，能够根据客户需求对内部各项流程和制度提出改善建议，进而使公司产品不断完善，满足并超出客户需求；能够推行客户价值导向的文化工具，形成客户价值的文化氛围。	有时
	诚实守信	随时随地以诚信展开业务，拥有积极向上的人生观与价值观，对人非常真诚；对同事或客户都能信守承诺，遵守公司制度规定和社会道德规范并对他人形成良好影响。	一贯
	经验开放性	善于与同事一起进行钻研探讨，分享结果与实践过程；勇于接受新知识，工作思路开阔；善于学习，勇于尝试；利用多种途径采纳新鲜信息，并使之很快融入自己的工作，把自己的经验与大家分享。	有时
	关注细节	对工作中细微的方面具有敏锐的感觉能力，随时了解事情发展的细微动态，能及时并妥善处理工作中的细节问题，能够圆满地完成工作，令客户满意。	经常
	工作进取性	工作中制订高目标，不断地追求完美；具有充沛的精神，对待各项工作都有良好的工作面貌、谦虚、积极、进取、好学；勇于接受挑战，要求自己的工作成绩出色；对新事物有强烈的求知欲，并学以致用。	经常
	成就导向	在仔细权衡代价和收益、利与弊的基础上作出某种决策，为了使公司获得较大利益，甘愿冒险。在做出产品开发的决策时，考虑成本、利润和风险。如果认定某项产品能够为公司带来利润，即便存在较大的困难和风险，只要有一定的把握完成开发任务，也要坚持做下去。	经常
	市场导向	一切以市场为中心，时刻关注市场动向，有十几年的市场经验、卓越的市场洞察力和预见力；通过长时间对市场的观察，对于市场未来的发展趋势、动态和风险因素有一定的判断。	经常

（续表）

级别	项目	描述	表现频度
4级	执行能力	面对执行过程中超乎寻常的困难和阻力，采取有力措施解决问题，出色地完成工作任务，至少提交1份超值结果。	经常
	团队合作	能够以自己的专业知识与素养建立信任，有优秀的团队沟通能力与协作能力；角色适应能力极强，能够在最短时间找到自己对团队的最佳贡献区，调整并承担其相应的责任；有强烈的集体荣誉感与责任感。	经常
	廉洁自律	自觉遵守相关国家的法律、法规和规章制度，工作中洁身自好，不以工作之便谋取个人私利，不得收受贿赂。严格执行部门制定的《廉洁自律八项规定》。	一贯
5级	责任心	能够充分深入的认识自己的工作职责，对工作全身心投入，能够从工作中获得很强的成就感或者满足感，对整个团体或者企业的工作负责，能够实现公司利益与个人发展有效结合，不因为个人的得失而损害公司的利益。	经常
	工作积极主动性	能够根据企业和行业相关情况对发展趋势和问题进行预测，并能够对相关业务部门和公司高层提供合理化建议或方案，并安排组织提前实施，以便创造机会或避免问题发生。（如生产研发部门，在研究和开发过程中，提前意识到别人没有想到的产品问题，并能够有计划地开发具有更优性能、更高质量或更具竞争力的产品推向市场。）	经常
	内部客户价值	在做好本职工作的基础上，能够为内部客户，如对上级和平级能给提前量，给选择题，给决策依据；对下级给指导，给激励，给成长机会，给原则，给方法。	经常
	外部客户价值	具有强烈的客户意识，能够根据客户需求对内部各项流程和制度提出改善建议，进而使公司产品不断完善，满足并超出客户需求；能够推行客户价值导向的文化工具，形成客户价值的文化氛围。	有时
	诚实守信	随时随地以诚信展开业务，拥有积极向上的人生观与价值观，对人非常真诚；对同事或客户都能信守承诺，遵守公司制度和社会道德规范并对他人形成良好影响。	一贯
	经验开放性	善于与同事一起钻研探讨，分享结果与实践过程；勇于接受新知识，工作思路开阔；善于学习，勇于尝试；利用多种途径采纳新鲜信息，并使之很快融入自己的工作，把自己的经验与大家分享。	有时
	关注细节	对工作中细微的方面具有敏锐的感觉能力，随时了解事情发展的细微动态，能及时并妥善处理工作中的细节问题，能够圆满地完成工作，令客户非常满意。	经常
	工作进取性	工作中制订高目标，不断地追求完美；具有充沛的精神，对待各项工作都有良好的工作面貌、谦虚、积极、进取、好学；勇于接受挑战，要求自己的工作成绩出色；对新事物有强烈的求知欲，并学以致用。	经常

附录三 某餐饮企业的营销类职位九段任职资格标准

(续表)

级别	项目	描述	表现频度
5级	成就导向	在仔细权衡代价和收益、利与弊的基础上作出某种决策,为了使公司获得较大利益,甘愿冒险。在做出产品开发的决策时,考虑成本、利润和风险。如果认定某项产品能够为公司带来利润,即便存在较大的困难和风险,只要有一定的把握完成开发任务,也要坚持做下去。	经常
	市场导向	一切以市场为中心,时刻关注市场动向,有十几年的市场经验、卓越的市场洞察力和预见力,通过长时间对市场的观察,对于市场未来的发展趋势、动态和风险因素有一定的判断。	经常
	执行能力	面对执行过程中超乎寻常的困难和阻力,采取有力措施解决问题,出色地完成工作任务,至少提交1份超值结果。	经常
	团队合作	能够以自己的专业知识与素养建立信任,有优秀的团队沟通能力与协作能力;角色适应能力极强,能够在最短时间找到自己对团队的最佳贡献区,调整并承担其相应的责任;有强烈的集体荣誉感与责任感。	经常
	廉洁自律	自觉遵守相关国家的法律、法规和规章制度,工作中洁身自好,不以工作之便谋取个人私利,不得收受贿赂。严格执行部门制定的《廉洁自律八项规定》。	一贯

四、专业化成果

级别	项目名称	项目描述
1级	培训	无
	工作成果	至少提交1份加盟商考察报告,上级审核通过
		至少提交1份直营店址考察报告,上级审核通过
	团队培养	无
	年度绩效考核	年度绩效考核良以上
2级	培训	无
	工作成果	至少提交1份店铺考察报告,上级审核通过
		至少提交1份商圈分析报告,上级审核通过
		至少提交1份直营店址考察报告,上级审核通过
	团队培养	无
	年度绩效考核	年度绩效考核良以上

(续表)

级别	项目名称	项目描述
3级	培训	无
	工作成果	至少提交1份加盟商评估报告，上级审核通过
		至少提交1份调研报告，上级审核通过
		至少提交1份合同草稿，上级审核通过
		至少提交1份商圈定位报告，上级审核通过
	项目成果	至少成功开发过1个加盟商
	流程优化	至少提交1份市场开发流程优化建议
	团队培养	无
	年度绩效考核	年度绩效考核良以上
4级	培训	年度提供专业培训累计6课时以上
	工作成果	至少提交1份加盟商评估报告，上级审核通过
		至少提交1份商圈定位报告，上级审核通过
	团队培养	至少传授、帮助、带领过1人
	项目成果	至少成功开发过3个加盟商
	流程优化	至少提交1份市场开发流程优化报告，上级审核通过
		至少提交1份市场调研流程优化建议，上级审核通过
		至少提交1份加盟流程优化建议，上级审核通过
	年度绩效考核	年度绩效考核良以上
5级	培训	年度提供专业培训累计10课时以上
	工作成果	至少提交1份加盟商评估报告，上级审核通过
		至少提交1份商圈定位报告，上级审核通过
		至少提交1份研发的培训教材，上级审核通过
	项目成果	至少成功开发过3个加盟商
	团队培养	至少传授、帮助、带领过1人
	流程优化	至少提交1份市场开发标准作业书，上级审核通过
		至少提交1份市场调研流程优化报告，上级审核通过
		至少提交1份加盟流程优化报告，上级审核通过
	年度绩效考核	年度绩效考核良以上